权威·前沿·原创

皮书系列为

“十二五”“十三五”国家重点图书出版规划项目

中关村新三板企业成长力报告（2019）

THE GROWTH REPORT OF ZHONGGUANCUN NEEQ LISTED FIRMS (2019)

中关村上市公司协会
主　编／郭伟琼　刘洁萍
副主编／陈　红　葛　琰

图书在版编目（CIP）数据

中关村新三板企业成长力报告．2019／郭伟琼，刘洁萍主编．－－北京：社会科学文献出版社，2019.9
（中关村企业蓝皮书）
ISBN 978－7－5201－5241－9

Ⅰ．①中…　Ⅱ．①郭…　②刘…　Ⅲ．①中小企业－企业发展－研究报告－北京－2019　Ⅳ．①F279.243

中国版本图书馆 CIP 数据核字（2019）第 163844 号

中关村企业蓝皮书
中关村新三板企业成长力报告（2019）

主　　编／郭伟琼　刘洁萍
副 主 编／陈　红　葛　琰

出 版 人／谢寿光
责任编辑／薛铭洁
文稿编辑／周爱民

出　　版／社会科学文献出版社·皮书出版分社（010）59367127
地址：北京市北三环中路甲 29 号院华龙大厦　邮编：100029
网址：www.ssap.com.cn
发　　行／市场营销中心（010）59367081　59367083
印　　装／天津千鹤文化传播有限公司

规　　格／开 本：787mm×1092mm　1/16
印 张：23.5　字 数：350 千字
版　　次／2019 年 9 月第 1 版　2019 年 9 月第 1 次印刷
书　　号／ISBN 978－7－5201－5241－9
定　　价／128.00 元

《中关村新三板企业成长力报告（2019）》
编委会

主编简介

郭伟琼　中关村上市公司协会秘书长，美国加州大学圣塔芭芭拉分校传播学硕士，哈佛大学肯尼迪政府学院EMBA。先后创立了三家公司，现任中关村上市公司协会秘书长。2017年当选北京市台商协会理事。2009年起义务担任雁行中国基金会主席，帮助农村贫困大学生通过组织锻炼更好地融入社会。著有《中关村模式：科技+资本双引擎驱动》。

刘洁萍　中关村上市公司协会副秘书长，中关村上市公司协会新三板分会秘书长。北京交通大学产业经济学博士研究生。曾任中国商业联合会科技质量部综合业务处处长、山东鲁北药业有限公司董事长、《饭店现代化》杂志社社长等职务。2006年参与组建世界华人珠宝总商会，后担任健坤慈善基金会执行秘书长。

摘要

新三板市场作为我国多层次资本市场中的重要组成部分，定位于服务创新型、创业型、成长型中小微企业，旨在缓解中小微企业融资难、融资贵的问题。自2006年1月，国务院批准在中关村率先启动代办股份报价转让试点以来，经过十多年的探索发展，新三板市场在挂牌审核、交易机制、融资机制、分层制度、规范监管等方面进行了诸多有益尝试，对探索资本市场服务科技创新型中小微企业，进一步发挥资本市场对科技创新的助推作用，具有重要意义。

截至2018年底，中关村新三板挂牌企业达到1440家，占全国新三板企业总数的13%，在全国新三板企业数量排名中位居第二，仅次于广东省。中关村创新层企业数量为242家，约占全国的10%，超过广东省创新层企业数量，位居第一。从总市值来看，截至2018年底，中关村新三板企业总市值位列第一，达到4790.53亿元，其中神州优车、睦合达、九鼎集团、国都证券、翰林汇、随锐科技6家企业市值超过100亿元；从总营收来看，2018年底中关村新三板企业总营收为2393.16亿元，略低于上海和广东，位列第三，中关村企业平均营收达到1.96亿元；从净利润来看，2018年底中关村新三板企业净利润为92.28亿元，仅次于江苏，位列第二，企业平均净利润达到754万元；从股票发行状况来看，2018年中关村地区企业股票发行186次，融资金额83.01亿元，占全国新三板企业融资金额的14%，融资金额远高于其他地区；从研发投入来看，2018年中关村新三板企业研发费用达到100.30亿元，企业平均研发费用自2014年起首次达到1019.26万元，平均研发强度为5.55%，与2017年基本持平，远高于2018年全国新三板企业平均研发强度和全社会研发强度。

整体来看，2018 年受宏观经济形势影响，中关村乃至全国新三板企业的整体经营业绩都受到一定程度影响，但其中不乏营运状况稳定、业绩持续上涨、研发投入力度加大的高成长性企业。与此同时，目前从国务院、证监会到全国股转系统各相关部门都高度重视并着力推动新三板市场的改革，研究引入更具竞争性的发行制度、更有效的交易制度，致力于解决新三板市场投资与融资、买与卖的关系，深化新三板改革的时机日益成熟。在此状况下，建议中关村新三板企业坚定信心，扎根本业，用匠心精神打造企业的核心产品、核心技术，规划好企业自身的发展路径，积极抓住市场机遇，发展壮大企业规模，从而吸引更多投资者的关注，推动企业良性循环健康发展。

此外，目前金融机构对民营企业的支持普遍持保守稳健态度，对于尚处于中小微发展阶段的新三板企业更是如此，这种状况不利于中小微民营企业的持续发展。与普通小微企业相比，中关村新三板企业相对质量更优，也更加规范守信，企业的违约成本也相对较高，因此建议银行等金融机构能更加关注中关村新三板企业，在信贷政策上有所突破，为优质的新三板企业提供更具创新性、灵活性的综合融资方案，探索解决企业贷款过程中面临的固定资产抵押、实控人个人房产抵押等难题，为新三板企业提供更好的金融支持。

针对新三板市场目前仍然存在的合格投资者门槛高、做市商交易制度不完善、市场流动性偏低、无法有效满足科技创新小微企业的融资发展需求等问题，建议相关政府部门对新三板市场做出如下改革：（1）明确新三板定位，突出科技创新特色。建议聚焦服务初创期、成长期科技创新企业，进一步优化市场分层，并建立相适应的股票发行、交易、投资者适当性等配套制度，完善差异化的制度安排，鼓励一批创新能力强、市场前景好的新三板企业通过资本市场做大做强。同时，对于不符合挂牌维持条件的企业，引导其在做好投资者权益保护的前提下按程序摘牌，推动资本市场的进退有序、健康发展。（2）拓宽市场资金来源渠道，完善合格投资者制度。建议综合衡量投资者风险承受能力及投资经验，针对不同层级，制定差异化的合格投资者标准，如对创新能力强、信誉良好的优质新三板企业，可以适当降低个人合格投资者准入门槛，扩大合格投资者群体范围，拓宽市场资金来源渠道。（3）完善市场交易机制，持续改善市场流动性。建议进一步优化集合竞价制度，提高集合竞价交易撮合频次，可在创新层开展常态化的连续竞价交易试点；同时，进一步完善做市商制度，扩充做市商主体，优化做市商制度与集合竞价制度相结合的公开交易制度，通过多元化交易模式，进一步提高交易效率，完善价格形成机制，增强市场流动性和稳定性，为持续改善新三板流动性奠定良好基础。

关键词： 中关村　新三板　成长力　流动性

目　录

Ⅰ　总报告

B.1　2018年中关村新三板市场发展特征和发展建议
…………………………………………………… 郭伟琼　刘洁萍 / 001

Ⅱ　成长篇

B.2　中关村新三板企业成长力报告…… 中关村上市公司协会研究部 / 024

B.3　2018年中关村新三板企业赢利能力研究报告
…………………………………… 中关村上市公司协会研究部 / 045

B.4　2018年中关村新三板企业创新能力研究报告
……………………………………… 中关村知识产权促进局 / 071

B.5　2018年中关村新三板企业公司治理研究报告
…………………………………… 中关村上市公司协会研究部 / 085

B.6　2018年中关村新三板企业偿债能力和营运能力分析报告
…………………………………… 中关村上市公司协会研究部 / 095

Ⅲ 行业篇

B.7 2018年中关村新三板企业行业分布研究报告
…………………………………… 中关村上市公司协会研究部 / 119

B.8 中关村新三板企业行业成长性分析
…………………………………… 中关村上市公司协会研究部 / 141

Ⅳ 地域篇

B.9 2018年主要区域新三板整体发展状况对比分析
…………………………………… 中关村上市公司协会研究部 / 182

Ⅴ 专题篇

B.10 中关村园区新三板企业科创潜力分析
…………………………………… 中关村上市公司协会研究部 / 204

Ⅵ 附录

B.11 附录一 2018年中关村新三板市场摘牌情况统计 …………… / 303

B.12 附录二 2018年中关村新三板企业定向增发融资
情况统计 ………………………………………………… / 314

B.13 附录三 2017～2018年两年营收连续增长且复合增长率
不低于50%的中关村新三板企业 ……………… / 321

B.14 附录四 2017～2018年连续两年赢利且平均净利润
不低于2000万元的中关村新三板企业 ……………… / 328

B.15 附录五 中关村上市公司协会新三板分会介绍 …………………… / 336

Abstract …………………………………………………………………………… / 343

Contents …………………………………………………………………………… / 347

皮书数据库阅读**使用指南**

总 报 告

General Report

B.1
2018年中关村新三板市场发展特征和发展建议

郭伟琼　刘洁萍*

摘　要： 新三板市场是构建多层次资本市场的重要环节，具有搭建中小企业融资渠道、完善宏观经济体系的重要作用。本报告以中关村新三板企业作为研究主体，从挂牌公司数量、市场表现、经营能力、创新实力、社会贡献及区域对比等多个角度进行系统分析，呈现中关村新三板企业这一群体的成长特性和存在问题。数据显示，受宏观经济形势影响，2018 年中关村新三板企业整体发展状况不太乐观，但持续经营企业业绩相对稳定，企业研发投入力度持续增长。此外，中关村新三

* 郭伟琼，中关村上市公司协会秘书长，美国加州大学圣塔芭芭拉分校传播学硕士，哈佛大学肯尼迪政府学院 EMBA，北京市台商协会理事；刘洁萍，中关村上市公司协会副秘书长，中关村上市公司协会新三板分会秘书长，北京交通大学产业经济学博士研究生。

板企业的整体质量和实力仍然优于其他区域。

关键词： 中关村 新三板 市场流动性 研发投入 区域对比

一 2018年中关村新三板市场发展特征

（一）摘牌步入常态化，挂牌公司数量首次下降

1. 挂牌公司数量状况

2018 年中关村新三板挂牌公司数量首次出现负增长。截至 2018 年 12 月 31 日，中关村新三板挂牌公司数量为 1440 家。本报告排除了其中的已摘牌[①]，以及年报未发布等特殊状况的公司，仅以 2019 年 4 月 30 日以前公开发布 2018 年年报的 1224 家中关村新三板挂牌企业作为研究对象[②]。

相较于 2017 年底的 1446 家，2018 年底挂牌公司数量减少 222 家，同比减少 15.35%。与 2017 年 214 家的新增量相比，2018 年中关村新三板新增挂牌公司数量大幅度下滑，仅为 42 家，下降幅度为 80.37%（见图 1）。

从分层情况来看[③]，2018 年中关村新三板创新层企业数量有所下降，但创新层企业数量仍然超过广东，位于全国第一。截至 2018 年底，中关村新三板创新层企业数量为 122 家，占比为 9.97%，和 2017 年相比，创新层企业数量占比下降 4 个百分点（见表 1）。中关村新三板基础层企业数量为

① 此处的摘牌企业仅指在 2018 年 12 月 31 日之前摘牌的企业。

② 本书中的研究对象为中关村新三板挂牌企业，即工商登记注册地在北京市，并在全国中小企业股份转让系统挂牌的公司，不包括在两网（STAQ 系统和 NET 系统）挂牌交易的公司与主板摘牌公司。

③ 本报告中创新层企业数量以 WIND 资讯中 2018 年 12 月 31 日新三板企业“所属分层”中仍处于创新层的企业数量为准。

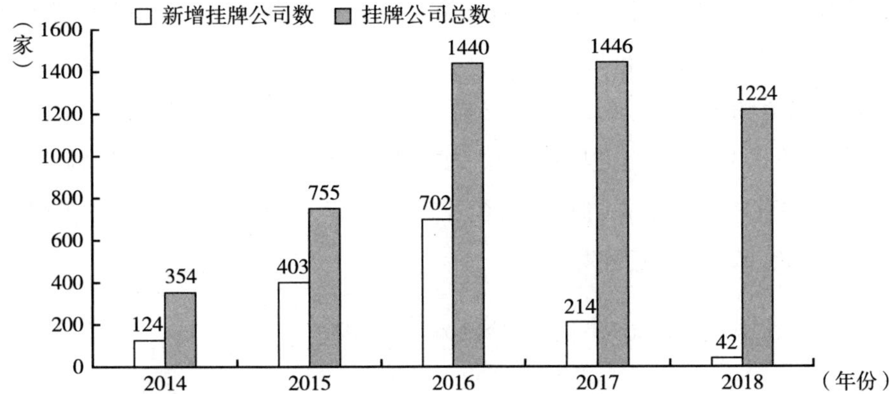

图1　2014～2018年中关村新三板挂牌公司数量及新增挂牌公司情况

资料来源：Wind，中关村上市公司协会整理。

1102家，占比为90.03%。同2018年底全国创新层企业数量①（851家）相比，中关村新三板创新层企业数量占比为14.34%，位列第一；广东省创新层企业数量（105家）占比为12.33%，位列第二。

表1　2017～2018年中关村新三板企业数量及分层状况

年份	整体	创新层		基础层	
	数量/家	数量/家	占比(%)	数量/家	占比(%)
2017年	1446	202	13.97	1244	86.03
2018年	1224	122	9.97	1102	90.03
同比增幅(%)	-15.35	-39.60	↓4.00	-11.41	↑4.00

资料来源：Wind，中关村上市公司协会整理。

从交易方式来看，1224家中关村新三板企业当中，采取做市转让的企业148家，占比12.09%；采取竞价转让的1077家，占比87.99%。

2. 摘牌公司数量状况

2016年10月，全国中小企业股份转让系统发布《挂牌公司股票终止挂

① 2019年5月24日，全国中小企业股份转让系统正式发布了2019年创新层挂牌公司名单，全国范围内满足创新层标准的挂牌公司共计698家。其中，中关村创新层企业105家，比广东省创新层企业数量（97家）多8家，创新层企业数量居于第一位。

牌实施细则（征求意见稿）》，对新三板企业强制摘牌和自主摘牌的情形进行了相应的细化规定。自此之后，新三板企业摘牌逐渐步入常态化。2018年，在全国范围内共有1517家新三板企业终止挂牌，摘牌数量是2017年（709家）的2.14倍。与此同时，中关村新三板企业摘牌数量也迅猛增长。2018年，共有225家中关村新三板企业终止挂牌，终止挂牌数量是2017年（86家）的2.62倍（见图2）。

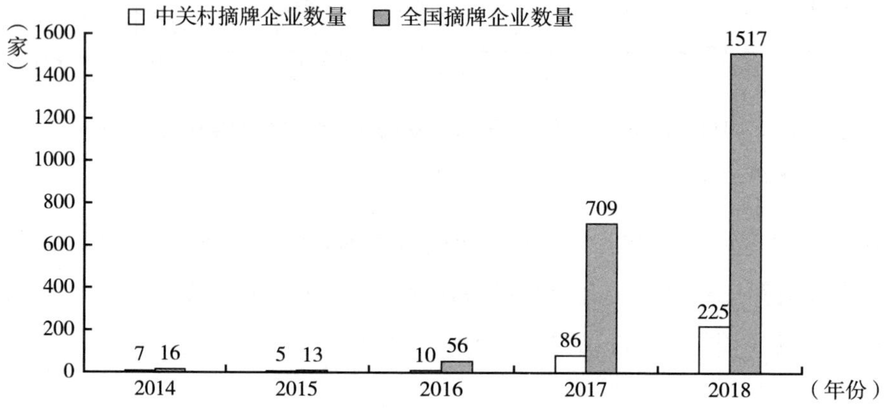

图2　2014～2018年全国及中关村新三板企业摘牌情况

资料来源：Wind，中关村上市公司协会整理。

近两年，无论在全国还是在中关村，新三板市场挂牌企业数量逐年降低，而摘牌企业数量却呈现上升趋势，尤其在2018年，新三板企业摘牌数量呈现井喷态势，综合来看，主要有以下几方面原因：（1）新三板市场差异化制度供给尚不明确，创新层的准入标准、规范成本均高于基础层，但目前在发行制度、投资者门槛等差异化制度方面供给不足，对于优质挂牌企业未来在新三板市场的长远发展缺乏清晰的方向性指引，导致新三板市场对优质企业的吸引力降低；（2）新三板市场监管日益趋严，企业挂牌新三板后规范成本相对较高，但市场交易及融资活跃度并不理想，出于成本收益考虑，部分新三板企业选择摘牌；（3）随着A股IPO常态化、科创板的推出，以及全球各国主要交易所正在加大改革力度，吸引大批新经济企业上市，在此背景下大量优质企业主动寻求在境内外资本市场上市；（4）个别企业因出现违规、未在规定期限内披露年度报告或者半年度报告等情况被强制摘牌。综上可见，目前摘牌常态化趋势确实会导致一批优质企业离开新三板市场，但也能在一定程度上促进新三板市场上企业鱼龙混杂以及交易不活跃等难题的解决，也是市场优胜劣汰的表现。

具体分析2018年中关村新三板企业摘牌的原因，主要包括因生产经营调整摘牌、暂停上市后未披露定期报告摘牌、转板上市摘牌、因其他不符合挂牌的情形摘牌四种原因。其中，因其他不符合挂牌的情形而终止挂牌的企业有117家，占总摘牌数量的52%；因生产经营调整而终止挂牌的企业有82家，占比36.44%；因暂停上市后未披露定期报告的有20家，占比8.89%。除此之外，有6家企业因为转板上市而摘牌，这6家企业分别是小狗电器（870077.OC）、臻迪科技（837335.OC）、英孚泰克（836013.OC）、淳中科技（834801.OC）、龙软科技（834391.OC）、高信达（834116.OC）。其中，淳中科技已于2018年2月2日成功在上交所主板上市（见图3、表2）。

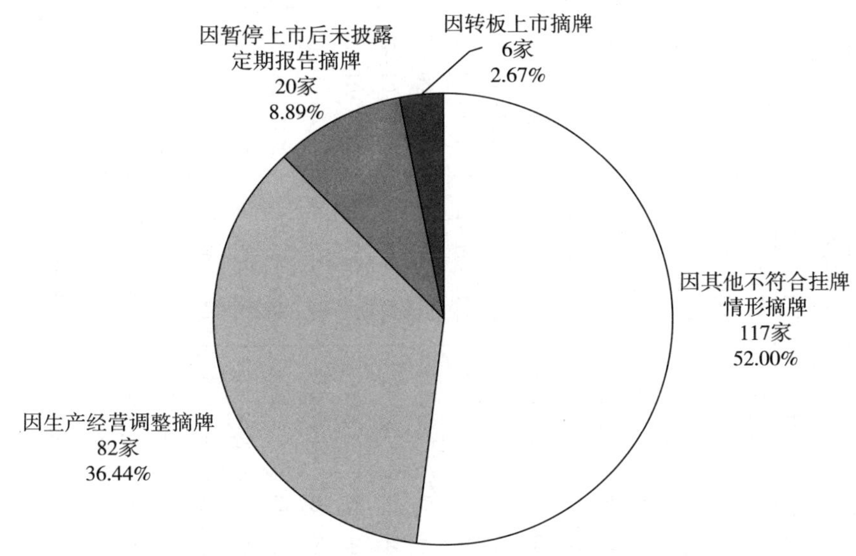

图3　2018年中关村新三板企业摘牌原因统计

资料来源：Wind，中关村上市公司协会整理。

表 2　中关村新三板企业转板情况一览

序号	转板前					转板后			
	代码	简称	挂牌时间	摘牌时间	交易市场	代码	简称	上市交易所	上市日期
1	836201. OC	和力辰光	2016-04-08	2019-04-23	三板	A16236. SZ	和力辰光	深圳	/
2	837335. OC	臻迪科技	2016-05-24	2018-12-06	三板	/	/	/	/
3	870077. OC	小狗电器	2016-12-06	2018-10-12	三板	A17383. SZ	小狗电器	深圳	/
4	834391. OC	龙软科技	2015-12-02	2018-10-10	三板	A14465. SZ	龙软科技	深圳	/
5	834116. OC	高信达	2015-11-10	2018-04-27	三板	/	/	/	/
6	836013. OC	英孚泰克	2016-03-09	2018-01-19	三板	/	/	/	/
7	834801. OC	淳中科技	2016-01-05	2018-01-19	三板	603516. SH	淳中科技	上海	2018-02-02
8	831008. OC	百华悦邦	2014-08-29	2017-12-25	三板	300736. SZ	百邦科技	深圳	2018-01-09
9	430162. OC	聚利科技	2012-11-02	2017-08-24	三板	A16121. SZ	聚利科技	深圳	/
10	430018. OC	合纵科技	2007-09-19	2015-06-01	三板	300477. SZ	合纵科技	深圳	2015-06-10
11	430040. OC	康斯特	2008-12-26	2015-04-22	三板	300445. SZ	康斯特	深圳	2015-04-24
12	430049. OC	双杰电气	2009-02-18	2015-04-20	三板	300444. SZ	双杰电气	深圳	2015-04-23
13	430030. OC	安控科技	2008-08-20	2014-01-09	三板	300370. SZ	安控科技	深圳	2014-01-23
14	430045. OC	东土科技	2009-02-18	2012-08-29	三板	300353. SZ	东土科技	深圳	2012-09-27
15	430012. OC	博晖创新	2007-02-16	2012-05-10	三板	300318. SZ	博晖创新	深圳	2012-05-23
16	430008. OC	紫光华宇	2006-08-30	2011-09-28	三板	300271. SZ	华宇软件	深圳	2011-10-26
17	430023. OC	佳讯飞鸿	2007-10-26	2011-04-20	三板	300213. SZ	佳讯飞鸿	深圳	2011-05-05
18	430001. OC	世纪瑞尔	2006-01-23	2010-12-06	三板	300150. SZ	世纪瑞尔	深圳	2010-12-22
19	430006. OC	北陆药业	2006-08-28	2009-09-30	三板	300016. SZ	北陆药业	深圳	2009-10-30
20	430007. OC	久其软件	2006-09-07	2009-07-29	三板	002279. SZ	久其软件	深圳	2009-08-11

注："/" 表示 Wind 尚未统计明确信息。

资料来源：Wind，中关村上市公司协会整理。

（二）连续经营企业业绩稳定增长，持续赢利能力有待提升

1. 营业收入状况

2018 年，中关村新三板企业总营业收入为 2393.16 亿元，同比下降 1.17%；企业平均营业收入为 1.96 亿元，同比增长 17.37%。2017～2018 年持续经营的企业有 1160 家，持续经营企业 2017 年营业收入为 2029.84 亿元，2018 年营业收入为 2281.53 亿元，同比增长 12.40%。由此可见，2018 年中关村新三板企业总体营业收入的下降主要是由于新三板企业数量下降[①]而非存量企业经营不善所导致，连续经营企业业绩稳定增长。

从分层情况来看，创新层企业总营业收入为 641.76 亿元，占比 26.82%；基础层企业总营业收入为 1751.40 亿元，占比 73.18%。创新层企业平均营业收入为 5.26 亿元，同比增长 6.26%；基础层企业平均营业收入为 1.59 亿元，同比增长 39.47%。由此可见，中关村新三板创新层企业的平均营业收入为基础层企业平均营业收入的 3.3 倍，基础层企业的平均营业收入增幅更快。

从成长性来看，2018 年中关村新三板企业营业收入实现正增长的企业共有 708 家，占中关村新三板企业总数的 58%；其中，创新层企业 65 家（占创新层企业总量的 53%），基础层企业 643 家（占基础层企业总量的 58%）。在这 708 家企业当中，2017 年、2018 年连续两年实现营业收入正增长的企业有 500 家，占中关村新三板企业总数的 41%；其中，创新层企业 54 家（占创新层企业总量的 44%），基础层企业 446 家（占基础层企业总量的 40%）。2017 年、2018 两年营业收入连续增长，且复合增长率不低于 50% 的企业共 135 家，这 135 家经营状况稳健，具有较高的成长性。

2. 净利润与总体盈亏状况

2018 年，中关村新三板企业净利润总额达 92.28 亿元，同比下降

---

① 2017 年底，纳入统计的中关村新三板企业数量为 1446 家；2018 年底，纳入统计的中关村新三板企业数量为 1224 家，同比减少 222 家，下降幅度达到 15%。

34.95%；企业的平均净利润为754万元，同比下降23%。2017～2018年持续经营的1160家中关村新三板企业，其净利润合计达到86.67亿元，同比下降30.51%。

近年来，中关村新三板挂牌公司中盈利企业的占比呈逐年下降趋势。2018年，中关村新三板企业中实现赢利的有734家，占比为59.97%；未赢利的企业数量为490家，占比为40.03%（见表3）。整体来看，中关村新三板企业赢利状况有待改善。

表3　2014～2018年中关村新三板挂牌公司盈亏情况统计

年份	赢利企业		亏损企业		合计	
	数量/家	占比(%)	数量/家	占比(%)	数量/家	占比(%)
2014	287	80.62	69	19.38	356	100.00
2015	574	76.03	181	23.97	755	100.00
2016	1022	71.22	413	28.78	1435	100.00
2017	978	67.63	468	32.37	1446	100.00
2018	734	59.97	490	40.03	1224	100.00

资料来源：Wind，中关村上市公司协会整理。

从分层情况来看，2018年中关村新三板创新层企业的赢利状况优于基础层企业的赢利状况。创新层中实现赢利的企业有83家（占比68.03%），亏损企业39家（占比31.97%）；基础层中实现赢利的企业651家（占比59.07%），亏损企业451家（占比40.93%）（见表4）。

表4　2018年中关村新三板不同分层挂牌公司盈亏情况统计

分层情况	赢利企业		亏损企业	
	数量/家	占所属分层企业数量比(%)	数量/家	占所属分层企业数量比(%)
创新层	83	68.03	39	31.97
基础层	651	59.07	451	40.93

资料来源：Wind，中关村上市公司协会整理。

从成长性来看，中关村新三板企业2017年、2018年连续两年实现赢利的企业有621家（占中关村新三板企业总量的50%），其中创新层企业78

家（占创新层企业数量的64%），基础层企业543家（占基础层企业数量的49%）。这部分企业经营状况稳健，赢利能力较强，成长潜力较大。在这621家两年连续赢利的企业当中，平均净利润不低于1亿元的有18家，平均净利润不少于2000万元的新三板企业有167家。

（三）市场流动性不足，需加大企业融资支持力度

2018年中关村新三板市场流动性持续下跌。中关村新三板企业股票发行次数及融资金额均呈现负增长，股票年成交量和成交额也大幅下降，有成交量的企业大部分年成交量集中在100万股以下，中关村新三板市场的流动性仍旧未有明显改善。与此同时，2018年中关村新三板企业的融资活跃度也持续下降。

1. 股票发行状况

整体来看，2015年中关村新三板股票发行呈现爆发式增长，2016年增速放缓，2017年股票发行次数和融资金额均为下行态势，2018年持续下跌。2018年，中关村新三板企业股票发行次数为186次，同比下降55.61%；股票发行融资金额为83.01亿元，同比下降69.93%；平均每次融资金额为0.45亿元，同比下降32.82%。

表5　2014～2018年中关村新三板市场股票发行状况

年份	股票发行次数		融资金额		平均每次融资金额	
	数量/次	同比增幅(%)	数量/亿元	同比增幅(%)	数量/亿元	同比增幅(%)
2014年	92	/	81.79	/	0.89	/
2015年	436	373.91	331.23	304.98	0.76	-14.61
2016年	511	17.20	343.06	3.57	0.67	-11.84
2017年	419	-18.00	276.10	-19.52	0.66	-1.49
2018年	186	-55.61	83.01	-69.93	0.45	-31.82

资料来源：Wind，中关村上市公司协会整理。

2. 股票成交量状况

2018年，中关村新三板股票交易市场萎缩严重，中关村新三板企业的

股票年成交量和成交额都大幅下降。2018 年共有 659 家（占比 53.84%）中关村新三板企业参与股票交易，与 2017 年 888 家相比，减少 229 家，降幅达到 25.79%。全年股票成交量 17.34 亿股、成交额 42.37 亿元，相比于 2017 年 73.90 亿股、390.07 亿元的全年成交量和成交额，同比分别降低 76.54%、89.14%。在股票成交均价方面，2018 年中关村新三板股票成交均价为 2.47 元/股，而 2017 年的成交均价为 5.27 元/股，同比降低 53%（见图 4）。

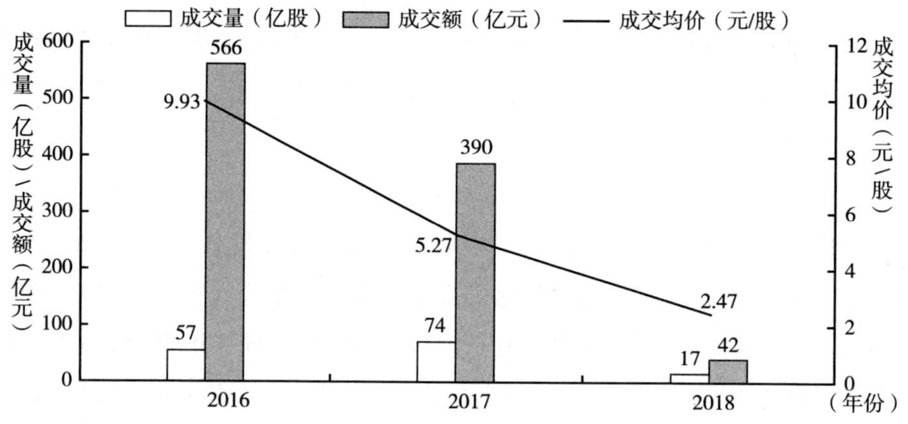

图 4　2016～2018 年中关村新三板企业年成交量和成交额、成交均价变化情况

资料来源：Wind，中关村上市公司协会整理。

从交易规模上看，中关村新三板企业股票规模下跌严重。年成交量超过 1000 万股的公司仅有 27 家（占比 2.21%），成交总额为 23.14 亿元（占比 55.26%）；年成交量在 500 万～1000 万股的公司有 22 家（占比 1.80%），成交总额为 4.70 亿元（占比 11.09%）；年成交量在 100 万～500 万股的公司为 103 家（占比 8.42%），成交总额为 8.44 亿元（占比 19.93%）；全年交易量在 100 万股以下的企业有 507 家（占比 41.42%），且成交总额为 5.81 亿元（占比 13.72%）。此外，一年内无成交量的公司为 565 家，占中关村新三板挂牌企业总量的 46.16%，接近一半（见图 5）。

从交易方式角度来看，做市转让的企业在交易活跃度和成交均价方面优

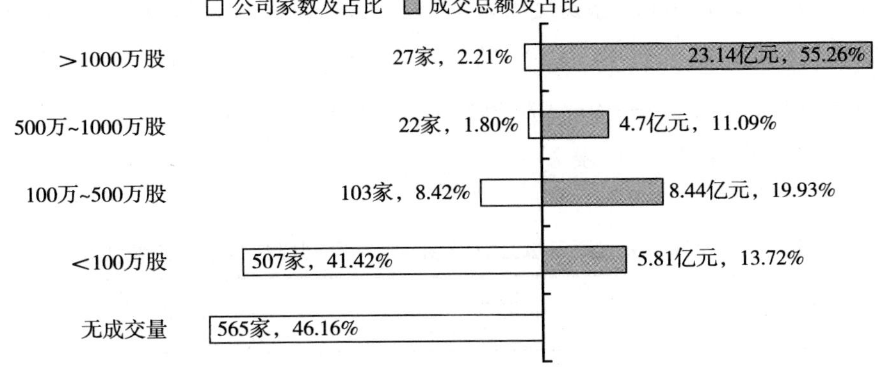

图5　2018年中关村新三板企业交易规模分布状况

资料来源：Wind，中关村上市公司协会整理。

于竞价转让。在交易活跃度方面，采取做市转让的企业当中有96%（142家）的企业均有成交量，总成交量为5.81亿股（占比34%），总成交额为14.97亿元（占比35%），做市转让的成交均价为2.58元/股；采取竞价转让的企业当中有48%（517家）的企业有成交量，总成交量为11.53亿股（占比66%），总成交额为27.40亿元（占比65%），竞价转让的成交均价2.38元/股（见表6）。

表6　2018年中关村新三板企业（竞价转让和做市转让）股票成交量状况

各项指标	竞价转让		做市转让	
	数量	占比(%)	数量	占比(%)
企业数(家)	517	78	142	22
总成交量(亿股)	11.53	66	5.81	34
总成交额(亿元)	27.4	65	14.97	35
成交均价(元/股)	2.38		2.58	

资料来源：Wind，中关村上市公司协会整理。

从分层角度来看，创新层企业在交易活跃度和成交均价上优势明显。在交易活跃度方面，对创新层和基础层交易情况进行对比，在发生交易的659家企业中，创新层中有98%的企业（119家）有成交量，总成交量为5.65

亿股（占比 32.58%），总成交额为 17.95 亿元（占比 42.36%），成交均价为 3.18 元/股；基础层中有 49% 的企业（540 家）有成交量，总成交量为 11.68 亿股（占比 67.42%），总成交额为 24.41 亿元（占比 57.64%），成交均价为 2.09 元/股（见表 7）。

表 7　2018 年中关村新三板企业（创新层和基础层）股票成交量状况

各项指标	创新层		基础层	
	数量	占比(%)	数量	占比(%)
企业数(家)	119	18.06	540	81.94
总成交量(亿股)	5.65	32.58	11.68	67.42
总成交额(亿元)	17.95	42.36	24.41	57.64
成交均价(元/股)	3.18		2.09	

资料来源：Wind，中关村上市公司协会整理。

3. 融资状况分析

（1）定向增发①状况

2018 年，中关村共 134 家新三板挂牌公司实施了 144 次定向增发，增发数量为 8.36 亿股，实际募资总额达到 47.14 亿元，平均单次融资 5.64 亿元，发行均价 11.46 元/股。与 2017 年相比，2018 年中关村新三板公司参与定增融资的企业数量减少 60.82%，定增次数减少 61.80%，增发股数减少 68.74%，实际募资总额减少 79.25%（见表 8）。

表 8　2014～2018 年度中关村新三板企业定增融资情况

年份	增发企业（家）	增发次数	增发股数/亿股	实际募资总额/亿元	平均单次融资额/亿元
2014	68	76	9.22	78.32	8.49
2015	283	376	55.84	309.62	5.54
2016	404	461	61.75	284.54	4.61
2017	342	377	26.74	227.23	8.50
2018	134	144	8.36	47.14	5.64

资料来源：Wind，中关村上市公司协会整理。

① 本书中定向增发相关数据统一以定增股份上市日期为统计口径。

从分层情况来看，16 家创新层公司（占创新层公司总数的 13.11%）实施了 17 次定向增发，增发数量为 0.88 亿股，实际募资金额达到 7.69 亿元，平均单次融资 8.74 亿元；118 家基础层公司（占基础层公司总数的 10.71%）实施了 127 次定向增发，增发数量为 7.48 亿股，实际募资金额为 39.46 亿元，平均单次融资 5.28 亿元（见表 9）。

表 9　2018 年中关村新三板企业融资情况分层对比

分层	定增融资企业家数	定增融资次数	增发数量/亿股	定增融资额/亿元	平均单次融资额/亿元
创新层	16	17	0.88	7.69	8.74
基础层	118	127	7.48	39.46	5.28

资料来源：Wind，中关村上市公司协会整理。

根据定向增发融资规模统计，定向增发融资额为 1 亿元以上的有 9 次，融资总额为 16.72 亿元；5000 万～1 亿元的有 15 次，融资总额 9.46 亿元；1000 万～5000 万的有 88 次，融资总额为 19.56 亿元；融资额在 1000 万元以下的 32 次，融资总额为 1.39 亿元（见表 10）。

表 10　2018 年中关村新三板企业定增融资规模统计

定增融资额区间	定增次数		定增融资额	
	次数	占比(%)	总量	占比(%)
>1 亿元	9	6.25	16.72	35.48
5000 万～1 亿元	15	10.42	9.46	20.07
1000 万～5000 万	88	61.11	19.56	42.50
<1000 万	32	22.22	1.39	2.95

资料来源：Wind，中关村上市公司协会整理。

根据定向增发融资的目的统计，144 次定增融资当中，有 63 次定增融资是用于补充流动资金，占比 43.75%；有 55 次定增融资用于项目融资，占比 38.19%；有 14 次定增融资用于股权激励，占比 9.72%；有 10 次定增融资用于收购其他资产，占比 6.94%。此外，用于配套融资和引入战略投资者的定增融资各1次，占比0.69%。中关村新三板挂牌企业通过直接融资为企业的持续发展提供了一定的资金储备，在一定程度上提升了公司整体的财务实力。

（2）公司债发行状况

2018年中关村新三板公司发债数量和融资金额都出现不同程度的下降。2018年，全国新三板企业当中仅有11家企业通过发行债券来融资，实际发行规模合计14.05亿元，债券发行期限1~6年不等（以3年期限居多），平均票面利率为7.53%。其中，中关村共有阿尔特、德鑫物联、中国康富和信中利4家新三板企业在2018年通过发行了4只公司债进行融资，实际发行规模合计达到9.30亿元，平均票面利率7.03%（见表11）。与2017年相比，2018年中关村新三板企业债券发行数量和实际发行规模分别下降了60%、90%，但从全国范围来看，2018年中关村进行债券融资的新三板企业数量和实际融资额分别占全国的36%、66%，这一比例远高于其他地区。表明2018年在整体新三板市场债权融资不活跃的情况下，中关村新三板企业的债券融资表现优于其他地区。

表11　2018年中关村新三板企业债券发行情况

代码	公司简称	债券简称	发行起始日	发行规模（亿元）	发行期限（年）	票面利率（%）	上市地点	募集资金用途
833858.OC	信中利	18信投S1	2018-11-07	3.40	5	7.80	深圳	本期债券募集资金主要通过直接投资或设立契约型基金、公司型基金以及设立有限合伙企业等方式投资于种子期、初创期、成长期的创新创业公司的股权
833499.OC	中国康富	18康富01	2018-11-07	5.00	3	7.00	上海	本期债券募集资金全部用于偿还公司债务，根据本期债券发行时间和实际发行规模、募集资金到账时间、公司债务结构调整计划及其他资金使用需求等情况，发行人未来可能调整用于偿还到期债务的具体金额

续表

代码	公司简称	债券简称	发行起始日	发行规模（亿元）	发行期限（年）	票面利率（%）	上市地点	募集资金用途
430074.OC	德鑫物联	18 德鑫泉	2018－02－09	0.30	3	6.80	上海	本期债券所募资金扣除发行费用后，拟全部用于补充营运资金
836019.OC	阿尔特	18 阿尔特	2018－01－31	0.60	3	6.50	上海	本期债券募集资金扣除发行费用后，拟全部用于补充流动资金

资料来源：Wind，中关村上市公司协会整理。

（四）研发投入力度持续增长，创新发展意识不断增强

1. 创新投入

（1）研发费用

中美贸易新形势下国家首要战略目标是保障国家安全，以技术创新为主要途径。企业作为国家创新行为个体的庞大集合，提升创新能力的战略重要性不可忽视。企业对创新的重视也会发展成为企业核心竞争力，为企业带来赢利。2018 年，受宏观经济下行压力影响，中关村新三板企业整体营收及净利润都出现不同程度的下滑，但此状况并未影响企业对研发创新的投入力度。经过了 2017 年研发总费用和平均研发费用的首次下降后，2018 年中关村新三板企业研发费用又迎来了回升，总研发投入达到 100.30 亿元，平均研发费用自 2014 年起首次达到 1019.26 万元。研发投入的增加既有外部动力，如国家创新体系支持，部分也源自内部动力，如企业自身实力和创新型人才资源。

对比 2017 年企业研发费用分布，2018 年中关村新三板企业研发费用变化情况呈现普遍增加现象。研发投入在 100 万元以下企业数量降至 100 家，研发投入在 100 万～500 万元、500 万～1000 万元的企业有不同程度的增加，同时可以欣喜地看到，研发费用在 1000 万元及以上的企业数量都有不同程度的增加，投入在 1 亿元以上的企业有 7 家，较 2017 年（5 家）增长

了40%。统计结果表明，2018年中关村新三板企业研发总费用和平均研发费用的增加主要源于整体企业研发经费的增加，中关村新三板企业愈加重视研发创新。

（2）研发强度

研发强度指企业研发投入占营业收入比重，是衡量企业创新投入的重要指标。国际经验表明，具有较高研发强度的企业对应较高的利润率。2018年，中关村新三板企业的平均研发强度为5.55%，与2017年基本持平，远高于2018年全国新三板企业平均研发强度[①]和全社会研发强度[②]。

国际经验表明，10%以上的研发强度在全球范围内处于较高的研发投入水平，此类企业一般被认为具备充分的研发竞争力优势。根据此标准，中关村新三板企业研发强度成果喜人，在2018年有397家企业为高研发强度企业，占比40%。科技型中小企业应顺应国家鼓励创新的相关政策，提升研发投入强度，从而提升核心竞争力。

2. 创新产出

（1）专利申请量

专利申请量为衡量企业创新产出的重要指标之一，指国内外专利机构受理技术发明专利申请的数量，包括发明专利申请量、实用新型专利申请量和外观设计专利申请量。企业专利申请量越多，越能说明企业创新氛围高涨、创新能力强。2018年中关村新三板企业专利申请量为3365件，总体较2017年（3402件）稳中有降。共有398家企业申请了专利，占企业总数的27.64%[③]，平均每家企业专利申请数为8.45件，其中有84家企业专利申请数量高于平均值，较2017年（98家）略有下降。作为含金量最高、审查环节最严格的一类专利，发明专利申请量[④]在2018年的上升表明中关村新三板

① 2018年全国新三板企业平均研发强度为3.23%。

② 2018年我国年研究与试验发展（R&D）经费支出占国内生产总值的2.18%。

③ 此处以截至2018年12月31日在市的1440家中关村新三板企业为计算标准。

④ 2018年，共有287家中关村新三板挂牌企业申请了1032件发明专利，平均每家企业发明专利申请量为3.40件，其中有109家企业申请的发明专利数量高于平均值。

企业技术创新活动进展顺利，较2017年上升11.50%。申请发明专利的企业主要集中在信息传输、软件和信息技术服务业、科学研究以及高端制造业。实用新型专利申请量为1520件，首次出现下降，降幅为6.35%，外观设计专利申请量也有所下降。数据表明，企业对于发明专利的重视程度和开发力度有所增长，总体创新产出平稳。面对中美贸易新形势，中关村新三板企业需要在企业内部推动形成创新氛围，促进建立创新成果产出和转化。

（2）专利授权量

授予专利权的原则为该专利具备新颖性、创造性和实用性，专利申请经授权后得到法律保护，为企业私有财产。专利授权量作为衡量企业在创新产出方面的能力、水平和质量的主要指标之一，专利授权量越高，企业创新产出综合实力越强。2018年中关村企业专利授权量成果丰硕，在专利申请量低于2017年的情况下，专利授权量①首次达到2144件，超过2017年的2129件。其中，发明专利②、实用新型专利、外观设计专利授权量分别为508件、1260件和376件。通过对2014~2018年专利授权量数据增长情况进行分析，可知中关村新三板企业创新产出增速减缓，企业创新能力或已达阶段性瓶颈期。中关村新三板企业可以依托中关村高校、科研机构和技术服务机构等外部资源进一步提升企业创新能力。

（五）持续经营企业应收账款上涨，回款压力较大

应收账款的管理会直接影响企业的经济效益，企业应收账款管理得当有利于防范企业经营风险，维护投资者利益；高额的应收账款则会在一定程度上影响企业的现金流和日常运转，应收账款周期越长，催收难度越大，形成呆账坏账的可能性也越大。2018年底，中关村新三板企业的整体应收账款为596.64亿元，同比减少8.58%；企业平均应收账款为4875万

① 2018年，共有400家中关村新三板挂牌企业获得了2144件专利授权，平均每家企业拥有5.36件专利授权，其中24家企业专利授权量高于平均值。

② 2018年，共有180家中关村新三板挂牌企业获得了508件发明专利授权，平均每家企业拥有2.82件发明专利授权，其中有46家企业发明专利授权量高于平均值。

元，同比上涨7.90%。对2017年、2018年连续两年持续经营的1160家企业应收账款进行分析，发现连续经营企业2018年应收账款合计为573.51亿元，同比上涨7.23%，占其营业收入的平均比重为25%，其中有三成以上（363家，占比31%）的企业应收账款额占公司营业收入的比重达到50%以上。该组数据表明，2018年中关村新三板企业应收账款总数的下降主要由于企业数量的减少，而持续挂牌的企业应收账款回款压力仍然在持续上涨，尤其在整体经济下行的情况下，对大客户依赖程度较高的小企业回款会更加困难。

结合调研了解到，造成中关村新三板企业应收账款连续上涨的原因各异，其中不排除有个别企业为扩大市场占有率，主动为客户延长账期的情况存在，但更多的是受2018年整体经济下行影响，大部分企业回款速度变慢，个别政府部门、国企央企拖欠中小型民营企业账款的情况比较严重，导致产业链上下游企业“三角债”的问题突出。再加之过去一年个别银行对于民营中小微企业的抽贷行为更是加剧了部分中小微企业的资金流动性紧张。

（六）区域竞争优势较为突出，整体实力优于其他地区

本报告对广东（1637家）、中关村（1440家）、江苏（1273家）、浙江（933家）、上海（903家）五个新三板分布最为集中的区域进行对比分析，从各区域新三板企业的参考市值、资产、营业收入、利润、融资情况、纳税及员工构成等企业发展的核心指标着手，其中重点分析了各区域的赢利能力和创新情况，以凸显五个区域新三板企业的实际发展状况及其成长性。数据显示，受整体经济形势影响，2018年五个地区的新三板企业发展状况都不太乐观，但相对其他区域，中关村新三板企业的整体质量和实力仍然优于其他区域。

整体来看，截至2018年底，虽然广东新三板企业家数居于首位，但中关村新三板企业的参考总市值、总资产、融资活跃度、企业纳税额、本硕博员工数量及其占比等方面均优于其他四个区域。

从市值角度来看，2018年中关村新三板企业总市值为4790.53亿元，

广东、江苏、浙江、上海总市值分别为3650.77亿元、2547.28亿元、1950.44亿元、2284.49亿元。受整体经济形势的影响，相较于2017年，以上所有区域的总市值均成负增长趋势，中关村新三板企业市值增长率为-28.46%，广东、江苏、浙江、上海新三板企业增长率依次为-6.05%、-3.79%、-23.84%、-8.37%。中关村新三板企业总市值仍较大幅度领先于其他区域，但负增长压力较大。

从资产角度来看，2018年中关村新三板企业总资产为4428.80亿元，总资产位于第二位的是江苏新三板企业（3228.45亿元），广东、浙江、上海总资产分别为3036.82亿元、2159.89亿元、1895.23亿元。除上海新三板企业总资产成正增长趋势（8.30%）外，其他区域总资产均有一定程度的下降，广东、江苏的降低幅度均大于14%，中关村和浙江降低幅度相对较小，分别为7.46%和1.86%。中关村新三板企业总资产高于其他区域，但仍存在一定程度的下降风险。

从总营收角度来看，2018年中关村新三板企业总营收为2393.16亿元，略低于上海的2556.28亿元和广东的2402.89亿元。江苏、浙江总营收分别为中关村区域的83.59%和88.54%，除浙江和上海总营收呈正向增长外，其他区域2018年总营收均有一定程度的下降，其中，广东下降幅度最大（21.95%）。中关村新三板企业总营收在以上区域中处于中间位置，降低幅度低于广东、江苏；同时，中关村区域新三板企业的平均营收和人均营收均处于中间水平。

从净利润角度来看，2018年中关村区域净利润为92.28亿元，仅次于江苏（115.30亿元），广东、浙江、上海的净利润分别为83.43亿元、84.38亿元、44.29亿元。中关村区域新三板企业的人均净利润为4万元，略低于江苏和浙江，但显著高于其他区域。相比于2017年，以上所有区域的净利润均有较大幅度的下降。其中，中关村降低34.96%，降低幅度属于中等；广东、江苏、上海降低幅度分别为51.05%、21.00%、28.87%；降低幅度最小的是浙江新三板企业。

从融资活跃度来看，2018年中关村股票发行186次，融资金额83.01

亿元，同比降低69.93%；广东股票发行253次，融资金额76.36亿元，同比降低62.48%；江苏、浙江、上海2018年股票发行融资额分别为76.24亿元、38.28亿元、47.06亿元，增长率依次为：-36.89%、-60.56%、-51.94%。由此可见，2018年，受整体宏观经济的影响，各地区股票发行次数和融资金额都有不同程度的下降，在此情况下中关村的股票融资金额仍然高于其他地区。

从员工构成角度来看，2018年中关村新三板企业的本硕博人数为111551人（本科97854人、硕士12819人、博士878人），占比48.34%，平均每家企业本硕博人数为91.14人。本硕博人数居于第二位的是广东，总人数为79154人（本科72061人、硕士6596人、博士497人），占比22.15%，平均每家企业本硕博人数为57.44人；江苏、浙江、上海本硕博总人数分别为52709人、37958人、60180人。中关村新三板企业员工不论是本科、硕士、博士单项人数还是本硕博总人数都显著高于其他区域，平均本硕博人数也领先于其他区域，中关村新三板企业更能吸引到高学历、高素质人才，企业员工素质更高、竞争力更强。

（七）企业税费负担有所降低，降幅低于其他区域

2018年，中关村新三板公司实际税费负担①为94.19亿元，实际税费负担占营业收入比重为3.94%，同比下降0.61个百分点。由此可见，中关村新三板企业的税费成本有所降低，这表明近年来国家实施的国家高新技术企业减免企业所得税、降低增值税税率、提高研发税前加急扣除、实际退税留底等减税降费政策确实在一定程度上降低了民营中小微企业的税费负担。从分层情况来看，2018年，中关村新三板创新层企业的实际税费负担合计为15.86亿元，企业平均承担的实际税费负担为1300万元，相比于2017年的

① 实际税费负担=当期支付的各项税费-当期收到的税费返还+当期应交税费-上期应交税费。如果仅从所得税角度来看，2018年中关村新三板企业所得税费用为26.92亿元，同比下降27.05%；1160家连续经营的企业在2018年缴纳所得税额为25.26亿元，较2017年的31.32亿元同比下降19.35%，企业所得税的下降主要受企业净利润下降所致。

1643 万元同比下降 21%；基础层企业的实际税费负担合计为 78.32 亿元，企业平均承担的实际税费负担为 710 万元，相比于 2017 年的 673 万元同比上涨 5%。通过以上两组数据可发现，创新层企业实际税费的下降幅度远高于基础层，这主要由于创新层企业研发投入力度相对更大、属于国家高新技术企业的比例更高，与国家税收减免政策的主体特征更为契合所致。

从各区域的实际税费负担来看，截至 2018 年底，中关村、广东、江苏、浙江、上海五个地区新三板企业承担的实际税费负担分别为 94.19 亿元、74.28 亿元、72.14 亿元、55.29 亿元、46.28 亿元，与 2017 年相比，五个地区实际税费负担均有所下降，降幅分别为 0.56%、7.21%、7.40%、1.43%、6.03%，中关村地区的实际税费降幅最低。此外，五个地区实际税费负担占营业收入比重分别为：中关村 3.94%、广东 3.09%、江苏 3.61%、浙江 2.61%、上海 1.81%，中关村新三板企业的实际税费负担占营业收入的比重相对较高。

二　针对中关村新三板市场的发展建议

数据显示，2018 年受宏观经济形势影响，中关村乃至全国新三板企业的整体经营业绩都受到一定程度影响，但其中不乏营运状况稳定、业绩持续上涨、研发投入力度加大的高成长性企业。与此同时，目前从国务院、证监会到全国股转系统各相关部门都高度重视并推动新三板市场的改革，研究引入更具竞争性的发行制度、更有效的交易制度，致力于解决新三板市场投资与融资、买与卖的关系，深化新三板改革的时机日益成熟。在此状况下，建议中关村新三板企业坚定信心，扎根本业，用匠心精神打造企业的核心产品、核心技术，规划好企业自身的发展路径，积极抓住市场机遇，发展壮大企业规模，从而吸引更多投资者的关注，推动企业良性循环健康发展。

目前金融机构对民营企业的支持普遍持保守稳健态度，对于尚处于中小微发展阶段的新三板企业更是如此，这种状况不利于中小微民营企业的持续发展。和普通小微企业相比，中关村新三板企业相对质量更优，也更加规范守信，企业的违约成本也相对较高，因此建议银行等金融机构能更加关注中关村新三板企业，在信贷政策上有所突破，为优质的新三板企业提供更具创新性、灵活性的综合融资方案，探索解决企业贷款过程中面临的固定资产抵押、实控人个人房产抵押等难题，为新三板企业提供更好的金融支持。

针对新三板市场目前仍然存在的合格投资者门槛高、做市商交易制度不完善、市场流动性偏低、无法有效满足科技创新小微企业的融资发展需求等问题，建议相关政府部门对新三板市场做出如下改革：（1）明确新三板定位，突出科技创新特色。自新三板市场扩容以来，其服务对象逐渐泛化，服务科技创新型企业服务的市场定位日益模糊，一定程度上造成挂牌企业质量的参差不齐。建议借鉴美国纳斯达克市场经验，突出科技创新特色，聚焦服务初创期、成长期科技创新企业，进一步优化市场分层，并建立相适应的股票发行、交易、投资者适当性等配套制度，完善差异化的制度安排，鼓励一批创新能力强、市场前景好的新三板企业通过资本市场做大做强。同时，对于不符合挂牌维持条件的企业，引导其在做好投资者权益保护的前提下按程序摘牌，推动资本市场的进退有序、健康发展。（2）拓宽市场资金来源，完善合格投资者制度。供需不平衡是新三板市场目前存在的主要矛盾，目前新三板市场对个人投资者设置了500万元的准入门槛，将大部分中小投资者排除在市场之外，新三板市场现有的投资者数量及投资者风险偏好远远无法满足新三板企业日益增长的融资诉求，从而导致新三板市场交易不活跃、流动性不足、企业融资困难等问题的出现。针对此问题，建议综合衡量投资者风险承受能力及投资经验，针对不同层级，制定差异化的合格投资者标准，如对创新能力强、信誉良好的优质新三板企业，可以适当降低个人合格投资者准入门槛，扩大合格投资者群体范围，拓宽市场资金来源。（3）完善市场交易机制，持续改善市场流动性。2017年12月底，全国中小企业股份转让系统公司发布了新制定的《全国中小企业股份转让系统股票转让细则》，对交易制度进行改革。原采取协议转让方式的股票统一调整为集合竞价方式。基础层企业每日收盘时段进行1次集合竞价；创新层企业每小时撮合1

次，每天共计 5 次。但根据市场表现及挂牌公司反馈来看，现有的集合竞价制度并未有效改善市场流动性。因此，建议进一步优化集合竞价制度，提高集合竞价交易撮合频次，可在创新层开展常态化的连续竞价交易试点；同时，进一步完善做市商制度，扩充做市商主体，优化做市商制度与集合竞价制度相结合的公开交易制度，通过多元化交易模式，进一步提高交易效率，完善价格形成机制，增强市场流动性和稳定性，为持续改善新三板市场的流动性奠定良好基础。

成　长　篇

Growth Reports

B.2
中关村新三板企业成长力报告

中关村上市公司协会研究部*

摘　要： 本文结合中关村新三板企业实际发展情况，延续现代企业成长理论观点，从创新能力、管理能力、财务能力三方面，构建了由创新驱动、创新表现、偿债能力、营运能力、赢利能力和治理能力六个一级指标，专利数量、研发费用等十四个二级指标形成的成长力指标评价体系。基于因子分析法，本报告对中关村新三板企业成长力做出客观、系统的研究。研究发现，创新层企业整体排名靠前，基础层中亦有优质企业，成长力指标得分排名前30的企业赢利能力、创新实力方面的表现远高于平均水平，表明中关村新三板企业资质较为混杂。

* 本文由中关村上市公司协会研究部完成，主要执笔人：陈红，中关村上市公司协会研究部主任，主要从事中关村区域经济研究工作；葛琰，中关村上市公司协会研究员，主要从事区域经济研究工作；谷耀鹏，中关村上市公司协会助理研究员，主要从事区域经济研究工作。

关键词： 中关村新三板　企业成长力　因子分析　企业成长理论

一　企业成长能力评价指标的构建

（一）企业成长力理论

企业成长力是指企业以自身资源为基础，不断提升企业创造的社会价值和增加股东利益的能力和潜力。从静态看，企业成长力反映企业的成长状况，是对企业所处阶段及未来潜力的描述；从动态看，可以预示企业未来发展状况，是评估企业未来价值的重要参考。

古典学派对企业成长力的观点可追溯至亚当·斯密，他认为专业化和分工协作能够产生报酬递增，为企业的形成和扩张奠定基础。马歇尔在此基础上，通过外部经济、企业家生命有限性、垄断企业避免竞争困难性，将稳定的竞争均衡条件与规模经济相协调。斯蒂格勒则结合产业生命周期分析了企业成长规律，得到产业初期企业为内部分工，产业成熟期实现社会化分工的结论。

新古典经济学则把企业成长理论看作是企业规模调整理论，规模经济是企业成长的动力和原因。在此阶段，企业成长理论的核心是企业最优规模的研究，该研究认为企业成长的基本因素是外部的成本及需求变化。

新制度经济学提出企业的成长就是企业边界的扩大，着重于研究纵向边界的扩展。其中，科斯认为节约市场交易费用的考虑是企业成长的动力。威廉姆森认为企业为减少信息不对称产生的专用性资产投资不足的问题，构建了上下游的一体化，从而出现企业边界扩张。

现代企业成长理论的奠基人彭罗斯提出的企业成长理论是内在成长论，他研究了企业成长的影响因素和机制，形成了“企业资源——企业能力——企业成长”的分析框架，即企业拥有的资源决定了企业的能力，企业的能力推动企业成长，并决定其成长速度、边界。在她的理论中，认为企业能力的核心是管理能力，管理能力越强，对企业拥有资源的利用效率就越强，进而提升企业成长速度。她还重点强调创新能力对企业成长的重要作用，认为产品创新和组织创新能够推动企业成长。

在企业所有权与控制权分离的概念被提出后，管理者理论下的企业成长论的主要观点是：控制权与所有权的分离使企业目标转变为最大化管理层利益，企业的增长与此相关，使企业成长成为企业新的目标。鲍莫尔提出销售收益最大化模型，认为经理式企业追求销售量的最大化。威廉姆森构建了管理层效用函数，认为管理者的效用取决于员工人数、企业收入和可支配投资三个与企业规模相关的因素。马里斯构建了企业稳定增长模型，假设在所有变量稳定增长的前提下，管理者的目标为企业增长率的最大化。

（二）指标体系构建的原则

成长力综合评价指标体系的构建原则必须要能够对企业成长力准确测度，构建综合评价指标体系应当符合系统性原则、科学性原则、可比性原则、实用性原则和目标导向性原则。

1. 系统性原则

综合评价指标体系的构建应具有层次性，自上而下，层层深入，形成一个不可分割、统筹兼顾的指标体系。评价指标必须全面反映企业成长力，评价指标的子系统之间要相互独立且相互制约，相同子系统内的指标要相互联系，指标之间相互制约又相互联系，共同形成完整的指标评价体系。

2. 科学性原则

科学性原则主要体现理论指导的科学性及方法的科学性。一方面，设计评价指标体系时必须要有科学的理论作为依据，保证指标体系构建的科学性、合理性和严谨性；另一方面，指标体系的选取必须符合现实需求、指标体系描述的方法及方式必须客观。

3. 可比性原则

可比性主要指各指标体系、各项指标及各参数的内涵及外延保持稳定，用以计算各指标值的参照值的口径要统一。

4. 实用性原则

实用性原则主要表现在指标体系构建的实用性、可行性及可操作性三个方面。即：在基本上保证评价结果客观、全面的基础上，指标体系的选择尽可能简化；数据易于取得且获取渠道来源必须可靠；各评价指标及其计算方法需满足标准化、规范化的特点。

5. 目标导向性原则

指标体系的构建应对提高企业成长力起导向作用，其构建目的应是引导和鼓励企业以科学的方法促进企业健康成长，鼓励企业通过创新提升企业的竞争力。

（三）成长力评价指标体系的介绍

1. 企业成长力指标的构建

在指标体系的构建上，2000 年 4 月，中国企业评价协会会同国家经贸委中小企业司、国家统计局工业交通统计局，共同设立了“中小企业发展问题研究”课题，并提出了一种专门评估成长型中小企业的方法——GEP评估法。该评估法以企业实际财务指标为直接依据，建立包括发展状况、获利水平、经济效率、偿债能力和行业成长性五大类指标的综合指标体系，之后，国内学者建立多套评价体系指标对企业成长力进行评价（见表 1）。

参照表 1 的指标体系，结合中关村新三板企业的实际情况，按照系统性、科学性、可比性、实用性及目标导向性原则设计出评价企业成长力的指标体系。本报告从创新能力、财务能力及治理能力三个方面构建中关村新三板企业成长力评价指标体系。

（1）创新能力

创新能力是企业持续健康发展、提升核心竞争力的基础和决定性因素。衡量企业创新能力的指标主要是企业的创新投入和创新产出，也就是创新驱动和创新表现。创新驱动是衡量企业实际投入的创新资源，反映企业的研发能力。一般来讲，企业的创新能力与企业研发能力呈现高度的正相关关系，也就是说企业的研发能力越强，企业的创新能力也就越强。企业的创新驱动

表1　成长力评级指标设计思路参考

作者(部门)及文章	指标体系的构建
尚增健《我国中小企业成长性的实证研究》	建立包括发展状况、获利水平、经济效率、偿债能力和行业成长性5大类指标的综合指标体系
李定珍、唐红涛、杨潘:《我国上市零售企业成长性评价实证研究——基于因子分析法》	建立包括赢利能力、偿债能力、营运能力和成长能力在内的4个一级指标,及13个二级指标
马璐、胡江娴:《企业成长性分析与评价》	4个一级指标(行业状况、企业核心能力、制度体系、市场营销能力),13个二级指标及56个操作层进行评价
吕一博、苏敬勤、傅宇:《中国中小企业成长的影响因素研究——基于中国东北地区中小企业的实证研究》	成长动机(企业家导向)、成长能力(企业创新能力)、成长资源基础(企业内部资源和企业的资源外取)、成长机会(企业环境)四个角度
刘振元,胡树华,牟仁艳,王政:《"新三板"挂牌企业成长力评价探析——熵值法—TOPSIS法》	4个一级指标(环境适应能力、关系协调能力、组织柔性能力、资源整合能力),10个二级指标、30个三级指标

的衡量指标包括研发费用和研发人员数量。创新表现突出显示企业创新能力要素组合的效果。从某种意义上讲，创新表现是评价企业创新能力最现实、最直观的指标。创新表现的衡量指标包括企业获取的专利数量及发明专利数量。

（2）财务能力

企业财务能力的强弱很大程度上决定了企业竞争优势的持久性。企业财务能力主要表现为偿债能力、赢利能力和营运能力。企业偿债能力是保障企业生存和发展的关键因素。一般来讲，企业偿债能力包括短期偿债能力和长期偿债能力，但对于中关村新三板挂牌企业来说，其筹资多以短期筹资为主，所以，对其偿债能力的考量以短期偿债指标为主。本报告选取了能够表现其短期偿债能力的流动比率、速动比率和现金比率三个指标。赢利能力是能为企业带来资金或资本增值的能力，是企业能够长久发展的动力。为衡量赢利能力，本报告选取了相对净资产收益率（ROE）、总资产报酬率和相对主营业务利润率（OPE）三个指标，因净资产收益率和主营业务利润率受到行业影响因素较大，所以，本报告选取了剔除行业因素的相对 ROE 和相对

OPE 作为最终的衡量指标。营运能力是企业资产运用能力的综合考量。考虑到中关村新三板挂牌企业的行业分布及特点，本报告选取总资产周转率和流动资产周转率作为营运能力的主要衡量指标。

（3）治理能力

公司治理能力是企业赖以生存和发展的保障。公司治理能力越高，公司赢利能力、业绩表现就越好。股权集中度是衡量公司治理能力的有效指标，经营绩效和股权集中度之间呈现出显著的正相关关系，而且这种正相关关系在不同股权性质的控股股东中都是明显存在的。所以，本报告以第一大股东持股比例、前十大股东持股比例两个股权集中度指标作为公司治理水平的主要衡量指标。

2. 成长力指标介绍

考虑到中关村新三板企业的特点，本报告设计的中关村新三板挂牌企业成长力评价指标共分为创新能力、财务能力和治理能力 3 个方面，6 个部分及 14 个具体指标。

（1）创新驱动

创新驱动是促使企业提升创新能力的重要因素，本报告选取研发费用和研发人员总数两个指标来表现企业的创新驱动。一般来说，企业的创新能力与企业研发费用和研发人员总数呈高度正相关关系。

在计量方面，企业的研发费用是依照会计准则进行提取，研发费用主要包括资本化支出和费用化支出两个部分。其中，费用化支出部分包括研究阶段的全部费用化支出及开发阶段不满足资本化支出划分条件的部分，资本化支出是开发阶段符合资本化支出条件的那部分支出。研发费用主要表现的是企业在研发过程中投入的物资资本。

研发人员数量来自企业在本年财务报表附注中披露的研发人员总量，该指标反映企业在创新过程中投入的人力资本。

（2）创新表现

创新表现是评价创新能力的直接反映，本报告选取专利数量和发明专利数量来表征企业的创新表现。专利数量是发明专利、实用新型专利和外观设

表 2　中关村新三板企业成长力指标

创新表现	专利数量	营运能力	总资产周转率
	发明专利数量		流动资产周转率
创新驱动	研发费用	赢利能力	相对净资产收益率(ROE)
	研发人员总数		总资产报酬率
偿债能力	速动比率		相对主营业务利润率(OPE)
	流动比率	治理能力	第一大股东持股比例
	现金比率		前十大股东持股比例

计专利三者的加总，其中实用新型专利和外观设计专利的创造性和技术水平明显低于发明专利，但实用性却相对较高。

在资料来源方面，本报告所采用专利数量和发明专利数量指的是由中关村知识产权促进局提供的中关村新三板企业在 2018 年年报期间新增的专利以及发明专利授权数据。

（3）偿债能力

企业筹资能力是企业获取优质资本的重要衡量能力。表征其筹资能力的指标主要有流动比率、速动比率和现金比率。一般说来，流动比率、速动比率和现金比率越高，说明企业资产的变现能力越强，短期偿债能力也越强，债权人利益的安全程度也较高。

在计算方面，流动比率 = 流动资产/流动负债；速动比率 = （流动资产 - 存货净额）/流动负债；现金比率 = （货币资金 + 交易性金融资产 + 应收票据）/流动负债合计。其中，流动资产主要包括货币资金、短期投资、应收票据、应收账款和存货等。

（4）营运能力

体现营运能力的指标是总资产周转率和流动资产周转率。总资产（流动资产）周转率体现的是企业经营期间总资产（流动资产）从投入到产出的流转速度。一般情况下，该数值越高，表明企业总资产（流动资产）周转速度越快，资产的利用效率越高。

在计量方面，流动资产周转率 = 营业总收入/［（期初流动资产 + 期末流动资产）/2]；总资产周转率=营业总收入/[（期初资产总计+期末资产总计）/2]。

（5）赢利能力

本报告选取了相对主营业务利润率、相对净资产收益率和总资产报酬率来衡量企业的赢利能力。其中，考虑到不同行业赢利水平差异较大，本文对这两个指标进行计算，并剔除行业影响因素后的净资产收益率（ROE）和主营业务利润率（OPE）。总资产报酬率是以投资报酬为基础来分析企业的获利能力，它表示的是包括净资产和负债在内的全部资产的总体获利能力，用以评价企业运用全部资产的总体获利能力。

在计算方面，净资产收益率（ROE）=归属母公司股东净利润/[（期初归属母公司股东的权益+期末归属母公司股东的权益）/2]×100%；主营业务利润率（OPE）=（主营业务收入-营业成本-销售费用-管理费用-财务费用-销售税金及附加）×100%/[（年初股东权益+年末股东权益）/2]；相对净资产收益率=净资产收益率-行业净资产收益率；相对主营业务利润率=主营业务利润率-行业主营业务利润率；总资产报酬率=（利润总额+利息支出）/平均资产总额×100%，其中，平均资产总额=（资产总额年初数+资产总额年末数）/2。其中，行业净资产收益率和行业主营业利润率的计算来自中关村新三板挂牌企业行业分析数据。

（6）治理能力

公司治理水平是企业可持续发展的保障。本报告主要选取了第一大股东持股比例和前十大股东持股比例两个指标来衡量公司治理水平。

在计量方面，第一大股东持股比例占比和前十大股东持股比例数据来自财务报表日企业披露的排名第一和排名前十位股东持股合计数占公司总股本的比例。

3. 成长力指标的评价意义

对于新三板挂牌公司的意义：成长力评价有利于企业清醒地认识自身发展的优势及不足，进而有计划地调整企业战略，提升企业成长力及核心竞争力。

对于投资者的意义：通过对企业成长力进行综合评价，一方面有利于投资者快速了解被投资企业目前的经营状况及未来发展潜力，进而帮助投资者做出下一步投资决策；另一方面方便新进入的投资者寻找投资目标，获取收益。

对于市场运行主体的意义：全国中小企业股份转让系统可以根据成长力分析研究结果了解挂牌公司整体经营状况，并据此制定符合现阶段挂牌公司发展的制度安排和设计，吸引更多有潜力的公司挂牌新三板市场。

对于政府的意义：各政府部门可以根据研究结果，有目的性地出台相应的政策措施，为挂牌企业发展壮大提供政策支持。

二　成长能力评价指标体系的计算方法

（一）成长能力评价的分析方法

企业成长能力作为经济学与管理学的重要理论，是国内很多学者及企业管理人员研究的重点内容，目前已通过多种不同的评价方法，建立了多个评价指标体系，本文将其中主要的评级方法及参考文献罗列如下（见表3）。

表3　成长力指标体系设计思路参考

方法	方法介绍	文献
熵值法	熵值法来自热力学概念，通过计算指标的信息熵，根据指标的熵值判断效用价值，从而决定指标权重。此方法能够客观赋权，相对变化程度越大的指标将有越大的权重，但因实际中存在较为稳定的指标同样重要的客观事实，该方法也存在一定的瑕疵	刘振元等《"新三板"挂牌企业成长力评价探析——熵值法—TOPSIS法》(2017)、王朝勇等《我国创业板上市公司成长性评价和关联分析》(2013)
层次分析法	对影响企业成长能力的多种因素内在联系进行深入分析，构建结构层次模型，从而实现直观简便的逐层评价分析。但由于需要通过专家打分的方式确定指标的影响权重，主观影响较大	何奕佳《AHP层次分析法在企业成长性综合评价中的应用》(2008)、李柏洲《层次分析法在高技术企业成长力评价中的应用》(2004)

续表

方法	方法介绍	文献
因子分析法	从研究指标构建的矩阵内部的依赖关系入手,以相关性大小对各指标分组,使各组内指标相关性较高,而不同组指标间相关性较低,再根据方差贡献率确定各指标的权重。但该模型将大量信息浓缩至少数指标中,浓缩后因子的意义不能完全确定,并存在部分信息未被提取的情况	李延喜等《企业成长性综合评价方法的实证研究》(2006)、李定珍等《我国上市零售企业成长性评价实证研究——基于因子分析法》(2007)
灰色关联法	灰色关联法用灰色关联度来描述各指标间关联程度的强弱、大小和次序。如果两个指标变化的态势基本一致,认为他们的关联程度较大,否则反之。该统计方法多针对数据具有不完全和非唯一性质的研究	崔璐等《基于层次分析——灰色关联度综合评价法的高技术中小企业成长性测度》(2011)
主成分分析法	主成分分析法利用降维的思想,把研究中的多个指标转化为少数几个主成分指标,每个主成分都能体现整个原始数据的大部分信息。该方法有效地将复杂的指标归因为几类,简化并科学地得到分析结果。但得到的主成分的解释具有模糊性	慕静等《基于主成分分析法的中小企业成长性评价模型及其应用》(2005)

以上五种方法为企业成长力指标体系评价研究中最常用的数学分析方法，它们均各有优点与缺陷，基于本报告研究样本的数据量、数据可得性、数据质量及指标体系设计的复杂程度，本报告决定采用因子分析法作为研究的主要数学分析方法，通过此方法获得中关村新三板企业成长力指标及其评价体系。

（二）中关村新三板企业成长力指数计算——基于因子分析法

1. 因子分析法

本文采用因子分析法对中关村新三板企业成长力进行评价。该方法能够将多个相互联系的指标归结为几个综合因子，根据指标间的相关性大小，对其进行分组，组内变量之间的相关性高于不同组变量之间的相关性。使用因子分析法将解决两类问题：其一，简化研究的模型系统。该数学统计方法可将指标体系的多个变量归结为少数变量，简化呈现其内在联系。其二，可将变量进行分类，根据因子得分，在因子轴所构成的空间中进行分类处理。

因子分析法的模型可表示为：对 n 个变量的数据进行因子分析，可以得到 m 个共同因子，这些共同因子可以解释 n 个变量的主要变化，结合本文的中关村新三板企业成长力指标评价体系，模型设计如下：

$$F_1 = a_{1\_1}X_1 + a_{1\_2}X_2 + a_{1\_3}X_3 + a_{1\_4}X_4 + \cdots\cdots + a_{1\_14}X_{14}$$
$$F_2 = a_{2\_1}X_1 + a_{2\_2}X_2 + a_{2\_3}X_3 + a_{2\_4}X_4 + \cdots\cdots + a_{2\_14}X_{14}$$
$$\cdots\cdots$$
$$F_m = a_{m\_1}X_1 + a_{m\_2}X_2 + a_{m\_3}X_3 + a_{m\_4}X_4 + \cdots\cdots + a_{m\_14}X_{14}$$

其中：X_1、X_2……X_{14}表示本评价体系所选择的指标，a_1、a_2……表示各指标所占权重，F 表示通过因子分析法得到的 m 个主要因子。

2. 基于因子分析法的成长力指数的计算

首先，我们对模型中的指标进行了描述性统计，结果如下（见表 4）。

表 4　成长力描述性统计

变量名称	变量序号	样本	极小值	极大值	均值	标准差
流动比率	X_1	1060	0.00	46.13	4.03	5.01
速动比率	X_2	1060	0.00	44.64	3.45	4.64
现金比率	X_3	1060	0.00	34.70	1.37	2.94
流动资产周转率	X_4	1060	0.00	12.51	1.29	1.04
总资产周转率	X_5	1060	0.03	12.44	1.05	0.92
相对净资产收益率(ROE)	X_6	1060	-2.45	1.36	-.04	0.31
总资产报酬率	X_7	1060	-120.36	85.44	1.63	18.28
一大股东	X_8	1060	0.07	1.00	0.49	0.19
十大股东	X_9	1060	0.00	1.00	0.88	0.15
发明专利数量	X_{10}	1060	0.00	19.00	0.31	1.19
专利数量	X_{11}	1060	0.00	119.00	1.48	5.17
研发人员总数	X_{12}	1060	0.00	3303.00	11.72	110.77
研发费用 10	X_{13}	1060	0.00	819.90	8.48	31.32
相对主营业务利润率(OPE)	X_{14}	1060	-1.52	0.72	0.08	0.20

（1）KMO 及 Bartlett 球度检验

首先，为了验证本研究指标体系及样本数据是否适合使用因子分析法，采用 KMO 及 Bartlett 球度检验进行验证。一般而言，KMO 值大于 0.6 时，可进行因子分析，本研究 KMO 值为 0.613，可进行因子分析。Bartlett 的球形度检验数值为 9742.764，显著性为 0.000，远低于 0.05 的显著水平，通过检验，适合进行因子分析（见表 5）。

表 5 KMO 和 Bartlett 的检验

取样足够度的 Kaiser-Meyer-Olkin 度量		0.613
Bartlett 的球形度检验	近似卡方	9742.764
	df	91
	Sig.	0.000

（2）提取公因子

通过 KMO 及 Bartlett 球度检验后，利用 SPSS 软件进行因子分析，得到 6 个公因子，累积方差贡献率为 81.36%。数据结果表明，测量中关村新三板企业成长力的指标可载荷于 6 个公因子中，且这 6 个因子可以解释原始变量 81.36% 的方差，此数值大于 50%，表明 6 个公因子已经囊括了原始数据绝大部分的信息（见表 6）。

表 6 解释的总方差

成份	初始特征值			提取平方和载入			旋转平方和载入		
	合计	方差的%	累积%	合计	方差的%	累积%	合计	方差的%	累积%
1	2.946	21.039	21.039	2.946	21.039	21.039	2.770	19.783	19.783
2	2.279	16.279	37.319	2.279	16.279	37.319	2.058	14.697	34.480
3	2.003	14.305	51.623	2.003	14.305	51.623	2.051	14.653	49.134
4	1.531	10.938	62.561	1.531	10.938	62.561	1.540	10.999	60.133
5	1.329	9.492	72.053	1.329	9.492	72.053	1.507	10.767	70.900
6	1.303	9.307	81.360	1.303	9.307	81.360	1.464	10.461	81.360
7	0.729	5.209	86.569						
8	0.550	3.932	90.501						
9	0.496	3.539	94.040						
10	0.434	3.097	97.137						
11	0.215	1.534	98.670						
12	0.101	0.719	99.389						
13	0.062	0.444	99.833						
14	0.023	0.167	100.000						

图1显示了各因子特征根值分布情况，在第6个因子后的因子特征根值均低于1，表明本研究提取前6个公因子较为合理（见图1）。

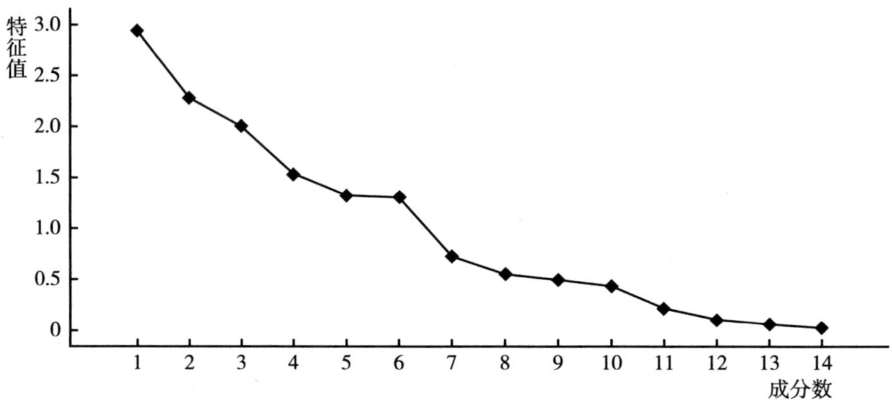

图1　因子碎石示意

（3）建立因子载荷矩阵

通过方差最大因子旋转法，我们得到因子载荷矩阵（见表7）。

表7　旋转的因子载荷矩阵

	成份					
	F_1	F_2	F_3	F_4	F_5	F_6
X_1	0.976	-0.073	0.026	0.005	-0.003	-0.015
X_2	0.969	-0.091	0.016	0.001	-0.005	-0.008
X_3	0.921	-0.036	0.026	-0.002	0.014	-0.017
X_4	-0.054	0.954	0.093	0.097	-0.011	-0.056
X_5	-0.089	0.951	0.091	0.064	-0.016	-0.050
X_6	-0.009	0.128	0.944	0.017	0.014	0.037
X_7	-0.001	0.137	0.934	-0.007	0.038	0.005
X_8	0.126	-0.422	0.511	0.064	0.031	0.044
X_9	-0.011	0.036	0.020	0.875	-0.006	-0.025
X_{10}	0.015	0.081	0.020	0.862	-0.089	-0.061
X_{11}	0.001	0.000	-0.008	-0.092	0.867	-0.055
X_{12}	0.004	-0.031	0.069	-0.002	0.862	0.117
X_{13}	-0.045	-0.031	0.010	-0.066	0.012	0.848
X_{14}	0.013	-0.067	0.046	-0.016	0.045	0.846

从表7的数据结果来看，公因子 F_1 在速动比率、流动比率和现金比率三个指标占比上有最高因子载荷，这三个指标代表着企业偿债能力，因此我们将其归为偿债能力因子；公因子 F_2 在总资产周转率、流动资产周转率两个指标的占比上具有最高因子载荷，这两个指标能够反映企业的营运效率，我们将其称为营运能力因子；公因子 F_3 对总资产报酬率、相对净资产收益率和相对主营业务利润率三个指标具有较高因子载荷，这三个指标能够体现企业的赢利水平，我们将其称为赢利能力因子；公因子 F_4 对第一大股东持股比例和前十大股东持股比例两个指标具有较高因子载荷，能够通过企业股权结构体现企业治理水平，我们将其称为公司治理能力因子；公因子 F_5 对研发人员总数和研发费用具有较高因子载荷，这两个指标能够反映企业研发投入力度，我们将其称为研发实力因子；公因子 F_6 对专利数量和发明专利数量具有较高因子载荷，这些指标体现企业创新产出水平，我们将其称为创新能力因子（见表8）。

表8　主成分命名

公因子排序	最高载荷指标	公因子命名
F_1	速动比率、流动比率、现金比率	偿债能力因子
F_2	总资产周转率、流动资产周转率	营运能力因子
F_3	总资产报酬率、相对净资产收益率、相对主营业务利润率	赢利能力因子
F_4	第一大股东持股比例、前十大股东持股比例	治理能力因子
F_5	研发人员总数、研发费用	创新驱动因子
F_6	专利数量、发明专利数量	创新表现因子

（4）计算因子得分系数矩阵

从因子载荷情况看，中关村新三板企业成长力主要体现在偿债能力、营运能力、赢利能力、公司治理能力、研发实力和创新能力上，与我们构建的指标体系具有高度的一致性。

根据因子得分系数矩阵，我们可以建立 F_1-F_6 的表达式，并通过表达式及各样本数据值获得各主因子的得分（见表9）。

各因子的得分函数分别为：

表9 成份得分系数矩阵

	成份					
	F_1	F_2	F_3	F_4	F_5	F_6
X_1	0.358	0.033	-0.009	-0.002	-0.004	0.008
X_2	0.354	0.024	-0.013	-0.003	-0.006	0.012
X_3	0.340	0.049	-0.010	-0.008	0.008	0.006
X_4	0.034	0.475	-0.005	-0.027	0.006	0.031
X_5	0.047	0.477	-0.006	-0.005	0.012	0.029
X_6	-0.016	0.020	0.458	-0.038	-0.011	-0.030
X_7	-0.019	0.014	0.463	-0.022	-0.027	-0.007
X_8	-0.011	-0.044	-0.016	0.585	0.057	0.031
X_9	0.002	-0.021	-0.014	0.565	0.002	0.012
X_{10}	0.020	0.026	-0.013	0.041	-0.006	0.587
X_{11}	0.002	0.045	-0.028	0.003	-0.031	0.590
X_{12}	0.000	0.016	-0.034	-0.004	0.584	-0.077
X_{13}	0.000	0.002	-0.004	0.064	0.576	0.043
X_{14}	0.001	-0.240	0.271	0.060	-0.003	-0.017

$$\begin{aligned} F_1 = {} & 0.358X_1 + 0.354X_2 + 0.34X_3 + 0.034X_4 + 0.047X_5 \\ & - 0.016X_6 - 0.019X_7 - 0.011X_8 + 0.002X_9 + 0.020X_{10} \\ & + 0.002X_{11} + 0.000X_{12} + 0.000X_{13} + 0.001X_{14} \end{aligned}$$

$$\begin{aligned} F_2 = {} & 0.033X_1 + 0.024X_2 + 0.049X_3 + 0.475X_4 + 0.477X_5 \\ & + 0.020X_6 + 0.014X_7 - 0.044X_8 - 0.021X_9 + 0.026X_{10} \\ & + 0.045X_{11} + 0.016X_{12} + 0.002X_{13} - 0.24X_{14} \end{aligned}$$

$$\begin{aligned} F_3 = {} & -0.009X_1 - 0.013X_2 - 0.01X_3 - 0.005X_4 - 0.006X_5 \\ & + 0.458X_6 + 0.463X_7 - 0.016X_8 - 0.014X_9 - 0.013X_{10} \\ & - 0.028X_{11} - 0.034X_{12} - 0.004X_{13} + 0.271X_{14} \end{aligned}$$

$$\begin{aligned} F_4 = {} & -0.002X_1 - 0.003X_2 - 0.008X_3 - 0.027X_4 - 0.005X_5 \\ & - 0.038X_6 - 0.022X_7 + 0.585X_8 + 0.565X_9 + 0.041X_{10} \\ & + 0.003X_{11} - 0.004X_{12} + 0.064X_{13} + 0.060X_{14} \end{aligned}$$

$$\begin{aligned} F_5 = {} & -0.004X_1 - 0.006X_2 + 0.008X_3 + 0.006X_4 + 0.012X_5 \\ & - 0.011X_6 - 0.027X_7 - 0.057X_8 + 0.002X_9 - 0.006X_{10} \\ & - 0.031X_{11} + 0.584X_{12} + 0.576X_{13} - 0.003X_{14} \end{aligned}$$

$$F_6 = 0.008X_1 + 0.012X_2 + 0.006X_3 + 0.031X_4 + 0.029X_5 - 0.030X_6 - 0.007X_7 - 0.031X_8 + 0.012_9 + 0.587X_{10} + 0.590X_{11} - 0.077X_{12} + 0.043X_{13} - 0.017X_{14}$$

其中 $X_1 - X_{14}$分别表示指标体系中的 14 个变量。

将各因子的方差贡献度作为权重，对公因子的得分进行加权平均，最终得到用以计算中关村新三板企业成长力的综合因子得分的公式，以 Growth 表示中关村新三板企业成长力，则公式可表示为：

$$\text{Growth} = (0.19783F_1 + 0.14697F_2 + 0.14653F_3 + 0.10999F_4 + 0.10767F_5 + 0.10461F_6) \div 0.8136$$

3. 中关村新三板企业成长力因子得分及排名

根据上述数学分析过程所得结果及公式，可以计算出中关村新三板企业2018 年成长力的综合得分和排名。需要注意的是，部分企业综合得分或某项因子得分为负值，并不代表企业该项能力为负值，仅表示中关村新三板企业成长力的相对水平。2018 年成长力排名前 30 的中关村新三板企业（见表 10）。

表 10　中关村新三板企业 2018 年成长力排名前 30 名单

排名	证券代码	证券简称	F_1	F_2	F_3	F_4	F_5	F_6	综合得分
1	430002. OC	中科软	1. 0661	56. 6983	-112. 2425	14. 7838	2181. 9530	-235. 2609	250. 7907
2	872801. OC	智明星通	1. 1175	-4. 8314	18. 1110	55. 0265	471. 4410	36. 3984	77. 1692
3	838006. OC	神州优车	1. 2061	11. 6285	-21. 8488	4. 1356	417. 1752	-42. 7681	48. 7270
4	430021. OC	海鑫科金	2. 1735	-1. 0662	-19. 5760	12. 2271	409. 1647	-31. 5171	48. 5588
5	839483. OC	用友金融	2. 0083	3. 7749	-3. 7791	6. 4832	393. 7972	-40. 6187	48. 2577
6	833819. OC	颖泰生物	0. 8317	10. 1657	-13. 9102	12. 1093	353. 9025	-13. 2566	46. 3006
7	834195. OC	华清飞扬	14. 8056	-6. 9111	8. 2990	11. 9742	319. 0971	-25. 6238	44. 3990
8	430208. OC	优炫软件	1. 9957	3. 4526	-4. 8963	4. 8834	274. 6381	-25. 0930	34. 0059
9	833629. OC	合力亿捷	1. 9227	2. 3342	-1. 9308	1. 3155	278. 9094	-34. 7918	33. 1561
10	430051. OC	九恒星	18. 0306	2. 6170	-11. 4904	6. 3131	182. 4289	-12. 1419	26. 2221
11	832086. OC	现在股份	35. 1055	-7. 0391	15. 8070	4. 4051	63. 1167	-5. 3186	18. 3757
12	836019. OC	阿尔特	2. 2655	6. 1294	0. 3204	5. 5340	38. 2734	76. 9006	17. 4165
13	838966. OC	柠檬微趣	37. 6213	-10. 7544	31. 5965	5. 9438	21. 7381	1. 3847	16. 7540

续表

排名	证券代码	证券简称	F_1	F_2	F_3	F_4	F_5	F_6	综合得分
14	430046. OC	圣博润	3. 0917	-1. 4941	4. 6675	2. 9703	125. 9233	-13. 0867	16. 7058
15	833658. OC	铁血科技	9. 5114	-1. 7124	-0. 8174	1. 8070	118. 1638	-14. 8984	15. 8224
16	430005. OC	原子高科	1. 4150	-4. 3370	13. 0274	4. 8916	106. 0521	-6. 1908	15. 8068
17	835184. OC	国源科技	5. 2049	1. 1894	2. 1747	1. 8870	108. 4108	-11. 0043	15. 0591
18	831344. OC	中际联合	4. 0372	-0. 9660	7. 4138	2. 4057	83. 2100	11. 7795	14. 9940
19	430642. OC	映翰通	3. 5338	0. 0282	8. 0945	2. 4509	82. 7559	-3. 7231	13. 1265
20	831299. OC	北教传媒	1. 0315	2. 2083	-6. 1677	1. 5936	111. 7027	-12. 3791	12. 9452
21	835990. OC	随锐科技	3. 0994	3. 7577	-2. 3974	1. 1778	92. 3145	-5. 1408	12. 7156
22	430330. OC	捷世智通	3. 4802	-1. 9970	-5. 8756	3. 3725	99. 9694	-9. 4305	11. 9004
23	832041. OC	中兴通科	8. 2170	-8. 6811	13. 3543	3. 9991	65. 7422	-7. 4805	11. 1140
24	430375. OC	星立方	15. 3712	-4. 6511	7. 2783	1. 8987	54. 6813	-6. 7877	10. 8286
25	836801. OC	睦合达	2. 9873	-12. 3351	37. 6497	4. 2460	42. 3836	-4. 9767	10. 8220
26	832340. OC	国联股份	1. 8313	12. 0719	0. 2702	-0. 6404	66. 4696	-6. 2376	10. 5825
27	871196. OC	交大思诺	3. 8484	-8. 4323	21. 9029	6. 7921	32. 4579	14. 1254	10. 3871
28	834082. OC	中建信息	0. 7648	3. 6248	-0. 5984	0. 5897	79. 9723	-8. 6561	10. 2831
29	832028. OC	汇元科技	1. 9318	-7. 1047	10. 1488	4. 3702	71. 3604	-6. 1186	10. 2619
30	836346. OC	亿玛在线	1. 8660	10. 0508	-4. 6632	1. 4255	67. 1393	-3. 4403	10. 0649

本研究受数据获取、研究范围等客观因素限制，未考虑行业成长性等外部因素对中关村新三板企业成长力的影响，可能导致部分企业得分出现偏差。同时，本模型选取的指标均具有可获取性、客观性和定量性的特征，对于如“企业家素质”、“市场占有率”等定性或非客观数据的指标，本模型未纳入，但这些指标亦可能表现一定程度的企业成长力，对成长力指标的得分产生轻微影响，后续的研究我们将尝试加入此类数据，以增加模型的科学性。

三　中关村新三板挂牌公司成长力前30总体分析

中关村新三板挂牌成长力排名前 30 的企业中，有 25 家来自创新层，占比 83. 33%，有 5 家来自基础层，分别是集研发、运营于一体的国际化精品移动网络游戏公司智明星通，致力于为国内各大汽车生产企业提供整车设计服务的阿尔特，致力于打造全球领先的手游品牌的柠檬微趣，以工业物联网技术的研发和应用为主营业务的映翰通，以列车控制系统关键设备的研发、集成、销售和技术支持为主营业务的交大思诺。

（一）营业总收入

2018 年，中关村新三板公司排名前 30 的企业营业总收入为 460. 49 亿元，占中关村新三板挂牌公司营业总收入的 19. 24%；人均营业总收入为 101. 88 万元，略低于新三板总挂牌公司的人均营业总收入，但企业平均总营业收入却远远高于后者，是后者的 7. 83 倍（见表 11）。在成长力排名前 30 的企业中，有 7 家企业的营业总收入超 10 亿元，除智明星通外，其他 6 家企业均在创新层，其中，营业总收入最高的是中建信息，为 130. 40 亿元。

表 11　成长力指标得分前 30 企业营业总收入情况对比

	营业总收入（亿元）	人均营业总收入（万元）	企业平均总营业收入（亿元）
成长力排名前 30 企业	460. 49	101. 88	15. 35
中关村新三板挂牌企业（公开财报）	2393. 16	103. 69	1. 96
占比	19. 24%	98. 25%	7. 83 倍

资料来源：Wind，中关村上市公司协会整理。

（二）毛利润

2018 年，中关村新三板公司排名前 30 的企业毛利润为 34. 38 亿元，占中关村新三板挂牌公司总毛利润的 5. 99%；人均毛利润为 7. 61 万元，不到新三板总挂牌公司的人均毛利润的 1/3，但企业平均毛利润却远远高于后者，是后者的 2. 45 倍（见表 12）。在成长力排名前 30 的企业中，有 12 家企业的毛利润超过 1 亿元，其中有四家企业来自基础层，分别是智明星通、阿尔特、柠檬微趣和交大思诺。毛利润最高的企业来自基础层的企业智明星通，为 8. 49 亿元。

表 12　成长力指标得分前 30 企业毛利润情况对比

	毛利润（亿元）	人均毛利润（万元）	企业平均毛利润（亿元）
成长力排名前 30 企业	34.38	7.61	1.15
中关村新三板挂牌企业（公开财报）	574.28	24.88	0.47
占比	5.99%	30.59%	2.45 倍

资料来源：Wind，中关村上市公司协会整理。

（三）净利润

2018 年，中关村新三板公司排名前 30 的企业净利润为 29.43 亿元，占中关村新三板挂牌公司总净利润的 31.89%；人均净利润为 6.51 万元，是新三板总挂牌公司的人均净利润的 1.63 倍，企业平均净利润是后者的 12.25 倍（见表 13）。在成长力排名前 30 的企业中，有 10 家企业的净利润超过 1 亿元，其中有三家企业来自基础层，分别是智明星通、阿尔特和交大思诺。净利润最高的企业来自基础层的企业智明星通，为 7.56 亿元。

表 13　成长力指标得分前 30 企业净利润情况对比

	净利润（亿元）	人均净利润（万元）	企业平均净利润（亿元）
成长力排名前 30 企业	29.43	6.51	0.98
中关村新三板挂牌企业（公开财报）	92.28	4.00	0.08
占比	31.89%	1.63 倍	12.25 倍

资料来源：Wind，中关村上市公司协会整理。

（四）总资产

2018 年，中关村新三板公司排名前 30 的企业总资产为 606.15 亿元，占中关村新三板挂牌公司总资产的 13.69%；人均总资产为 134.10 万元，约占新三板总挂牌公司的人均总资产的 69.88%，但企业平均总资产是后者的 5.58 倍（见表 14）。在成长力排名前 30 的企业中，有 8 家企业的总资产超过 10 亿元，其中有两家企业来自基础层，分别是智明星通和阿尔特。总资产最高的企业来自创新层的企业神州优车，为 171.08 亿元。

表 14　成长力指标得分前 30 企业总资产情况对比

	总资产（亿元）	人均总资产（万元）	企业平均总资产（亿元）
成长力排名前 30 企业	606.15	134.10	20.21
中关村新三板挂牌企业（公开财报）	4428.80	191.89	3.62
占比	13.69%	69.88%	5.58 倍

资料来源：Wind，中关村上市公司协会整理。

（五）研发费用

表 15　成长力指标得分前 30 企业研发费用情况对比

	研发费用（亿元）	人均研发费用（万元）	企业平均研发费用（亿元）
成长力排名前 30 企业	27.44	6.07	0.91
中关村新三板挂牌企业（公开财报）	100.30	4.35	0.08
占比	27.36%	1.40 倍	11.38 倍

资料来源：Wind，中关村上市公司协会整理。

2018 年，中关村新三板公司排名前 30 的企业研发费用为 27.44 亿元，占中关村新三板挂牌公司总研发费用的 27.36%；人均研发费用为 6.07 万元，是占新三板总挂牌公司的人均研发费用的 1.40 倍，企业平均研发费用是后者的 11.38 倍（见表 15）。在成长力排名前 30 的企业中，有 6 家企业的总研发费用超过 1 亿，其中有 1 家企业来自基础层，除智明星通外，其他企业均来自创新型层。研发费用最高的企业是智明星通，为 8.20 亿。

参考文献

刘振元、胡树华、牟仁艳、王政：《“新三板”挂牌企业成长力评价探析—熵值法—

TOPSIS 法》，《财会月刊》2017 年第32 期。

陈晓、江东：《股权多元化、公司业绩与行业竞争性》，《经济研究》2000 年第 8 期。

〔英〕亚当·斯密：《国民财富的性质和原因的研究》，郭大力、王亚南译，商务印书馆，1974。

〔英〕伊迪斯·彭罗斯：《企业成长理论》，赵晓译，上海世纪高教出版社，2007。

曾国平、温贤江：《软环境对科技型小微企业成长力作用机理研究——以重庆微型企业孵化基地为例》，《科技进步与决策》2014 年第 9 期。

程海峰、吕道明：《基于层次分析的企业成长性模型评价》，《理论新探》2005 年第 9 期。

刘林：《企业成长力及其评价指标体系设计》，《郑州航空工业管理学院学报》2007 年第 4 期。

王向阳、徐鸿：《企业成长性标准的界定研究》，《中国软科学》2001 年第 7 期。

张红波：《企业成长力的异质性、评价指标体系及其培育》，《当代经济管理》2012 年第 12 期。

王钦、贺俊：《我国企业成长力分析的理论基础和指标体系构建》，《经济管理》2008 年第 10 期。

李柏洲、李海超：《层次分析法在高技术企业成长力评价中的应用》，《高科技与产业化》2004 年第 9 期。

邬爱其：《企业网络化成长——国外企业成长研究新领域》，《外国经济与管理》2005 年第 10 期。

韩太祥：《企业成长理论综述》，《经济学动态》2002 年第 5 期。

吕一博、苏敬勤、傅宇：《中国中小企业成长的影响因素研究——基于中国东北地区中小企业的实证研究》，《中国工业经济》2008 年第 1 期。

尚增健：《我国中小企业成长性的实证研究》，《财贸经济》2002 年第 9 期。

马璐、胡江娴：《企业成长性分析与评价》，《商业研究》2005 年第 7 期。

何奕佳：《AHP 层次分析法在企业成长性综合评价中的应用》，《科技信息》2008 年第 34 期。

李延喜、巴雪冰、薛光：《企业成长性综合评价方法的实证研究》，《大连理工大学学报》（社会科学版）2006 年第 3 期。

崔璐、钟书华：《基于层次分析——灰色关联度综合评价法的高技术中小企业成长性测度》，《科技进步与对策》2011 年第 24 期。

慕静、韩文秀、李全生：《基于主成分分析法的中小企业成长性评价模型及其应用》，《系统管理学报》2005 年第 4 期。

李定珍、唐红涛、杨璠：《我国上市零售企业成长性评价实证研究——基于因子分析法》，《财贸经济》2007 年第 11 期。

B.3
2018年中关村新三板企业赢利能力研究报告

中关村上市公司协会研究部*

摘　要： 本章对中关村新三板企业的赢利能力进行分析，并从营业收入、毛利润、净利润、总资产收益率、净资产收益率、期间费用6个角度描述和分析了中关村新三板企业的总体经营状况，以便全面地反映企业赢利能力。报告结果显示，在整体宏观经济增速放缓、全国新三板市场整体情况不景气的大背景下，2018年，中关村新三板企业的营业收入、毛利润、净利润、总资产收益率、净资产收益率等指标均有不同程度的下降，整体赢利能力有待提升，但其中也不乏逆势而上连续多年持续赢利的中关村新三板优质企业。

关键词： 中关村新三板企业　营业收入　净利润　赢利能力

一　营业收入状况

（一）2018年中关村新三板企业营业收入整体状况

2018年，中关村新三板企业总营业收入为2393.16亿元，同比下降

---

* 本文由中关村上市公司协会研究部完成，主要执笔人：陈红，中关村上市公司协会研究部主任，主要从事中关村区域经济研究工作；葛琰，中关村上市公司协会研究员，主要从事区域经济研究工作；谷耀鹏，中关村上市公司协会助理研究员，主要从事区域经济研究工作；黎莎，中国人民大学商业经济学硕士。

1.17%；企业平均营业收入为1.96亿元，同比增长17.37%（见图1）。2017~2018年持续经营的企业有1160家，其中，持续经营企业2017年营业收入为2029.84亿元，2018年营业收入为2281.53亿元，同比增长12.40%。由于中关村新三板企业2018年的平均营业收入大幅增长，且持续经营企业的营业收入延续上涨，表明2018年中关村新三板企业总体营业收入的下降主要是由于新三板企业数量下降而非存量企业经营不善①所导致。

从分层情况来看，创新层企业总营业收入为641.76亿元，占比26.82%；基础层企业总营业收入为1751.40亿元，占比73.18%。创新层企业平均营业收入为5.26亿元，同比增长6.26%；基础层企业平均营业收入为1.59亿元，同比增长39.47%（见表1）。由此可见，中关村新三板创新层企业的平均营业收入为基础层企业平均营业收入的3.3倍，基础层企业的平均营业收入增幅更快。

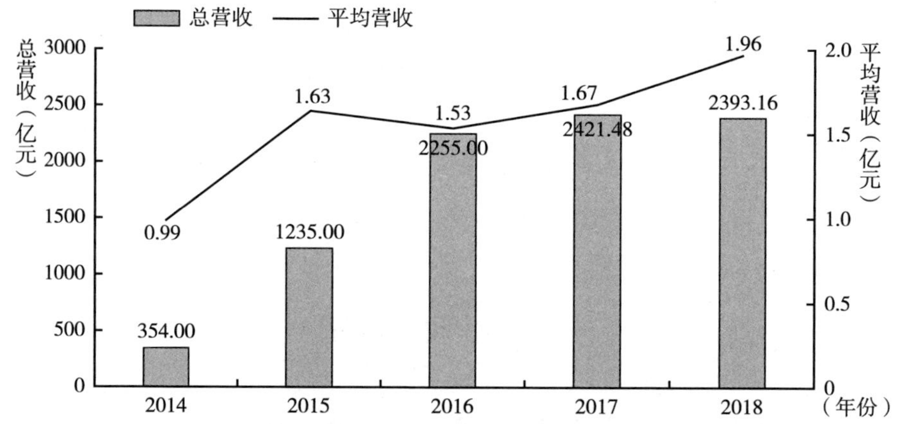

图1　2014~2018年中关村新三板企业总营收及平均营收变化情况

资料来源：Wind，中关村上市公司协会整理。

① 2017年底，纳入统计的中关村新三板企业数量为1446家；2018年底，纳入统计的中关村新三板企业数量为1224家，下降222家。

表 1　2018 年中关村新三板企业营业收入分层分布情况

分层情况	营业收入/亿元	营业收入占比(%)	平均营收/亿元	平均营收增幅(%)
创新层	641.76	26.82	5.26	6.26
基础层	1751.4	73.18	1.59	39.47

资料来源：Wind，中关村上市公司协会整理。

从成长性来看，2018 年中关村新三板企业营业收入实现正增长的企业共有 708 家，占中关村新三板企业总数的 58%；其中，创新层企业 65 家（占创新层企业总量的 53%），基础层企业 643 家（占基础层企业总量的 58%）。在这 708 家企业当中，2017、2018 年连续两年实现营业收入正增长的企业有 500 家，占中关村新三板企业总数的 41%；其中，创新层企业 54 家（占创新层企业总量的 44%），基础层企业 446 家（占基础层企业总量的 40%）。2017、2018 两年营业收入连续增长，且复合增长率不低于 50% 的企业共 135 家，这 135 家经营状况稳健，具有较高的成长性。

表 2　2018 年中关村新三板企业营业收入同比增幅排名前 30 情况

序号	证券代码	证券简称	所属分层	股转系统行业分类	2017 年营收/万元	2018 年营收/万元	同比增长率(%)
1	836442.OC	群智合	基础层	信息传输、软件和信息技术服务业	5033.64	99752.57	1882
2	430756.OC	柒号传媒	基础层	文化、体育和娱乐业	389.06	5793.33	1389
3	870517.OC	浩德钢圈	基础层	租赁和商务服务业	27298.25	375729.12	1276
4	830898.OC	华人天地	基础层	文化、体育和娱乐业	260.56	3380.91	1198
5	838941.OC	太比雅	基础层	信息传输、软件和信息技术服务业	780.66	8628.52	1005
6	871594.OC	华体股份	基础层	科学研究和技术服务业	2933.97	32415.87	1005
7	430235.OC	ST 典雅	基础层	文化、体育和娱乐业	1.73	18.87	991
8	430189.OC	摩点文娱	基础层	信息传输、软件和信息技术服务业	19.62	204.17	941
9	430105.OC	合力思腾	基础层	信息传输、软件和信息技术服务业	4070.97	41785.79	926
10	430248.OC	奥尔斯	基础层	信息传输、软件和信息技术服务业	24.42	234.71	861

续表

序号	证券代码	证券简称	所属分层	股转系统行业分类	2017 年营收/万元	2018 年营收/万元	同比增长率(%)
11	834442. OC	锦龙装备	基础层	租赁和商务服务业	4806. 28	39361. 87	719
12	430277. OC	圣商教育	基础层	制造业	8738. 90	52021. 43	495
13	838613. OC	金软瑞彩	基础层	信息传输、软件和信息技术服务业	529. 44	2803. 01	429
14	839114. OC	爱酷体育	基础层	租赁和商务服务业	217. 58	1106. 24	408
15	832494. OC	首航直升	基础层	租赁和商务服务业	32864. 61	147499. 93	349
16	838224. OC	集酷股份	基础层	租赁和商务服务业	850. 93	3665. 95	331
17	833575. OC	康乐卫士	基础层	制造业	3. 08	13. 22	329
18	834524. OC	ST 海金格	基础层	科学研究和技术服务业	3279. 39	13920. 85	324
19	835743. OC	展鸿软通	基础层	信息传输、软件和信息技术服务业	478. 32	1924. 45	302
20	870626. OC	上古彩	基础层	信息传输、软件和信息技术服务业	3601. 86	13835. 50	284
21	833058. OC	触动时代	基础层	文化、体育和娱乐业	146. 23	546. 63	274
22	838372. OC	ST 醉纯	基础层	批发和零售业	3694. 93	13659. 81	270
23	430242. OC	蓝贝望	基础层	科学研究和技术服务业	451. 16	1641. 38	264
24	831988. OC	乐普四方	创新层	科学研究和技术服务业	15163. 51	54587. 34	260
25	832779. OC	东方明康	基础层	制造业	267. 37	958. 24	258
26	837782. OC	派特森	基础层	信息传输、软件和信息技术服务业	281. 79	1008. 06	258
27	839432. OC	天德泰	基础层	科学研究和技术服务业	2238. 11	7529. 75	236
28	837189. OC	九天利建	基础层	制造业	3423. 74	11343. 84	231
29	834728. OC	中盈安信	基础层	信息传输、软件和信息技术服务业	1647. 22	5375. 24	226
30	833747. OC	广厦环能	基础层	制造业	7735. 53	25207. 37	226

资料来源：Wind，中关村上市公司协会整理。

（二）2018年中关村新三板企业营业收入规模分布状况

2018 年，1224 家中关村新三板企业中，营业收入达到 10 亿元及以上的企业有 32 家，占中关村新三板企业总数的 2. 61%，其营收总计达 1135. 59 亿元，占总营业收入的 47. 45%；营业收入处于 5 亿 ~10 亿元的企业有 36

家，占中关村新三板企业总数的2.94%，其营收总计达246.61亿元，占总营业收入的10.30%；营业收入处于2亿~5亿元的企业有139家，占中关村新三板企业总数的11.36%，其营收总计达434.42亿元，占总营业收入的18.15%；营业收入处于1亿~2亿元的企业有199家，占中关村新三板企业总数的16.26%，其营收总计达276.33亿元，占总营业收入的11.55%；营业收入处于5000万~1亿元的企业有258家，占中关村新三板企业总数的21.08%，其营收总计达185.83亿元，占总营业收入的7.76%；营业收入低于5000万元的企业有560家，占中关村新三板企业总数的45.75%，其营收总计达114.39亿元，占总营业收入的4.78%。该组数据显示，中关村新三板企业内部营业收入存在较大差距，占比不到3%的头部规模企业拥有近50%的营业收入，大部分企业的营业收入处于中低水平，与新三板企业以中小企业为主的特征相符（见图2）。

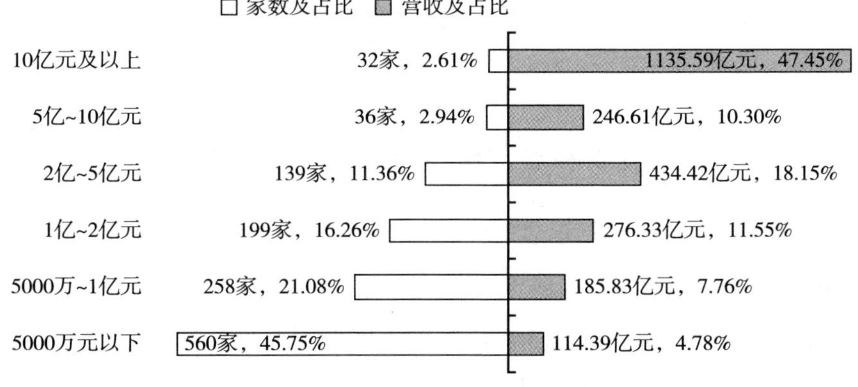

图2 2018年中关村新三板企业营业收入分布状况

资料来源：Wind，中关村上市公司协会整理。

从分层情况来看，中关村创新层挂牌企业的营收规模分布情况优于基础层。中关村新三板基础层企业营业收入低于5000万元的达到549家，占比接近一半；营业收入5000万~1亿元的有233家，占比21.14%；营业收入在1亿~2亿元、2亿~5亿元、5亿~10亿元、10亿元及以上四个区间的家数逐渐递减，分别为158家、115家、24家、23家，占比依次为14.34%、

10.44%、2.18%、2.09%。创新层企业营业收入则主要集中在5000万~1亿元、1亿~2亿元、2亿~5亿元三个区间，企业家数分别为25家、41家、24家，占比分别为20.49%、33.61%、19.67%；营业收入在5000万元以下的仅有11家，占比为9.02%；营业收入在5亿~10亿元的有12家，占比9.84%；营业收入在10亿元及以上的有9家，占比7.38%。

表3 2018年中关村新三板创新层和基础层企业营业收入规模分布

营业收入规模	整体		基础层		创新层	
	数量/家	占比(%)	数量/家	占比(%)	数量/家	占比(%)
10亿元及以上	32	2.61	23	2.09	9	7.38
5亿~10亿元	36	2.94	24	2.18	12	9.84
2亿~5亿元	139	11.36	115	10.44	24	19.67
1亿~2亿元	199	16.26	158	14.34	41	33.61
5000万~1亿元	258	21.08	233	21.14	25	20.49
<5000万元	560	45.75	549	49.82	11	9.02

资料来源：Wind，中关村上市公司协会整理。

（三）2018年中关村新三板企业营业收入排名（前30）

2018年，营业收入排名前30的中关村新三板企业营业收入合计达1115.14亿元，占总营业收入的46.60%。与2017年相比，排名前30的中关村新三板企业营业收入规模上涨14.43%，其中，百亿以上营业收入的中关村新三板企业共有三家，按照营业收入规模依次降序排列分别为以笔记本电脑分销为主的IT产品销售服务商翰林汇，从事ICT产品增值分销、进口网络产品销售业务、医疗产品销售业务的中建信息，以及综合性投资集团九鼎集团，前三家公司营收之和占中关村新三板企业总营业收入的17.04%（见图3）。

剔除掉金融类企业①，2018年，营业收入排名前30的中关村新三板非金融企业营业收入总计达996.67亿元，占中关村新三板非金融企业总营业

① 2018年，16家金融类企业营业收入总计达170.86亿元（占比7.14%）。

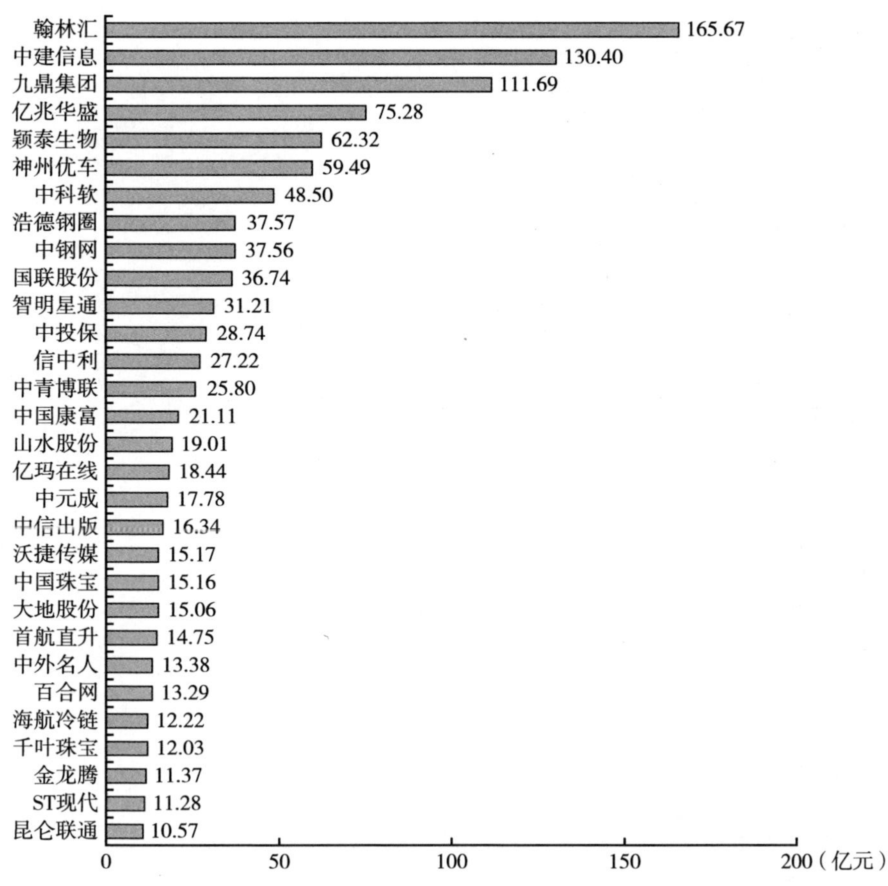

图3　2018 年中关村新三板企业营业收入排名前 30

资料来源：Wind，中关村上市公司协会整理。

收入（2222.31 亿元）的 44.85%。与 2017 年相比，排名前 30 的企业营业收入规模增加了 12.14%①。其中，百亿元以上营业收入的中关村新三板非金融企业共有 2 家，分别为翰林汇和中建信息，与 2017 年情况类似。此外，相比于 2017 年而言，进入前 30 名的中关村新三板非金融企业的基准提升，2017 年第 30 名企业营收为 7.65 亿元，2018 年，开心麻花以 10.10 亿元的营业收入位列第 30 位（见图 4）。

① 2017 年，剔除掉金融类企业后排名前 30 的中关村新三板企业总营业收入为 888.80 亿元。

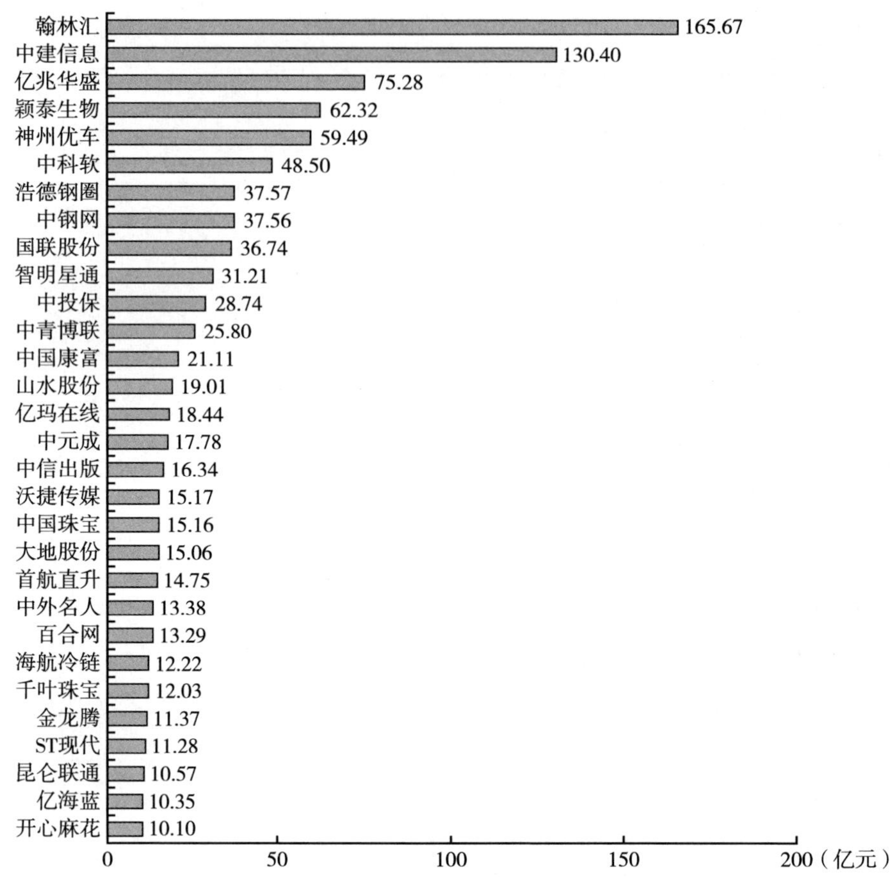

图4　2018 年中关村新三板非金融企业营业收入排名前 30

资料来源：Wind，中关村上市公司协会整理。

二　毛利润状况

（一）2018年中关村新三板企业毛利润整体状况

2018 年，中关村新三板企业毛利润总额达 574.28 亿元，同比下降 8.60%；企业平均毛利润为 4692 万元，同比增长 9.30%；企业平均毛利率为 24%，同比下降 2 个百分点（见图 5）。2017 ~2018 年持续经营的 1160

家企业，其毛利润合计为536.84亿元，较2017年的494.02亿元同比增长8.67%；持续经营企业的平均毛利率为24%，和上一年度持平。该组数据表明2018年毛利润总额下降主要是挂牌企业数量减少所导致，持续经营的企业毛利润状况有所改善。

从分层情况来看，创新层企业总毛利润为142.38亿元，占比24.79%，且创新层企业平均毛利润为1.17亿元；基础层企业总毛利润为431.90亿元，占比75.21%，且基础层企业平均毛利润为0.39亿元。创新层企业的平均毛利润接近于基础层企业平均毛利润的3倍。并且，中关村新三板创新层企业毛利率为22.19%，基础层企业毛利率为24.66%，略高于创新层企业。

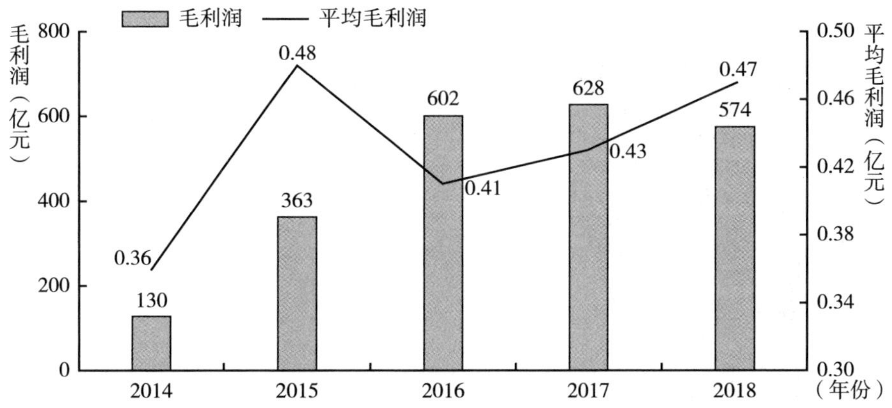

图5　2014～2018年中关村新三板企业总毛利润及平均毛利润变化情况

资料来源：Wind，中关村上市公司协会整理。

从成长性来看，2018年，实现毛利润正增长的企业共有614家，占持续经营企业数量的53%，有超过一半以上的中关村新三板企业毛利润实现正增长。其中，80家中关村新三板企业毛利润增长幅度超过100%，9家企业毛利润增长幅度超过1000%。从分层情况来看，创新层有46.72%（57家）的企业实现了毛利润的增长，基础层则有53.28%（553家）的企业实现了毛利润的增长。

（二）2018年中关村新三板企业毛利润排名（前30）

2018 年，排名前 30 的中关村新三板企业毛利润合计达 195.49 亿元，占毛利润总额的 34.04%。其中，毛利润在 10 亿元以上的中关村新三板企业共有 6 家，分别为从事风险投资和私募股权投资的信中利，从事国际化精品移动网络游戏公司智明星通，从事专车业务的神州优车，从事农药中间体、原药及制剂研发、生产、销售和技术服务的颖泰生物，从事 ICT 产品增值分销、进口网络产品销售业务、医疗产品销售业务的中建信息，以及从事大型行业应用软件开发和系统集成服务的中科软（见图 6）。

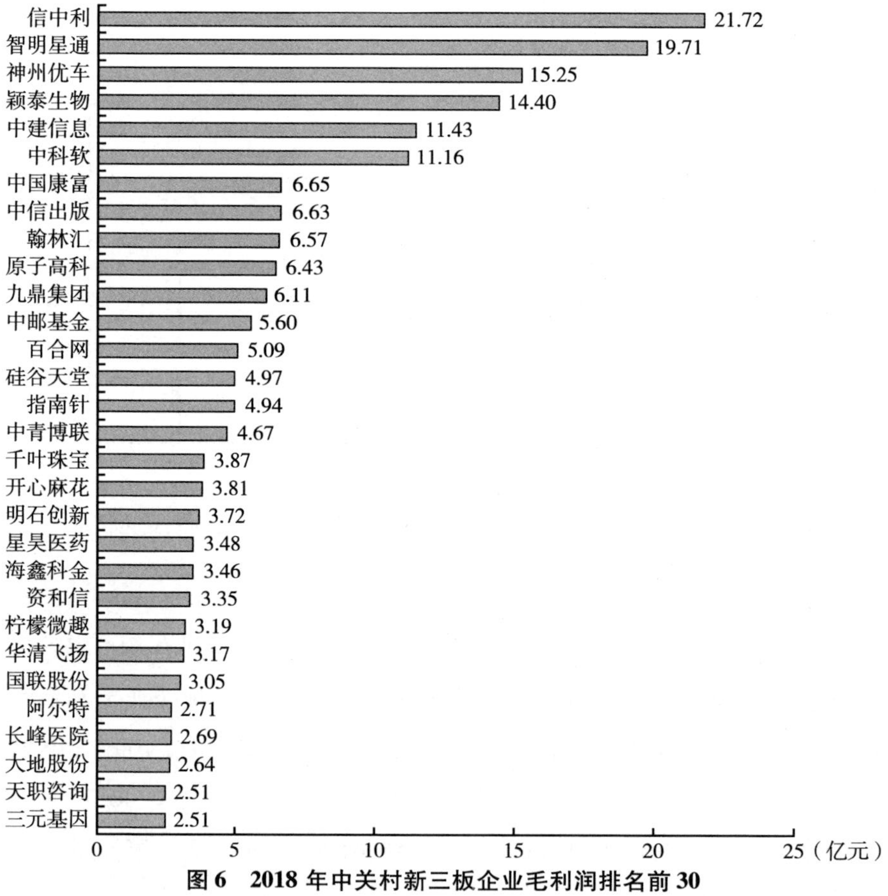

企业	毛利润（亿元）
信中利	21.72
智明星通	19.71
神州优车	15.25
颖泰生物	14.40
中建信息	11.43
中科软	11.16
中国康富	6.65
中信出版	6.63
翰林汇	6.57
原子高科	6.43
九鼎集团	6.11
中邮基金	5.60
百合网	5.09
硅谷天堂	4.97
指南针	4.94
中青博联	4.67
千叶珠宝	3.87
开心麻花	3.81
明石创新	3.72
星昊医药	3.48
海鑫科金	3.46
资和信	3.35
柠檬微趣	3.19
华清飞扬	3.17
国联股份	3.05
阿尔特	2.71
长峰医院	2.69
大地股份	2.64
天职咨询	2.51
三元基因	2.51

0 5 10 15 20 25（亿元）

图 6　2018 年中关村新三板企业毛利润排名前 30

资料来源：Wind，中关村上市公司协会整理。

剔除掉金融类企业①，2018 年，毛利润排名前 30 的中关村新三板非金融企业毛利润总额达 165.47 亿元，占中关村新三板非金融企业毛利润总额（527.35 亿元）的 31.38%。与 2017 年相比，排名前 30 企业的毛利润有较大幅度提升，增加了 17.78%②。其中，毛利润在 10 亿元以上的中关村新三板非金融企业共有 5 家，分别为智明星通、神州优车、颖泰生物、中建信息和中科软（见图 7）。

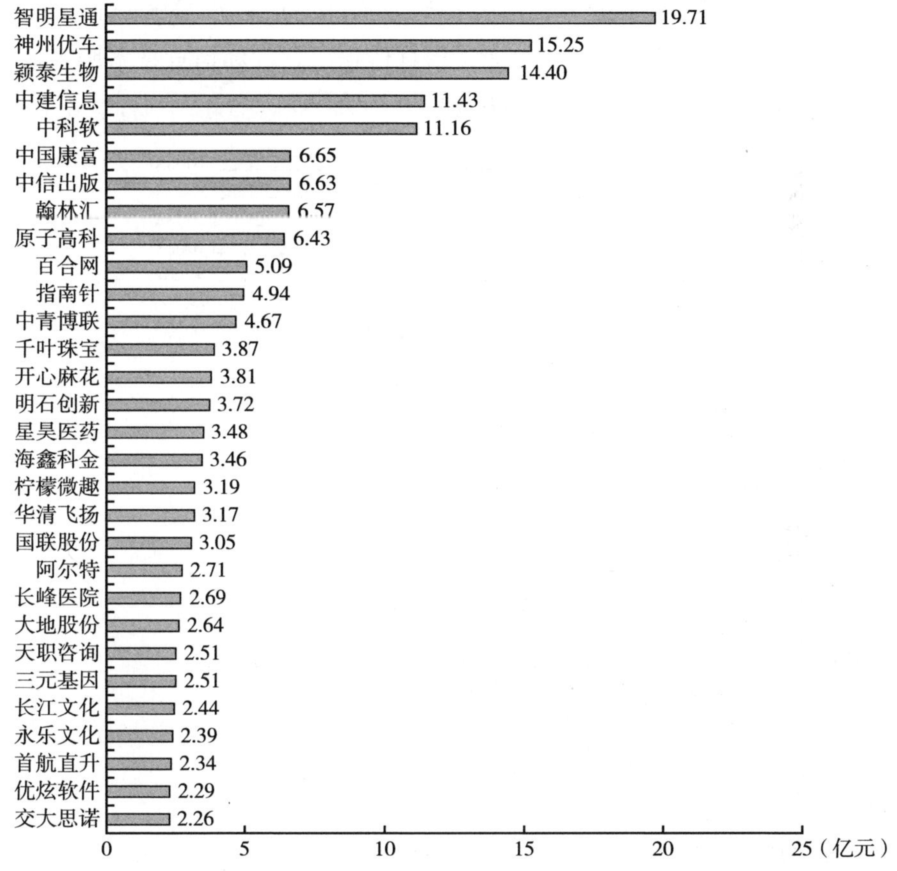

图 7　2018 年中关村新三板非金融企业毛利润排名前 30

资料来源：Wind，中关村上市公司协会整理。

---

① 2018 年，16 家金融类企业毛利润总额为 46.93 亿元（占比 8.17%）。

② 2017 年，剔除金融企业后，排名前 30 的企业毛利润总额为 140.49 亿元。

（三）2018年中关村新三板企业毛利率排名（前30）

2018 年，在毛利率排名中，位列前 30 的中关村新三板企业的毛利率都在 80% 以上，来自制造业领域的天园晟业和普瑞物联，以及来自金融业领域的硅谷天堂和联创投资等 4 家企业更是高达 100%。毛利率超过 90% 的有 15 家企业。这些公司获得如此高的毛利率，与它们的行业属性有关。在这 30 家公司中，有 14 家企业来自信息传输、软件和信息技术服务业，占 30 家公司的 46.67%，相比于其他行业，信息传输、软件和信息技术服务业往往能获得更高的服务溢价收入（见图 8）。

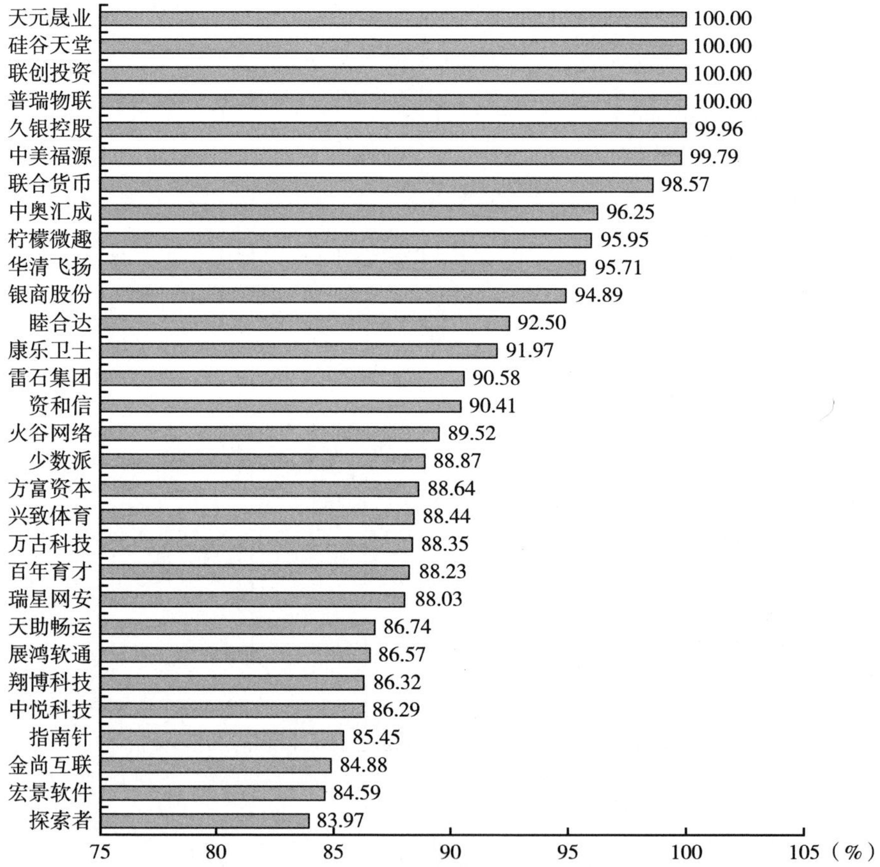

企业	毛利率（%）
天元晟业	100.00
硅谷天堂	100.00
联创投资	100.00
普瑞物联	100.00
久银控股	99.96
中美福源	99.79
联合货币	98.57
中奥汇成	96.25
柠檬微趣	95.95
华清飞扬	95.71
银商股份	94.89
睦合达	92.50
康乐卫士	91.97
雷石集团	90.58
资和信	90.41
火谷网络	89.52
少数派	88.87
方富资本	88.64
兴致体育	88.44
万古科技	88.35
百年育才	88.23
瑞星网安	88.03
天助畅运	86.74
展鸿软通	86.57
翔博科技	86.32
中悦科技	86.29
指南针	85.45
金尚互联	84.88
宏景软件	84.59
探索者	83.97

75 80 85 90 95 100 105（%）

图 8　2018 年中关村新三板企业毛利率排名前 30

资料来源：Wind，中关村上市公司协会整理。

剔除掉金融类企业后，2018 年，排名前 30 的中关村新三板非金融企业的毛利率仍旧高于 80%。毛利率超过 90% 的有 10 家企业。位列前 3 的企业均为制造业企业，来自信息传输、软件和信息技术服务业的有 17 家（见图 9）。

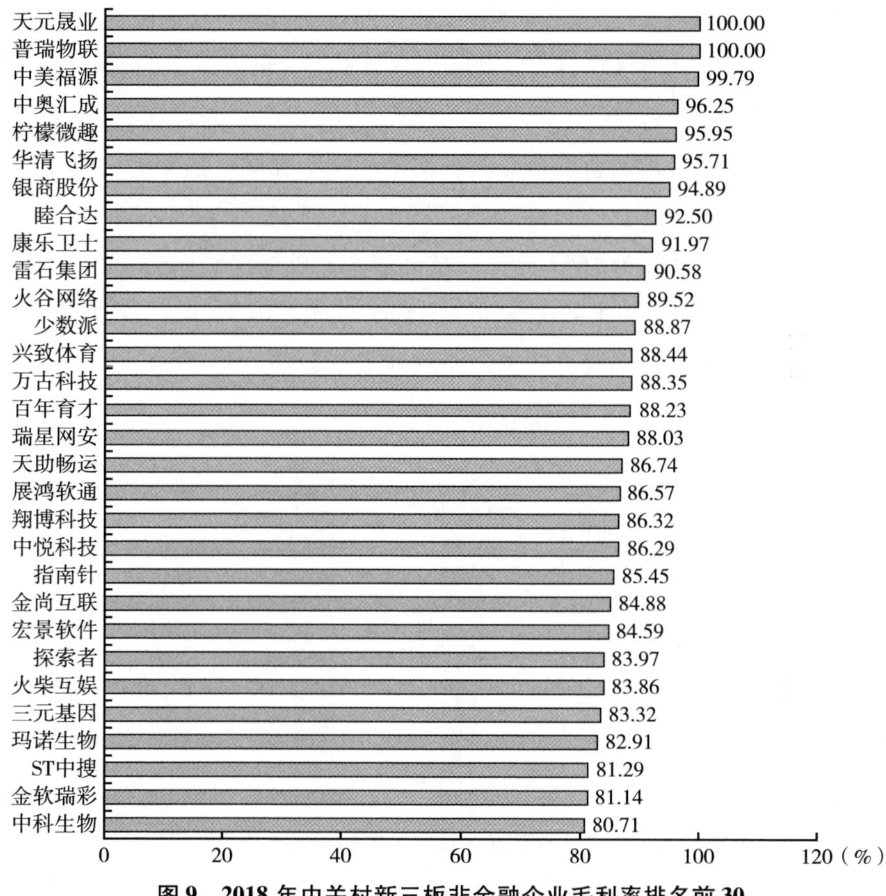

图 9　2018 年中关村新三板非金融企业毛利率排名前 30

资料来源：Wind，中关村上市公司协会整理。

三　净利润状况

（一）2018年中关村新三板企业净利润整体状况

2018 年，中关村新三板企业净利润总额达 92.28 亿元，同比下降

34.95%；企业的平均净利润为754万元，同比下降23%。对比前面2018年中关村新三板企业平均毛利润有所增长的数据结果，净利润水平的降低一定程度上反映了企业费用的增加。2017～2018年持续经营的1160家中关村新三板企业，其净利润合计达到86.67亿元，同比下降30.51%，其中实现净利润正增长的企业共有457家，占总企业数的39.4%。持续经营企业赢利状况有所弱化。

从分层情况来看，创新层企业的平均净利润状况优于基础层企业。2018年中关村新三板创新层企业的整体净利润为20.15亿元，占比21.84%，创新层企业的平均净利润为1652万元；基础层企业整体净利润为72.13亿元，占比78.16%，基础层企业平均净利润为655万元。中关村新三板创新层企业的平均净利润约为基础层企业平均净利润的2.5倍。

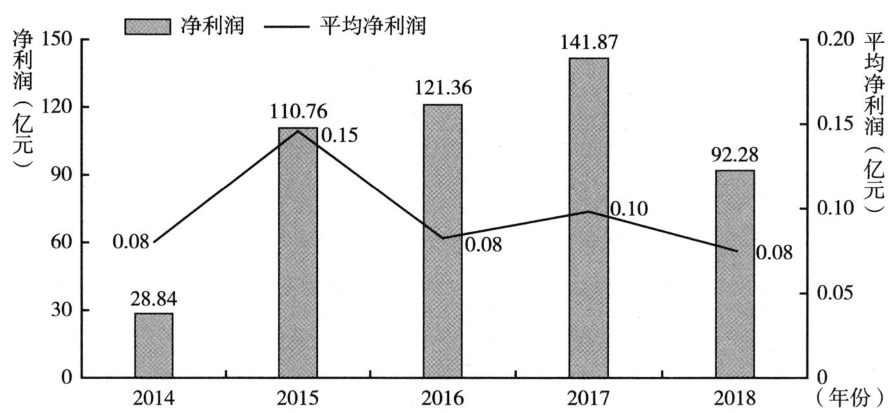

图10　2014～2018年中关村新三板企业总净利润及平均净利润变化情况

资料来源：Wind，中关村上市公司协会整理。

（二）总体盈亏情况分析

近年来，中关村新三板挂牌公司总体盈亏呈逐年下降趋势。2018年，中关村新三板企业中实现赢利的有734家，占比为59.97%；亏损的企业数量为490家，占比40.03%。整体来看，中关村新三板企业赢利状况有待改善（见表4）。

表 4　2014～2018 年中关村新三板挂牌公司盈亏情况统计

年份	赢利企业		亏损企业		合计	
	数量/家	占比(%)	数量/家	占比(%)	数量/家	占比(%)
2014	287	80.62	69	19.38	356	100.00
2015	574	76.03	181	23.97	755	100.00
2016	1022	71.22	413	28.78	1435	100.00
2017	978	67.63	468	32.37	1446	100.00
2018	734	59.97	490	40.03	1224	100.00

资料来源：Wind，中关村上市公司协会整理。

从分层情况来看，2018 年中关村新三板创新层企业的赢利状况优于基础层企业的赢利状况。创新层中实现赢利的企业有 83 家（占比 68.03%），亏损企业 39 家（占比 31.97%）；基础层中实现赢利的企业 651 家（占比 59.07%），亏损企业 451 家（占比 40.93%）（见表 5）。

表 5　2018 年中关村新三板不同分层挂牌公司盈亏情况统计

分层情况	赢利企业		亏损企业	
	数量/家	占所属分层企业数量比(%)	数量/家	占所属分层企业数量比(%)
创新层	83	68.03	39	31.97
基础层	651	59.07	451	40.93

资料来源：Wind，中关村上市公司协会整理。

从成长性来看，中关村新三板企业 2017 年、2018 年连续两年实现赢利的企业有 621 家，占中关村新三板企业总数的 51%；其中创新层企业 78 家（占创新层企业数量的 64%），基础层企业 543 家（占基础层企业数量的 49%）。这部分企业经营状况稳健，赢利能力较强，成长潜力较大。在这 621 家两年连续赢利的企业当中，平均净利润不低于 1 亿元的有 18 家，平均净利润不少于 2000 万元的新三板企业有 167 家。

净利润在 2018 年实现正增长的企业有 486 家，占中关村新三板企业总量的 40%，其中创新层企业 44 家（占比 9%），基础层企业 442 家（占比 91%）。在该部分企业当中，2017 年、2018 年连续两年净利润实现正增长的

表 6　2017～2018 年连续两年赢利且平均净利润不低于 1 亿元的中关村新三板企业

序号	证券代码	证券简称	所属分层	所属行业	2017 年净利润/万元	2018 年净利润/万元	平均净利润/万元
1	834777. OC	中投保	基础层	租赁和商务服务业	68458. 79	186064. 09	127261. 44
2	430719. OC	九鼎集团	基础层	金融业	125684. 62	73954. 78	99819. 70
3	872801. OC	智明星通	基础层	信息传输、软件和信息技术服务业	72435. 30	75597. 14	74016. 22
4	832924. OC	明石创新	基础层	制造业	69072. 24	67183. 89	68128. 06
5	833858. OC	信中利	基础层	金融业	20068. 55	69080. 73	44574. 64
6	833499. OC	中国康富	基础层	租赁和商务服务业	41947. 99	40407. 34	41177. 66
7	833819. OC	颖泰生物	创新层	制造业	29682. 66	46087. 51	37885. 09
8	430002. OC	中科软	创新层	信息传输、软件和信息技术服务业	23491. 47	32053. 63	27772. 55
9	835099. OC	开心麻花	基础层	文化、体育和娱乐业	39093. 20	11232. 28	25162. 74
10	430005. OC	原子高科	创新层	制造业	21618. 38	25364. 93	23491. 66
11	834291. OC	中信出版	基础层	文化、体育和娱乐业	21064. 26	19620. 79	20342. 52
12	834344. OC	中邮基金	基础层	金融业	24210. 06	16456. 82	20333. 44
13	835281. OC	翰林汇	基础层	批发和零售业	20276. 62	19593. 90	19935. 26
14	834082. OC	中建信息	创新层	批发和零售业	17308. 05	21584. 02	19446. 03
15	430011. OC	指南针	基础层	信息传输、软件和信息技术服务业	15339. 28	12695. 94	14017. 61
16	871284. OC	资和信	基础层	金融业	12268. 55	11038. 90	11653. 73
17	837747. OC	长江文化	创新层	文化、体育和娱乐业	10676. 81	12103. 67	11390. 24
18	836333. OC	像素软件	基础层	信息传输、软件和信息技术服务业	8851. 17	11601. 16	10226. 16

资料来源：Wind，中关村上市公司协会整理。

企业有 239 家，占中关村新三板企业总量的 20%，其中创新层企业 28 家（占比 12%），基础层企业 211 家（占比 88%）。其中，2017、2018 连续两年赢利且平均净利润在 2000 万以上的企业共 91 家，这 91 家企业具有较强的赢利能力，成长潜力巨大。

（三）2018年中关村新三板企业净利润规模分布状况

2018 年中关村新三板企业净利润规模多集中在 0～2000 万元，在此区间的企业家数达到 562 家，占比 45. 92%；2000 万～4000 万元净利润规模的企业有95家，占比7.76%；4000万~6000万元净利润规模的企业有34家，占比2.78%；6000万~8000万元净利润规模的企业有6家，占比0.49%；8000万元及以上净利润规模的企业有37家，占比3.02%。此外，还有490家（占比为40.03%）企业处于亏损状态。

从分层情况来看，2018年中关村新三板基础层企业净利润规模分布情况和整体分布情况类似，40.93%（451家）的企业处于亏损状态；接近一半（527家，占比47.82%）的企业净利润规模集中在0~2000万元；净利润规模在2000万~4000万元、4000万~6000万元、6000万~8000万元、8000万元及以上规模的基础层企业家数分别为71家、22家、4家、27家，占比分别为6.44%、2.00%、0.36%、2.45%。中关村新三板创新层企业的净利润规模分布情况略优于基础层企业，39家企业处于亏损状态，占比31.97%，该比例低于基础层企业亏损占比；净利润规模在0~2000万元的企业有35家，占比28.69%；净利润规模在2000万~4000万元的企业有24家，占比19.67%；净利润规模在4000~6000万元、6000~8000万元、8000万元及以上的企业家数分别为12家、2家、10家，占比分别为9.84%、1.64%、8.20%（见表7）。

表7　2018年中关村新三板企业净利润规模分布情况

净利润规模	整体		基础层		创新层	
	数量/家	占比(%)	数量/家	占比(%)	数量/家	占比(%)
8000万元及以上	37	3.02	27	2.45	10	8.20
6000万~8000万元	6	0.49	4	0.36	2	1.64
4000万~6000万元	34	2.78	22	2.00	12	9.84
2000万~4000万元	95	7.76	71	6.44	24	19.67
0~2000万元	562	45.92	527	47.82	35	28.69
亏损	490	40.03	451	40.93	39	31.97

资料来源：Wind，中关村上市公司协会整理。

（四）2018年中关村新三板企业净利润排名（前30）

2018年，净利润排名前30的中关村上市公司的净利润总和达89.38亿元，占中关村新三板企业总净利润的96.86%，与2017年相比，前30位企业的净利润总体规模增长了9.2%[①]。其中，净利润在10亿元以上的企业只有1家，为国内首家全国性专业担保机构中投保。净利润在5亿以上的企业还有集研发和运营于一体的国际化精品移动游戏公司智明星通，从事金融投资业务的九鼎集团、信中利，以及从事医疗健康设备制造和环保专用设备制造的明石创新。这5家企业占净利润前30位累计净利润的52.79%，占新三板企业总净利润的51.14%（见图11）。

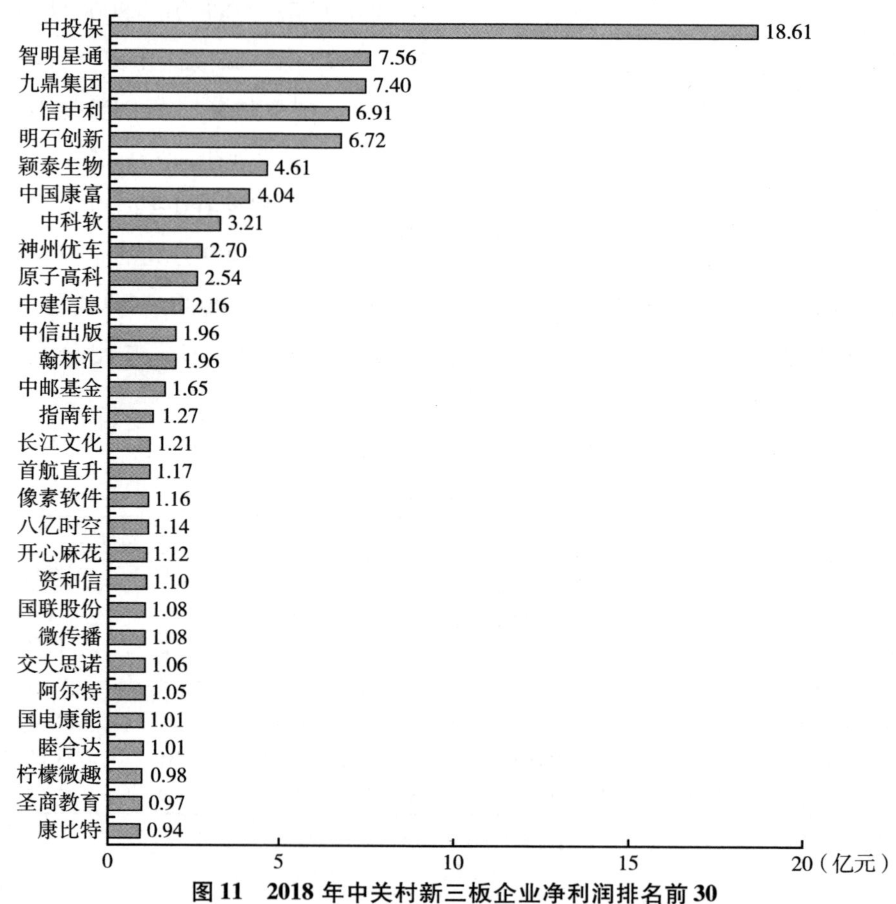

图11　2018年中关村新三板企业净利润排名前30

资料来源：Wind，中关村上市公司协会整理。

---

① 2017年，位列前30的企业净利润总额为81.85亿元。

剔除掉金融类企业①，2018 年，净利润排名前 30 的中关村新三板非金融企业净利润总额达 75.89 亿元，占中关村新三板非金融企业净利润总额（80.57 亿元）的 94.19%。前 30 家企业的赢利能力较为突出。位列第一的仍为中投保企业（属于租赁和商务服务业），净利润额为 18.61 亿元（见图 12）。

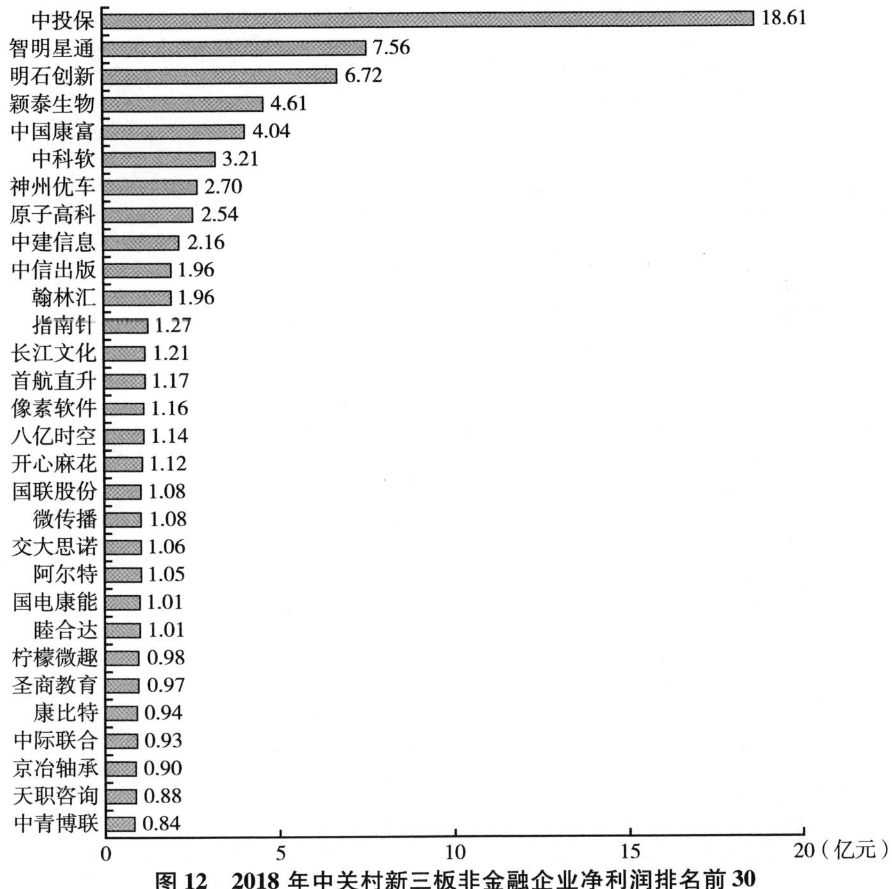

图 12　2018 年中关村新三板非金融企业净利润排名前 30

资料来源：Wind，中关村上市公司协会整理。

（五）2018年中关村新三板企业净利率排名（前30）

2018 年，中关村新三板企业的平均净利率为 3.86%，同比下降 2%。

① 2018 年，16 家金融类企业净利润总额为 11.71 亿元（占比 12.69%）。

其中，创新层企业平均净利率为3.14%，基础层企业平均净利率为4.12%。2018年，排名位列前30的企业净利率在32%以上，位列第一的企业是从事金融软件和信息技术服务的量化科技①，净利率高达266.60%，也是唯一一家净利率超过100%的企业（见图13）。

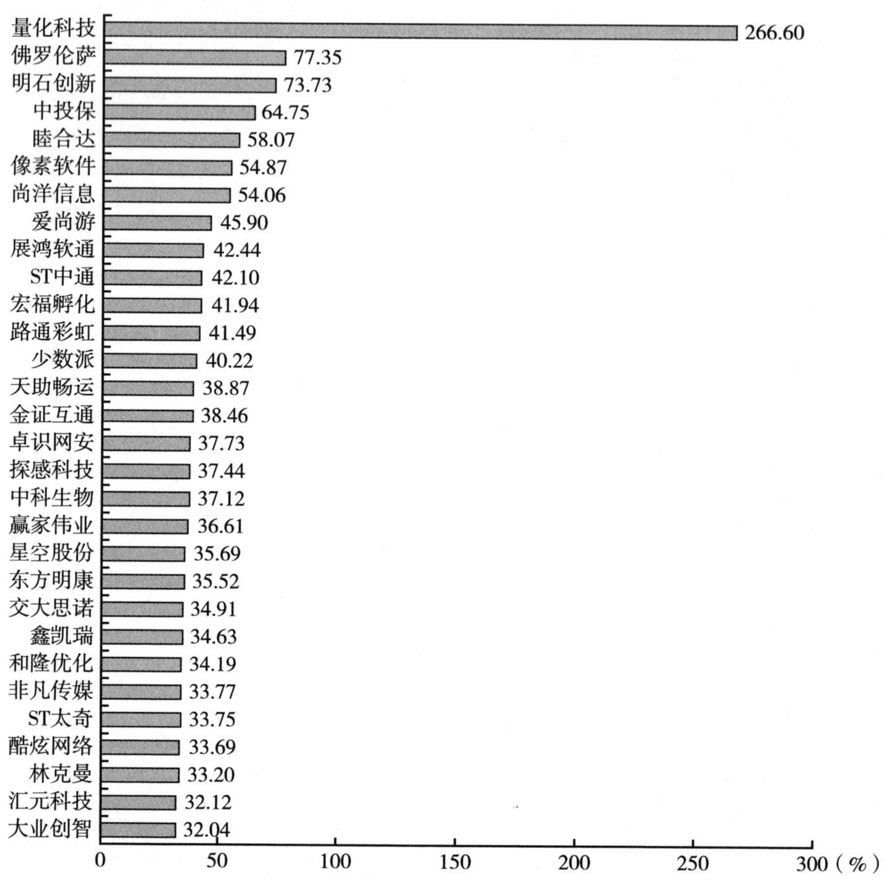

图13　2018年中关村新三板企业净利率排名前30

资料来源：Wind，中关村上市公司协会整理。

① 量化科技（430303.OC）2018年营业收入仅为46.08万元，净利润总额为122.84万元，净利润大幅上涨的原因在于公司转让持股75%的子公司北京智慧章鱼科技有限公司股权，转让收益709.50万元。

剔除掉金融类企业后，2018 年，排名前 30 的中关村新三板非金融企业的净利率仍旧高于 30%，且排名与未剔除金融类企业一致（见图 14）。

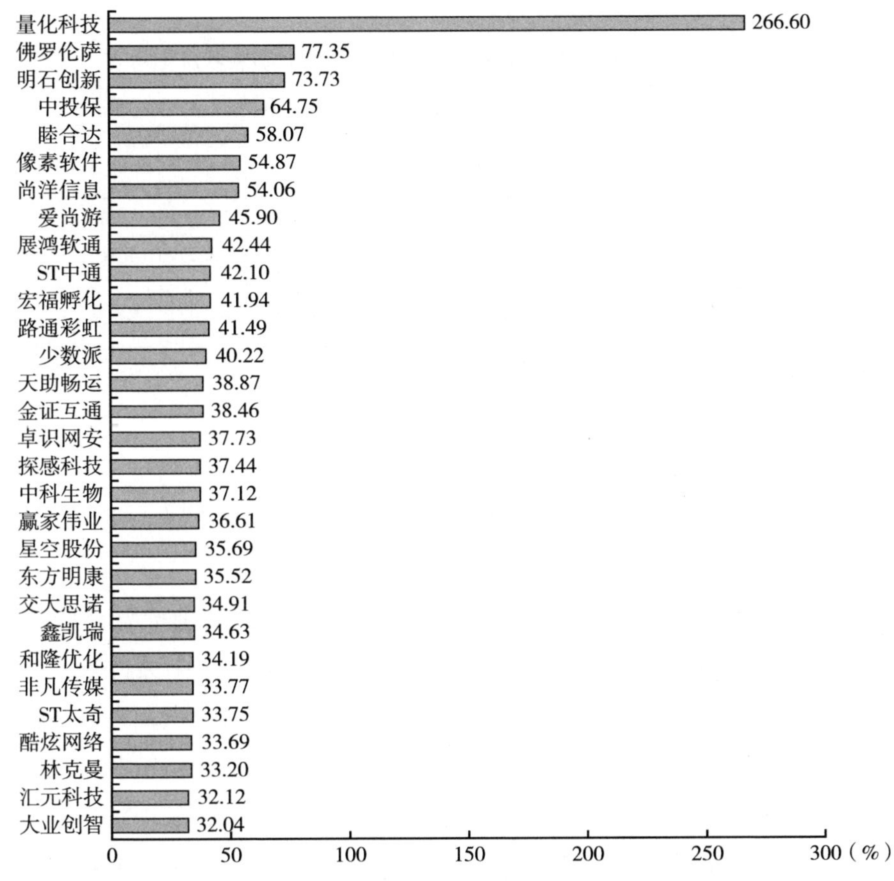

图 14　2018 年中关村新三板非金融企业净利率排名前 30

资料来源：Wind，中关村上市公司协会整理。

（六）中关村新三板持续挂牌企业赢利能力汇总

总体而言，2018 年，中关村新三板持续挂牌企业毛利润增长了 8.59%，但净利润下降了 30.51%，毛利率和净利率分别为 23.53% 和 3.8%，较 2017 年有所下降，持续挂牌企业 2018 年赢利能力有所下降。具体来看，持续挂牌企业中创新层企业的毛利润增长高于基础层，净利润下降幅度低于基础层企业，毛利率和净利率也高于基础层企业，整体上创新层企业的赢利能力优于基础层企业（见表8）。

表8　2017～2018年中关村新三板持续挂牌企业赢利状况汇总

所属分层	毛利润（亿元）			净利润（亿元）			毛利率（%）		净利率（%）	
	2017年	2018年	增长率（%）	2017年	2018年	增长率（%）	2017年	2018年	2017年	2018年
创新层	357.79	394.46	10.25	94.47	66.52	-29.59	25.42	24.06	6.71	4.06
基础层	136.58	142.38	4.25	30.26	20.15	-33.41	21.95	22.19	4.86	3.14
总体状况	494.37	536.84	8.59	124.73	86.67	-30.51	24.36	23.53	6.14	3.80

资料来源：Wind，中关村上市公司协会整理。

四　总资产收益率和净资产收益率状况

2018年，因净利润的大幅下降，导致中关村新三板企业总资产收益率ROA和净资产收益率ROE都出现不同程度的下降。2018年中关村新三板企业总资产收益率为2.09%，相较2017年下降了1.08个百分点；净资产收益率为4.29%，下降了2.02个百分比。从分层情况来看，2018年中关村创新层企业的总资产收益率优于基础层企业，但净资产收益率略低于基础层企业的净资产收益率（见表9）。创新层企业的净资产收益率较低，从另一个层面也能反映创新层企业的净资产占总资产的比重相对较高，财务结构相对安全，风险相对较低。

从总资产收益率的分布来看，中关村新三板企业总资产收益率处于0～20%的企业最多，有660家，占比53.92%。其次为处于-20%～0的企业，有307家，占比25.08%。此外，总资产收益率处于20%～40%、40%及以上的、低于-20%的企业分别有59家、15家、183家，分别占比4.82%、1.23%、14.95%。整体而言，总资产收益率为负的企业有490家，占比40.03%，新三板企业整体经营状况和赢利能力水平有待提升（见图15）。

表 9　2017～2018 年中关村新三板企业 ROA 和 ROE 状况

单位：%

所属分层	总资产收益率 ROA		净资产收益率 ROE	
	2018 年	2017 年	2018 年	2017 年
创新层	2. 31	4. 28	4. 10	7. 62
基础层	2. 04	2. 76	4. 34	5. 75
整　体	2. 09	3. 17	4. 29	6. 31

资料来源：Wind，中关村上市公司协会整理。

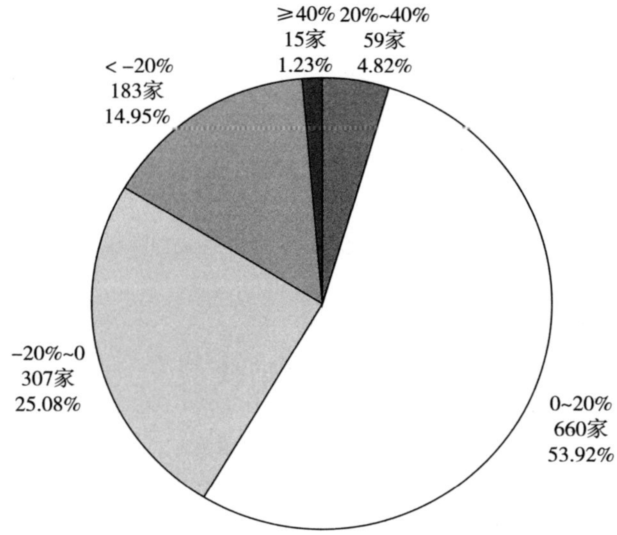

图 15　2018 年中关村新三板企业总资产收益率分布

资料来源：Wind，中关村上市公司协会整理。

从净资产收益率的分布来看，剔除净资产为负的 24 家企业后，余下的 1200 家企业中，中关村新三板企业净资产收益率处于 0～50% 的企业最多，有 705 家，占比 58. 75%。其次为处于 －50%～0 的企业，有 370 家，占比 30. 83%。此外，总资产收益率处于 50%～100%、100% 及以上的、低于 －50% 的企业分别有 20 家、5 家、100 家，分别占比 1. 67%、0. 42%、8. 33%（见图 16）。

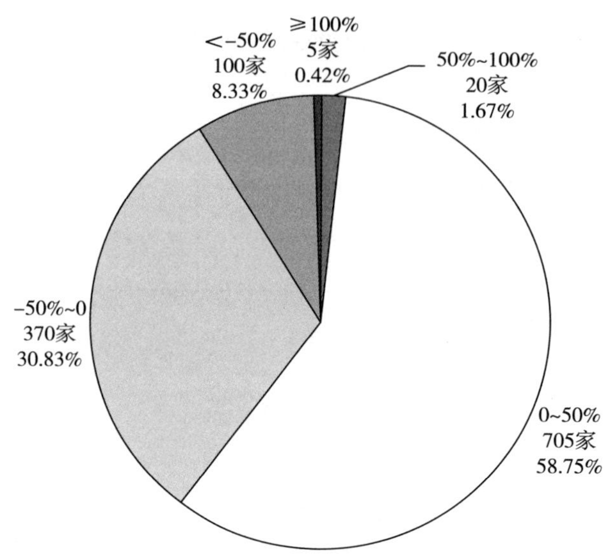

图 16　2018 年中关村新三板企业净资产收益率分布

资料来源：Wind，中关村上市公司协会整理。

五　期间费用状况

2018 年，中关村新三板企业三项期间费用①（销售费用、管理费用和财务费用）总计达 408 亿元，与 2017 年的 528 亿元相比下降 23%。中关村新三板企业 2018 年平均期间费用为 3333 万元，同比下降 9%。其中，销售费用共计 170.30 亿元，较 2017 年降低了 17 亿元，降幅达 9%；管理费用共计 202.23 亿元，较 2017 年大幅减少了 120 亿元，降幅高达 37%；财务费用共计 35.41 亿元，较 2017 年增长了 16 亿元，增幅达 84%。三项期间费用有增有减，销售费用下降，说明中关村新三板企业销售能力的提升；管理费用的下降也在一

① 企业期间费用指企业为组织和管理企业生产经营、筹资生产经营所需要的自己以及销售商品等而发生的各项费用，包括管理费用、财务费用、销售费用。其中，管理费用是指企业管理和组织生产经营活动所发生的各项费用；财务费用是指企业为进行资金筹集等理财活动而发生的各项费用；销售费用是指企业在销售过程中所发生的费用。

定程度反映了企业管理效率的提升，但需要注意的是，由于会计准则的变化，研发费用从管理费用中调出并单独列示，成为管理费用下降的一个重要原因；财务费用大规模上升表明企业在2018年融资成本上升（见图17）。

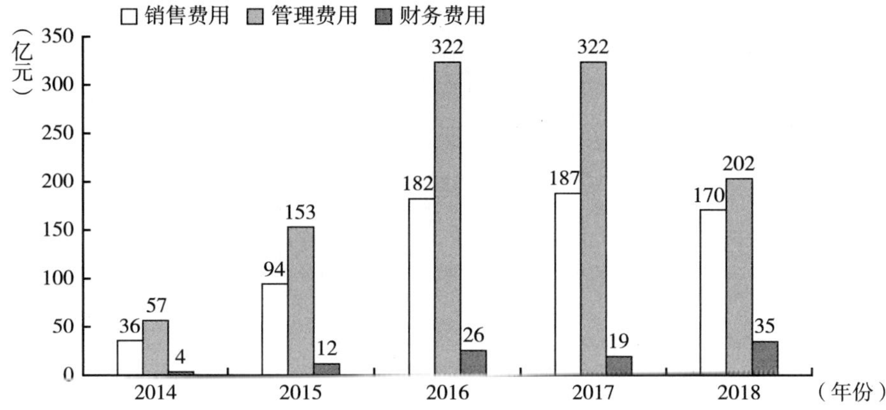

图17 2014～2018年中关村新三板企业期间费用情况

资料来源：Wind，中关村上市公司协会整理。

平均而言，2018年中关村新三板企业平均销售费用和财务费用较2017年都有所增加，管理费用则出现了大幅下降，企业总体平均期间费用下降（见表10）。

表10 2017～2018年中关村新三板企业三项费用均值对比

单位：万元

	销售费用	管理费用	财务费用
2017年平均值	1291.63	2228.62	132.47
2018年平均值	1391.36	1652.21	289.35

资料来源：Wind，中关村上市公司协会整理。

从期间费用构成上看，2018年，管理费用占比最高，为49.57%，其次为销售费用，占比为41.75%，财务费用所占比例相对较小，为8.68%，但相比于2017年而言，财务费用占比提升了4.68%①（见图18）。

① 2017年，财务费用占比仅为3.63%。

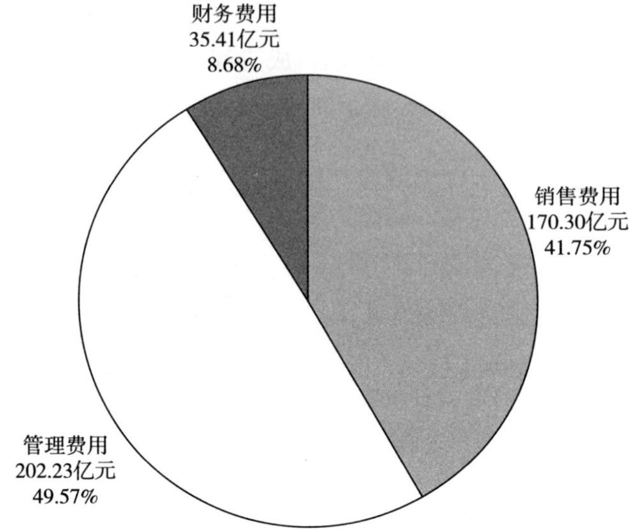

图 18　2018 年中关村新三板企业期间费用占比情况

资料来源：Wind，中关村上市公司协会整理。

2018 年，中关村新三板企业的管理费用率和销售费用率较往年有所下降，且近五年总体呈下降趋势，说明整体管理效率和销售效率正在不断改善。虽然 2018 年中关村新三板企业的财务费用率有所上升，从 2017 年的 0.79% 上升到 2018 年的 1.48%，表明企业在 2018 年的融资成本有所上升。

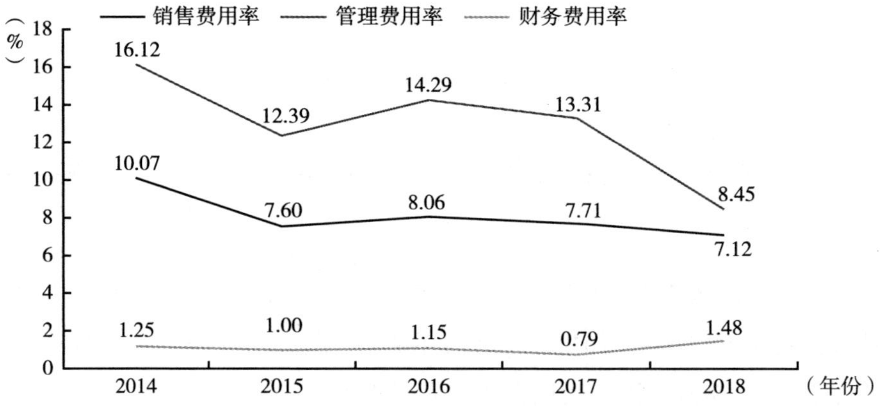

图 19　2014～2018 年中关村新三板企业期间费用率变化情况

资料来源：Wind，中关村上市公司协会整理。

B.4
2018年中关村新三板企业创新能力研究报告

中关村知识产权促进局*

摘　要： 本报告以创新投入、创新产出为主要评价维度对中关村新三板企业创新能力进行研究与分析。研究结果显示，总研发费用与平均研发费用在2018年都出现了回升，主要源于整体企业研发投入经费增加，企业赢利能力与研发投入间存在较为显著正相关关系，企业创新成果转化能力有效提升。企业创新成果中专利申请量与专利授权量平稳向好，PTC专利申请量陡增至17个，较2017年增长了7.5倍，创新产出成果表明中关村新三板企业国际化战略布局工作高效开展，创新能力备受国际市场认可。

关键词： 中关村新三板　创新投入　创新产出

一　创新投入情况

（一）中关村新三板企业2018年研发投入情况

中美贸易新形势下国家首要战略目标是保障国家安全，以技术创新为主

* 中关村知识产权促进局是北京市知识产权局的直属事业单位，内设办公室（财务）、知识产权信息中心、专利技术转移中心、知识产权法律服务中心。促进局在业务上接受国家知识产权局和北京市知识产权局的监督和指导，配合中关村管委会为中关村示范区提供知识产权创造、运用、保护、管理等全方位的服务。

要途径，企业作为国家创新行为个体的庞大集合，提升创新能力的战略重要性不可忽视。企业对创新的长期重视也会发展成为企业核心竞争力，为企业带来赢利。2018 年，中关村新三板企业共 1224 家公布年报，其中公开披露研发投入费用的企业有 984 家，占总数的 80.39%，数据具有代表性。2018 年，受宏观经济下行压力影响，中关村新三板企业整体营收及净利润都出现不同程度的下滑，但此状况并未影响企业对研发创新的投入力度。经过了 2017 年研发总费用和平均研发费用的首次下降后，2018 年中关村新三板企业研发费用又迎来了回升，总研发投入达到 100.30 亿元，平均研发费用自 2014 年起首次达到 1019.26 万元。研发投入的增加既有外部动力，如国家创新体系支持，部分也源自内部动力，如企业自身实力和创新型人才资源（见图 1）。

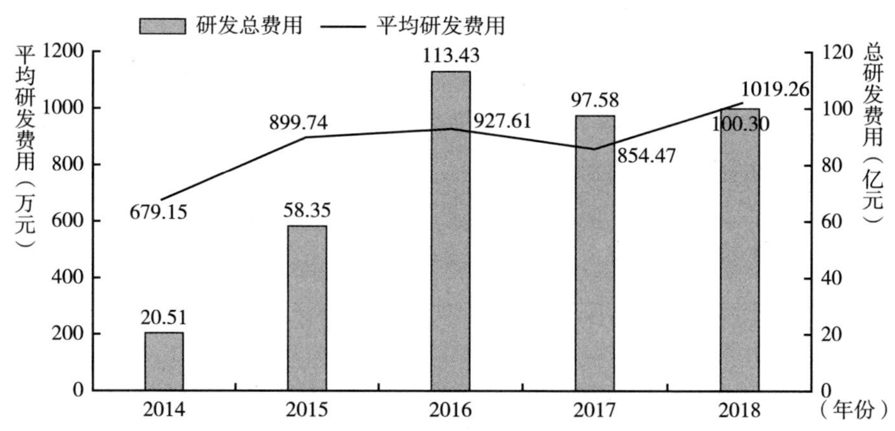

图 1　2014～2018 年中关村新三板企业研发费用变化

资料来源：Wind，中关村上市公司协会整理。

对比 2017 年企业间研发费用分布，2018 年中关村新三板企业研发费用变化情况呈现普遍增加现象。研发投入在 100 万元以下企业数量降至 100 家，研发投入在 100 万～500 万元、500 万～1000 万元的企业有不同程度的增加，且同时可以欣喜地看到，研发费用在 1000 万元及以上的企业家数都有不同程度的增加，投入在 1 亿元以上的企业有 7 家，较 2017 年（5 家）

增长了40%。统计结果表明，2018年中关村新三板企业研发总费用和平均研发费用的增加主要源于整体企业研发经费的增加，中关村新三板企业愈加重视研发创新（见图2）。

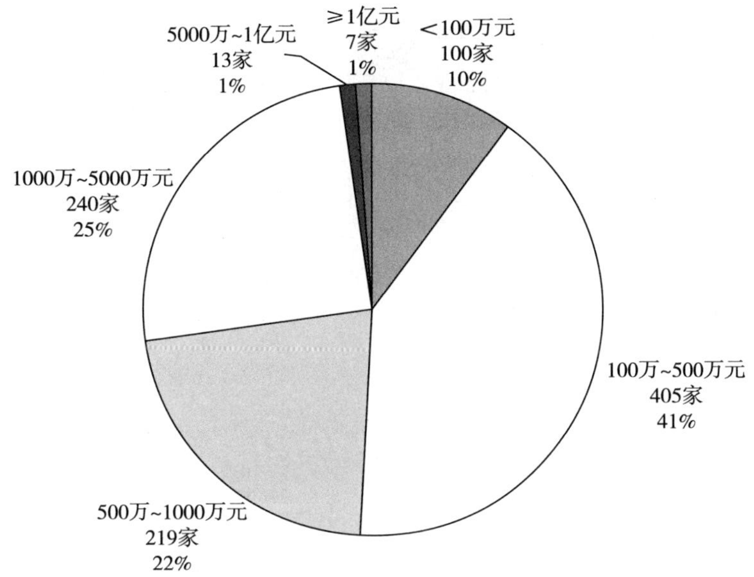

图2　2018年中关村新三板企业研发费用分布

资料来源：Wind，中关村上市公司协会整理。

研发强度指企业研发投入占营业收入比重，是衡量企业创新投入的重要指标。国际经验表明，具有较高研发强度的企业对应较高的利润率。2018年，中关村新三板企业的平均研发强度为5.55%，与2017年基本持平，远高于2018年全国新三板企业平均研发强度①和全社会研发强度②。

国际经验表明，10%以上的研发强度在全球范围内处于较高的研发投入水平，此类企业一般被认为具备充分的研发竞争力优势。根据此标准，中关村新三板企业研发强度相对可观，2018年有397家企业为高研发强度企业，

① 2018年全国新三板企业平均研发强度为3.23%。

② 2018年我国年研究与试验发展（R&D）经费支出与国内生产总值之比为2.18%。

占比 40%。科技型中小企业顺应国家鼓励创新的相关政策，提升研发投入强度从而提升核心竞争力（见图 3）。

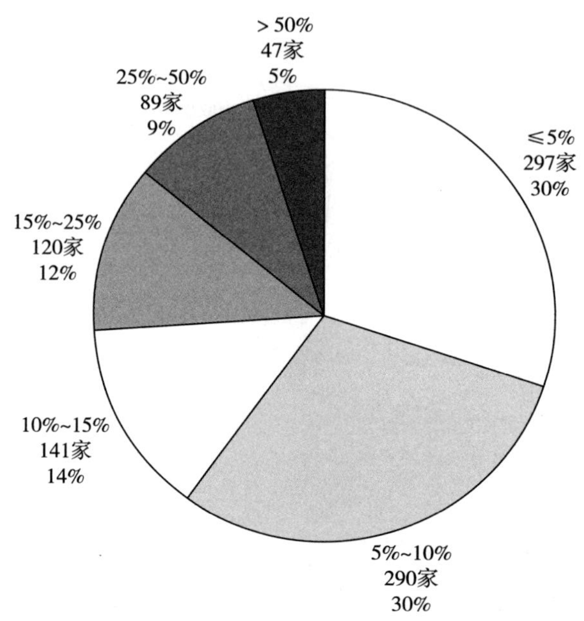

图 3　2018 年中关村新三板企业研发强度分布

资料来源：Wind，中关村上市公司协会整理。

2018 年中关村新三板研发投入排名前 30 企业的研发总投入达 34.14 亿元，占中关村新三板企业研发总投入的 34.04%。“亿元户”有 7 家，分别是智明星通、中科软、蓝山科技、颖泰生物、海鑫科金、华清飞扬和神州优车，较 2017 年发生了较大变动，尤其是排名第一的智明星通研发费用为 8.20 亿元。研发费用排名前 30 企业主要分布在信息传输、软件和信息技术服务业（19 家）和制造业（5 家）（见图 4）。

发展中的企业如何更好地提升竞争力已成为不懈探讨的课题，研发作为企业的核心环节，其作用不言而喻，研发人员的投入数量也在一定程度上影响了企业的研发成果。2018 年，中关村新三板企业中共有 113 家（创新层 111 家，基础层 2 家）企业年报中披露了研发人员数量，研发人员总数为 12549 人，企业平均研发人员数量为 111 人，高于全国新三板企业平均研发

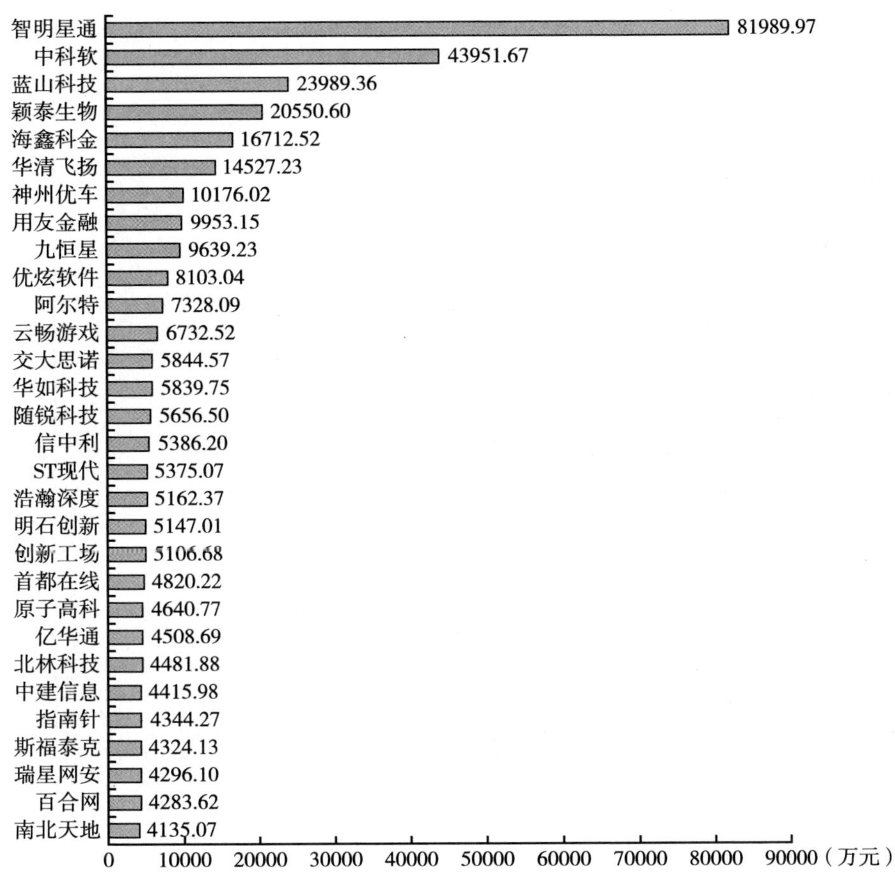

图 4　2018 年中关村新三板企业研发费用排名前 30

资料来源：Wind，中关村上市公司协会整理。

人员数量①。113 家企业中，研发人员数量超过 100 人的企业有 26 家，且多集中在信息传输、软件和信息技术服务业，其研发人员合计为 9217 人，占研发人员总量的 73%。其中，从事计算机软件研发、应用、服务的智能密集型高新技术企业中科软 1 家就拥有 3303 位研发人员，研发人员占比为 21.47%，远超过其他企业的研发人员数量（见表 1）。

① 2018 年，全国新三板企业当中有 755 家（创新层 743 家，基础层 12 家）企业年报中披露了研发人员数量，研发人员总数为 58418 人，企业平均研发人员数量为 77 人。

表 1　2018 年中关村新三板企业研发人员数量排名前 20 企业

序号	证券代码	证券简称	所属分层	所属行业	研发人员/人	研发人员占比(%)
1	430002. OC	中科软	创新层	信息传输、软件和信息技术服务业	3303	21
2	838006. OC	神州优车	创新层	信息传输、软件和信息技术服务业	614	6
3	839483. OC	用友金融	创新层	信息传输、软件和信息技术服务业	577	48
4	430021. OC	海鑫科金	创新层	信息传输、软件和信息技术服务业	535	40
5	833629. OC	合力亿捷	创新层	信息传输、软件和信息技术服务业	458	73
6	834195. OC	华清飞扬	创新层	信息传输、软件和信息技术服务业	404	79
7	833819. OC	颖泰生物	创新层	制造业	404	8
8	430208. OC	优炫软件	创新层	信息传输、软件和信息技术服务业	391	59
9	430051. OC	九恒星	创新层	信息传输、软件和信息技术服务业	217	41
10	833658. OC	铁血科技	创新层	信息传输、软件和信息技术服务业	196	55
11	430046. OC	圣博润	创新层	信息传输、软件和信息技术服务业	184	42
12	831299. OC	北教传媒	创新层	文化、体育和娱乐业	172	54
13	430253. OC	兴竹信息	创新层	信息传输、软件和信息技术服务业	165	46
14	835184. OC	国源科技	创新层	信息传输、软件和信息技术服务业	163	17
15	835990. OC	随锐科技	创新层	信息传输、软件和信息技术服务业	140	44
16	430330. OC	捷世智通	创新层	信息传输、软件和信息技术服务业	139	54
17	430005. OC	原子高科	创新层	制造业	137	16
18	831344. OC	中际联合	创新层	制造业	128	27
19	834082. OC	中建信息	创新层	批发和零售业	122	13
20	834240. OC	中广瑞波	创新层	信息传输、软件和信息技术服务业	121	81

资料来源：Wind，中关村上市公司协会整理。

（二）研发投入与赢利能力关系分析

企业研发投入来源主要依靠企业自身，高研发投入强度企业一般具备较高赢利能力，反过来，较高的赢利能力取决于企业在市场上是否具有核心竞争力即创新型技术。数据表明中关村新三板企业研发强度与毛利率（毛利润占营业收入之比）间确实存在正相关关系。排除研发强度50%及以上的非正常状态，虽然2018年毛利率似乎存在趋同之势，但研发强度越大的企业仍显著拥有较高毛利率。研发强度处在25%～50%的企业平均毛利率在2018年达到58.87%，是研发强度在5%以下企业平均毛利率20.14%的3倍。由于研发活动具有不确定性和长期性，企业在进行研发投入时需要慎重考虑，过低的研发投入无法获得长期竞争力，过高的研发投入给企业经营现状带来负担，符合企业自身规模、实力等条件的合理研发强度才应该是企业所追求的（见图5）。

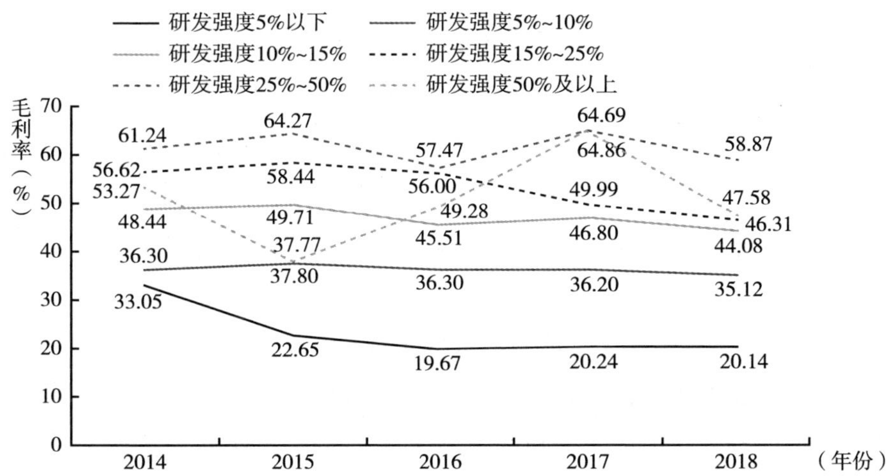

图5　2014～2018年中关村新三板企业研发强度与毛利率关系

资料来源：Wind，中关村上市公司协会整理。

二　创新产出状况

（一）专利申请及排名状况

专利申请量为衡量企业创新产出的重要指标之一，指国内外专利机构受理技术发明专利申请的数量，包括发明专利申请量、实用新型专利申请量和外观设计专利申请量。企业专利申请量越多，越能说明企业创新氛围高涨、创新能力较强。2018 年中关村新三板企业专利申请量为 3365 件，总体较 2017 年（3402 件）稳中有降。共有 398 家企业申请了专利，占企业总数的 27.64%①，平均每家企业专利申请数为 8.45 件，其中有 84 家企业专利申请数量高于平均值，较 2017 年（98 家）略有下降。作为含金量最高、审查环节最严格的一类专利，2018 年发明专利申请量的上升表明中关村新三板企业技术创新活动进展顺利，较 2017 年上升幅度为 11.50%。申请发明专利的企业主要集中在信息传输、软件和信息技术服务业、科学研究以及高端制造业。实用新型专利申请量为 1520 件，首次出现下降，降幅为 6.35%，外观设计专利申请量也有所下降。数据表明，企业对于发明专利的重视程度和开发力度有所增长，总体创新产出平稳。面对中美贸易新形势，中关村新三板企业需要在企业内部推动形成创新氛围，促进建立创新成果产出和转化（见图 6）。

中关村新三板企业 2018 年专利申请量排名前 10 相较 2017 年发生了较大变动，除了排名第一仍为长城华冠外，仍保持前 10 的有阿尔特、明朝万达、中际联合和八亿时空，2017 年排名分别为二、三的小狗电器和臻迪科技②在 2018 年专利申请量退出前 10 位。万高科技、像素软件、龙铁纵横、智明星通和亿华通首次进入专利申请量排名前 10，智明星通为 2018 年研发

---

① 此处以截至 2018 年 12 月 31 日在市的 1440 家中关村新三板企业为计算标准。

② 小狗电器与臻迪科技在 2018 年 12 月底退市，不在研究对象范围内。

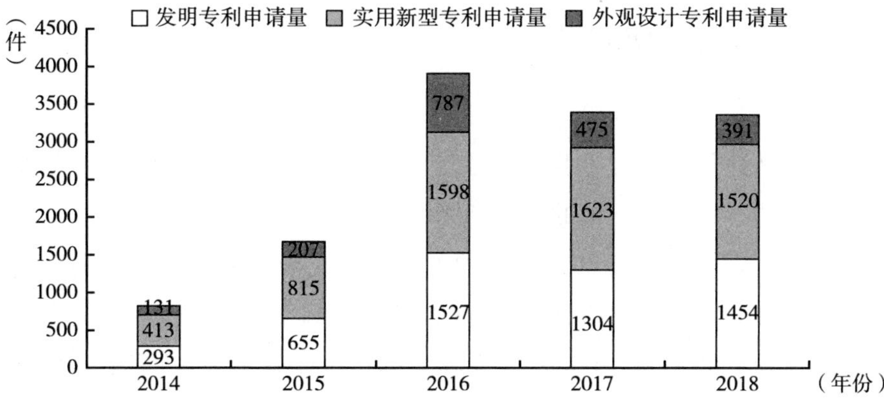

图 6　2014～2018 年中关村新三板企业专利申请

资料来源：中关村知识产权促进局。

投入费用排名第一的企业，专利申请数量排名为第九位。排名前 10 企业总共申请专利数量为 1250 件，平均每家企业专利申请量为 125 件，相比 2017 年前 10 名企业申请专利数 1104 件，平均每家企业申请专利数 110.4 件出现了明显增长，进一步说明创新总投入与创新总产出和平均每家企业创新投入与平均每家企业创新产出由大型企业拉动。相比 2017 年有三家企业专利申请量超过200 件，2018 年只有长城华冠和阿尔特达到200 件以上，其中长城华冠独占鳌头，专利申请量领先第二名阿尔特近 3 倍，高达 601 件（见图 7）。

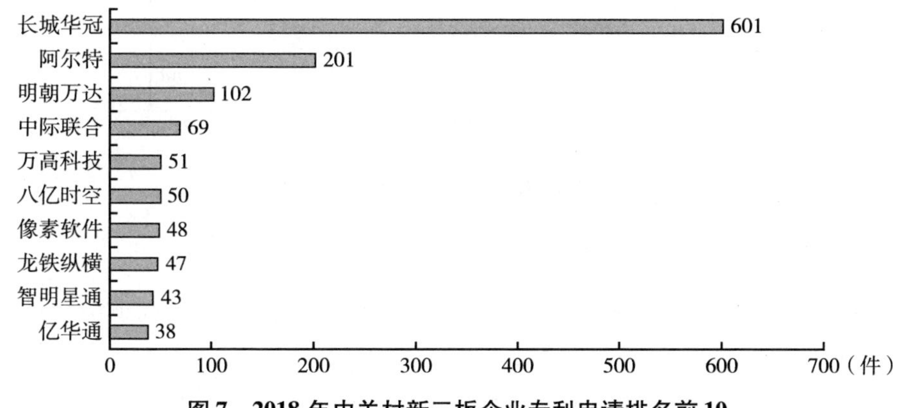

图 7　2018 年中关村新三板企业专利申请排名前 10

资料来源：中关村知识产权促进局。

（二）专利授权及排名状况

授予专利权的原则为该专利具备新颖性、创造性和实用性，专利申请经授权后得到法律保护，为企业私有财产。专利授权量作为衡量企业在创新产出方面的能力、水平和质量的主要指标之一，专利授权量越高，企业创新产出综合实力越强。2018 年中关村企业专利授权量成果丰硕，在专利申请量低于 2017 年的情况下，专利授权量首次达到 2144 件，超过 2017 年的 2129 件，说明企业有效发明专利的质量有较大提升，其中，发明专利、实用新型专利、外观设计专利授权量分别为 508 件、1260 件和 376 件。通过对 2014 年至 2018 年专利授权量数据增长情况进行分析，可知中关村新三板企业创新产出增速减缓，企业创新能力或已达阶段性瓶颈期。中关村新三板企业可以依托中关村高校、科研机构和技术服务机构等外部资源进一步提升企业创新能力（见图 8）。

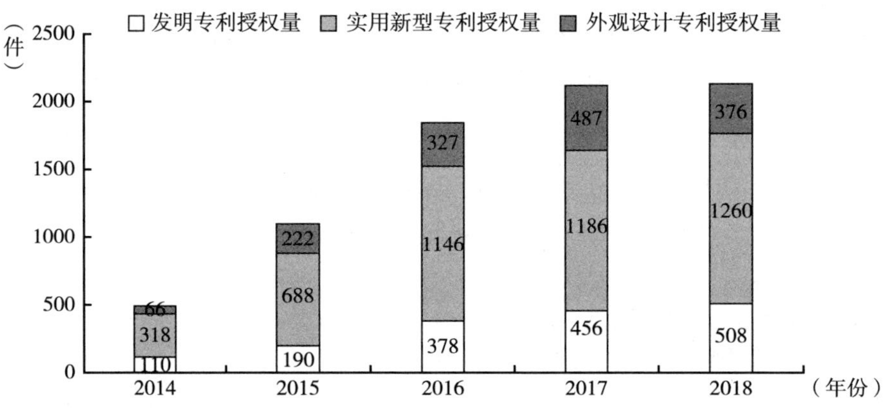

图 8　2014～2018 年中关村新三板企业专利授权量

资料来源：中关村知识产权促进局。

2018 年中关村新三板企业专利授权量排名前 10 企业与专利申请量排名前 10 企业重叠性并不高。长城华冠专利授权量排名第一，为 244 件，与专利申请量 601 件相比，有 40.60% 的成果通过授权；阿尔特专利授权量为 119 件，授权率超过 50%；紧随其后的是机科股份、蓝宝股份、中际联合、海泰方圆、利仁科技、航天恒丰、派尔特和仟亿达，其中长城华冠、阿尔特、中际联合专利申请量和专利授权量进入了排名前10，机科股份、蓝宝股份、海泰方圆、利仁科技、航天恒丰、派尔特和仟亿达皆为后来者居上。整体来看，排名前10位企业专利授权总量为607件，相比2017年的535件，涨幅达到13.46%，平均每家企业专利授权量达到60.7件。对比每家企业专利申请数量125件，专利授权通过率没有接近50%，这一转化率达到自2014年来最高值，且高于中关村上市企业和我国A股市场上市公司（见图9）。

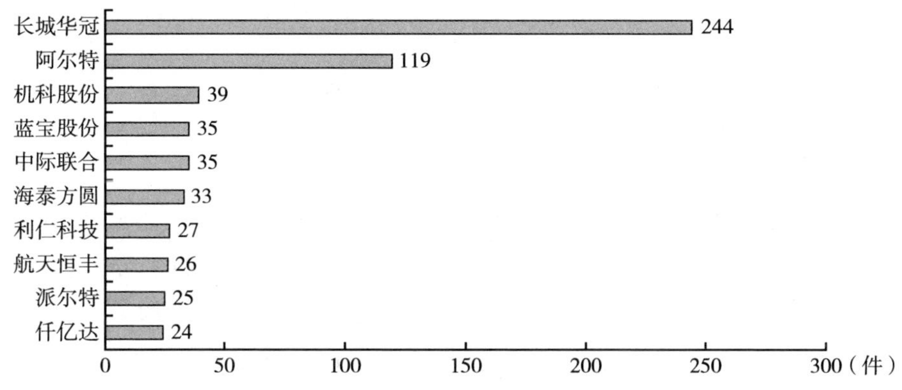

图9　2018年中关村新三板企业专利授权量排名前10

资料来源：中关村知识产权促进局。

（三）有效发明专利数量及排名状况

发明专利维持时间越长，其创造经济效益的时间越长。数据显示，国内发明专利平均维持时间低于国际发明专利，反映出国内企业创新产出以“短平快”为主，总体技术水平不高，在专利权的维持上存在困难。因此，有效发明专利作为衡量专利能否有效取得经济效益的指标需要被给予关注。数据截至2018年12月31日，中关村新三板中共323家企业拥有有效发明专利，合计2423件，较2017年的2519件出现了首次下滑，主要因为新发明专利生效速度弱于原发明专利失效速度（见图10）。

2018年，进入中关村新三板企业有效发明专利拥有量排名前10的企业

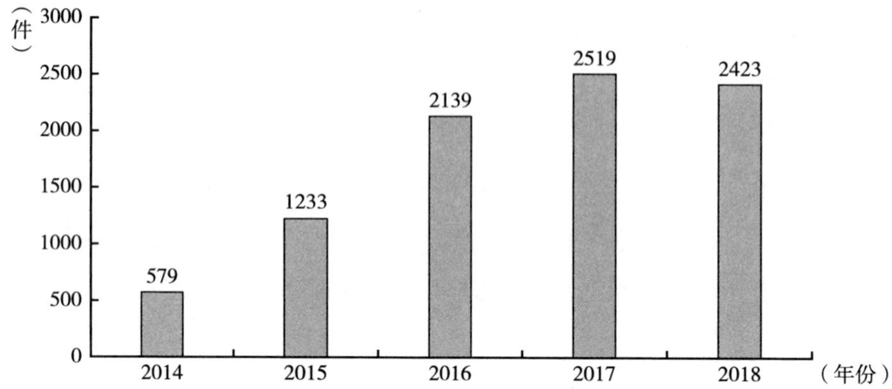

图 10　2014～2018 年中关村新三板企业有效发明专利拥有量

资料来源：中关村知识产权促进局。

分别为：康比特 88 件、像素软件 81 件、长城华冠 80 件、八亿时空 75 件、中海阳 74 件、颖泰嘉和 64 件、思比科 62 件、海泰方圆 48 件、交大思诺 46 件以及昆腾微 39 件，主要分布在信息传输、软件和信息技术服务业及高端制造业。相较 2017 年前 10 名企业拥有 675 件有效发明专利，2018 年共有 657 件有效发明专利，呈现轻微下行趋势，也有企业表现强劲，如康比特相较 2017 年 84 件有效发明专利增长了 4 件（见图 11）。

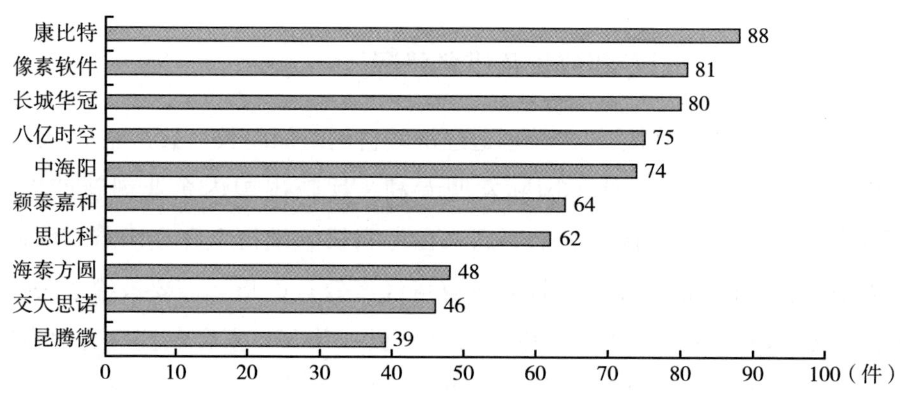

图 11　2018 年中关村新三板企业有效发明专利拥有量排名前 10

资料来源：中关村知识产权促进局。

（四）企业 PCT 专利申请

PCT 为 Patent Cooperation Treaty（即专利合作协定）简写，是专利领域一项国际合作条约，目的在于简化需在多个国家申请发明专利保护的办法，使专利保护申请过程更为经济、有效。企业申请 PCT 数量的增加，说明企业发明专利逐步走向世界，逐渐得到国际市场广泛认可。

2018 年，中关村新三板企业在 PCT 专利申请量上成果颇丰，首次达到历史最高值 17 件，相较 2017 年 2 件的申请量，出现了量的飞跃。进一步体现中关村新三板企业成长潜力，在迈向国际市场的征途中不断得到认可（见图 12）。

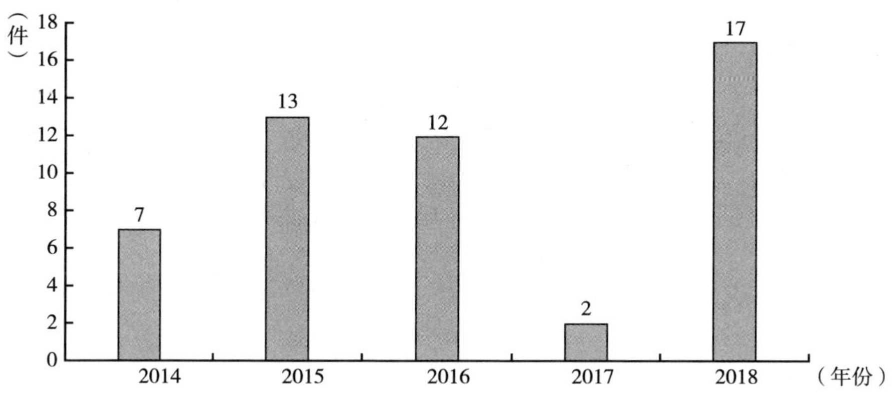

图 12　2014～2018 年中关村新三板企业 PCT 专利申请量

资料来源：中关村知识产权促进局。

具有突出成绩的企业有长城华冠 8 件、智明星通 2 件、合众环保 2 件，以及荣创岩土、伯肯节能、诺君安、东方瑞威和航天常兴各 1 件，主要集中在高端制造业以及信息传输、软件和信息技术服务业（见表 2）。

表 2　2018 年中关村新三板企业 PCT 专利申请

证券代码	证券简称	PCT 专利申请(件)	所属行业
833581. OC	长城华冠	8	科学研究和技术服务业
872801. OC	智明星通	2	信息传输、软件和信息技术服务业
834231. OC	合众环保	2	制造业

续表

证券代码	证券简称	PCT 专利申请(件)	所属行业
837765. OC	荣创岩土	1	建筑业
833077. OC	伯肯节能	1	制造业
832267. OC	诸君安	1	信息传输、软件和信息技术服务业
430180. OC	东方瑞威	1	制造业
835697. OC	航天常兴	1	制造业

资料来源：中关村知识产权促进局。

参考文献

王一鸣、王君：《关于提高企业自主创新能力的几个问题》，《中国软科学》2005 年第 7 期。

马胜杰：《企业技术创新能力及其评价指标体系》，《数量经济技术经济研究》2002 年第 12 期。

魏江、许庆瑞：《企业创新能力的概念、结构、度量与评价》，《科学管理研究》1999 年第 5 期。

B.5
2018年中关村新三板企业公司治理研究报告

中关村上市公司协会研究部*

摘　要： 本报告从股东和机构持股比例、所有者与管理层是否同一主体、独立董事人数维度分析中关村新三板企业公司治理能力，并与创业板上市公司进行了相关对比。数据表明，中关村新三板创新层与基础层企业间公司治理结构存在异质性；中关村新三板企业和创业板上市公司在公司治理方面各有优劣。整体来看，和创业板相比，中关村新三板企业在股权集中度、机构持股比例等方面的治理具有一定程度的优势，但在董事长和总经理是否为同一主体、公司独立董事人数等的治理有待提高。中关村新三板企业公司治理结构现状与我国资本结构市场环境大背景与企业自身发展现状相关。

关键词： 中关村新三板　持股比例　独立董事　委托代理问题

一　股东持股比例

股权结构奠定公司治理机制基础，涉及公司实际控制人、股东权力相互

* 本文由中关村上市公司协会研究部完成，主要执笔人：陈红，中关村上市公司协会研究部主任，主要从事中关村区域经济研究工作；谷耀鹏，中关村上市公司协会助理研究员，主要从事区域经济研究工作；黄纤，中国人民大学国际贸易硕士。

制衡以及是否存在衍生内幕交易的机制等，因此关于股权结构的研究一直是公司治理领域不可回避的话题。

（一）第一大股东持股比例

1. 新三板企业第一大股东持股比例整体情况

实证研究表明，民营挂牌企业或上市公司第一大股东绝对控股时，其持股比例与公司绩效正相关；当第一大股东持股比例较低时，即股权过于分散，股东对企业实际控制权相对较弱，无法通过对高管人员进行股权激励等措施提升公司绩效。对2014～2018年中关村新三板企业年报中披露第一大股东持股比例信息进行分析发现，第一大股东持股比例分布较为稳定。2018年披露股东持股比例的企业共有1224家，占中关村新三板企业总数的85%，数据具有代表性。第一大股东持股比例在30%及以下的企业有209家（年报中披露股权结构信息，下同），占企业总数的17.08%；持股比例在30%～50%的企业家数为463家，占比37.83%；第一大股东持股比例超过50%的企业有552家，占比45.10%，其中持股比例超过70%的企业共203家，占比16.58%。数据表明，中关村新三板企业中近半数第一大股东是企业的绝对控制人，并且第一大股东一般为企业创始人，在企业体量未达到足够大以前，这样的股权结构可以显著降低委托代理风险，因为当第一大股东绝对控制企业时，自然有动力努力经营企业（见表1）。

表1　2014～2018年中关村新三板企业第一大股东持股比例

第一大股东持股比例		2014年	2015年	2016年	2017年	2018年
30%及以下	公司数	61	132	233	229	209
	占比(%)	17.09	17.41	15.82	15.84	17.08
30%～50%	公司数	120	306	573	571	463
	占比(%)	33.61	40.37	38.90	39.49	37.83
50%～70%	公司数	111	208	428	427	349
	占比(%)	31.09	27.44	29.06	29.53	28.51
70%以上	公司数	65	112	239	219	203
	占比(%)	18.21	14.78	16.23	15.15	16.58

注：本表组别所统计数据均包含上限，不包含下限。下同。

资料来源：Wind，中关村上市公司协会整理。

2. 中关村新三板企业与创业板企业第一大股东持股比例对比分析

中关村新三板企业第一大股东持股比例整体高于创业板，中关村新三板创新层企业第一大持股比例虽高于创业板，但整体占比分布类似于创业板。

对比创业板和中关村新三板企业第一大股东持股比例情况，超一半创业板上市公司的第一大股东持股比例占比低于30%，而这一情况在中关村新三板企业中并不常见；相反，在第一大股东绝对控股比例占比中，中关村新三板企业中第一大股东绝对控股的比例为45.09%，远高于创业板上市公司；中关村新三板企业第一大股东持股比例的平均数和中位数均高于创业板上市公司，说明中关村新三板企业股权集中度整体高于创业板上市公司。

对比创业板与中关村新三板创新层企业，两者相似之处在于第一大股东绝对控股企业数量占比明显减少，创业板第一大股东绝对控股数量呈断崖式下降，远低于中关村新三板创新层企业。出现这样问题的原因可能是企业在成长过程中，需要引入外部资本或对员工进行股权激励以帮助企业健康发展，在这一过程中，第一大股东的持股比例逐渐被稀释（见表1、表2、表3）。

表2　2018年中关村新三板与创业板第一大股东持股比例对比

第一大股东持股比例	创业板		中关村新三板		中关村新三板创新层	
	数量	占比(%)	数量	占比(%)	数量	占比(%)
< =30%	439	57.61	209	17.08	43	35.25
30% ~50%	275	36.09	463	37.83	52	42.62
50% ~70%	45	5.91	349	28.51	24	19.67
>70%	3	0.39	203	16.58	3	2.46

资料来源：Wind，中关村上市公司协会整理。

表3　2018年中关村新三板和创业板企业第一大股东持股对比

单位：%

第一大股东持股比例	创业板	中关村新三板	中关村新三板创新层
平均数	29.43	49.04	37.29
中位数	28.07	46.85	35.20

资料来源：Wind，中关村上市公司协会整理。

（二）前十大股东持股比例

股权结构与公司绩效的实证研究表明，民营企业中前十大股东持股比例越高，公司绩效越好，因为非控股股东持股比例越高，其监督动机越强，越有助于改善公司绩效。自 2014～2018 年，中关村新三板企业前十大股东持股比例分布持续发生缓慢变化，持股比例在 50% 及以下，以及 90% 以上的企业占比整体趋势逐年递减，结合第一大股东持股比例在 50% 及以上企业数量占比稳中有增，这一数据表明第二至第十大股东控股比例有所下降（见表 4）。

表 4　2014～2018 年中关村新三板企业前十大股东持股比例

前十大股东持股比例合计		2014 年	2015 年	2016 年	2017 年	2018 年
50% 及以下	公司数	19	12	76	23	23
	占比(%)	5.32	1.58	5.16	1.59	1.88
50% ～70%	公司数	8	32	40	129	135
	占比(%)	2.24	4.22	2.72	8.92	11.03
70% ～90%	公司数	51	146	219	458	405
	占比(%)	14.29	19.26	14.87	31.67	33.09
90% 以上	公司数	279	568	1138	836	661
	占比(%)	78.15	74.93	77.26	57.81	54.00

资料来源：Wind，中关村上市公司协会整理。

对 2018 年中关村新三板企业分层分析发现，无论是创新层还是基础层股权分散的企业（前十大股东持股比例在 50% 及以下）数量都较少，分别为 5 家和 18 家，占各层之比为 4.10% 和 1.63%，其中创新层占比高过企业整体水平（1.88%），说明创新层企业股权较整体企业更为分散，这一表述也可以从持股比例在 90% 以上企业占比为 29.51%，远低于基础层企业持股比例在 90% 以上占比 56.72%（见表 5）。对比 2017 年统一统计口径数据，发现创新层和基础层企业股权结构集中程度都在降低，2017 年创新层企业持股比例在 90% 以上企业占比 43.56%，基础层为 60.13%，且创新层股权结构分散更快，这与创新层企业交易量活跃、首次公开募股潜力大的特性相关。

表 5　2018 年中关村新三板企业前十大股东持股比例（分层）

前十大股东持股比例合计		创新层	基础层
50%及以下	公司数	5	18
	占比(%)	4.10	1.63
50%～70%	公司数	24	111
	占比(%)	19.67	10.07
70%～90%	公司数	57	348
	占比(%)	46.72	31.58
90%以上	公司数	36	625
	占比(%)	29.51	56.72

资料来源：Wind，中关村上市公司协会整理。

二　机构持股比例

1. 中关村新三板企业机构持股比例整体情况

机构投资者作为资本市场新兴力量，对企业的发展具有重大影响，与西方较为成熟健全的资本市场相比，我国机构投资者主要存在形式为实际参与公司治理与投机两种形式。有研究表明，机构投资者持股有助于形成相互制衡的股权结构，是一种积极的存在，且持股比例越高，机构越有监督控股股东和管理层激励从而有助于提高公司治理水平。对 2014～2018 年中关村新三板企业机构持股比例分布进行统计，发现随时间推移，机构投资者重要性逐渐显现，除持股比例在 10%及以下企业占比显著较少，各类持股比例整体趋势稳中有增。尤其是持股比例在 10%～30%和 30%～50%的企业，占比分别从 2014 年的 12.61%和 9.52%上升至 2018 年的 19.36%和 18.95%。这一变化体现中关村新三板企业逐渐引起机构投资者投资兴趣。在企业内部治理良好正常运行的情况下，机构投资者的进入能进一步有效提升企业经营管理绩效（见表 6）。

2. 中关村新三板与创业板企业机构持股比例对比分析

中关村新三板企业机构持股比例占比整体高于创业板，中关村新三板创新层企业机构持股比例占比最高。

表 6　2014～2018 年中关村新三板企业机构持股比例

机构持股比例合计		2014 年	2015 年	2016 年	2017 年	2018 年
10% 及以下	公司数	216	362	658	527	407
	占比(%)	60.50	47.76	44.67	36.45	33.25
10%～30%	公司数	45	108	215	266	237
	占比(%)	12.61	14.25	14.60	18.40	19.36
30%～50%	公司数	34	111	205	228	232
	占比(%)	9.52	14.64	13.92	15.77	18.95
50%～70%	公司数	30	78	161	201	154
	占比(%)	8.40	10.29	10.93	13.90	12.58
70%～90%	公司数	17	45	107	109	102
	占比(%)	4.76	5.94	7.26	7.54	8.33
90% 以上	公司数	15	54	127	115	92
	占比(%)	4.20	7.12	8.62	7.95	7.52

资料来源：Wind，中关村上市公司协会整理。

2018 年，相对于创业板机构持股比例集中在 30% 以下，中关村新三板企业机构持股比例较为分散，但其平均数和中位数分别为 33.36%、27.24%，均高于创业板上市公司的 24.97% 和 21.09%；对于企业体量、质量较高的中关村新三板创新层企业而言，其机构持股比例主要集中在10%～50%，占比 58.20%，说明，中关村新三板创新层企业对投资机构更具吸引力，原因在于创新层企业多为高成长型企业，易受到机构投资者的青睐（见表 6、表 7、表 8）。

表 7　2018 年中关村新三板和创业板企业机构持股比例对比

机构持股比例	创业板		中关村新三板		中关村创新层	
	数量	占比(%)	数量	占比(%)	数量	占比(%)
< =10%	241	31.63	407	33.25	13	10.66
10%～30%	241	31.63	237	19.36	35	28.69
30%～50%	168	22.05	232	18.95	36	29.51
50%～70%	98	12.86	154	12.58	17	13.93
70%～90%	13	1.71	102	8.33	15	12.3
90% 以上	1	0.13	92	7.52	6	4.92

资料来源：Wind，中关村上市公司协会整理。

表8　2018年中关村新三板和创业板企业机构持股对比

单位：%

机构持股	创业板	中关村新三板	中关村创新层
平均数	24.97	33.36	41.00
中位数	21.09	27.24	38.22

资料来源：Wind，中关村上市公司协会整理。

三　董事长与总经理是否为同一主体

1. 中关村新三板企业“董事长与总经理是否为同一主体”整体情况

所有者与管理层的分离是企业发展到一定阶段的产物，董事长和总经理分别代表企业的所有者和管理层，因各自目标不一致，存在相悖的经营管理策略，即委托代理问题；而企业发展壮大后，董事长与总经理仍为同一人会使企业的成长与发展过于依赖其能力，可能发生过度控制、决策失误、侵占利益等问题。分析自2014～2018年中关村新三板企业董事长与总经理是否为同一主体可知，这组数据较为稳定，由同一主体领导的企业在2018年共713家，占比为58.25%，与2017年基本相同（见表9）。

表9　2014～2018年中关村新三板企业董事长与总经理是否为同一主体

董事长与总经理是否同一主体		2014年	2015年	2016年	2017年	2018年
是	公司数	214	426	847	841	713
	占比(%)	59.54	56.20	57.50	58.16	58.25
否	公司数	143	332	626	605	511
	占比(%)	40.06	43.80	42.50	41.84	41.75

资料来源：Wind，中关村上市公司协会整理。

2. 中关村新三板与创业板企业“董事长与总经理是否为同一主体”对比分析

2018年，董事长和总经理为同一主体的中关村新三板企业占比达

58.25%，在创新层，这一比例高达61.48%。相比较中关村新三板企业，创业板上市公司的这一比例较低，为42.52%。研究表明，两职兼任（即董事长和总经理为同一主体）与企业绩效负相关，所以，相对于创业板来说，中关村新三板企业，尤其是快速成长中的创新层企业应逐步引入专业经理人以减少可能发生过度控制、决策失误、侵占利益等问题（见表9、表10）。

表10 2018年中关村新三板和创业板企业董事长和总经理是否为同一主体对比

董事长和总经理是否为同一主体	创业板		中关村新三板		中关村创新层	
分布	数量	占比(%)	数量	占比(%)	数量	占比(%)
是	324	42.52	713	58.25	75	61.48
否	438	57.48	511	41.75	47	38.52

资料来源：Wind，中关村上市公司协会整理。

四 公司独立董事人数

1. 中关村新三板企业独立董事人数整体情况

独立董事制度是企业完善治理结构的重要措施。实证研究表明，公司独立董事人数与公司绩效正相关，也就是说，独立董事人数越多，公司业绩越好。对中关村新三板企业独立董事人数进行分析发现，自2014～2018年，未引入独立董事制度的企业数量占绝大多数，且这一比例仍在缓慢增加，自2014年88.52%的企业没有独立董事到2018年有94.69%的企业仍未引入独立董事，且独立董事人数为1～3人的企业比例和绝对数量都出现了逐渐减少，其中独立董事人数多以3人为主。这多与我国资本市场监管环境大背景、企业自身发展阶段相关，独立董事职责未得到足够重视且会给企业带来额外成本（见表11）。

2. 中关村新三板与创业板企业“独立董事人数”对比分析

2018年，中关村新三板企业中有1159家企业未设置独立董事，占比94.69%，在创新层企业中，这一比例虽有所下降，但比例仍高达81.97%。

表 11　2014～2018 年中关村新三板企业独立董事人数

公司独立董事人数		2014 年	2015 年	2016 年	2017 年	2018 年
0 人	公司数	316	676	1368	1363	1159
	占比(%)	88.52	89.18	92.87	94.26	94.69
1 人	公司数	9	14	18	14	8
	占比(%)	2.52	1.85	1.22	0.97	0.65
2 人	公司数	4	13	19	11	12
	占比(%)	1.12	1.72	1.29	0.76	0.98
3 人	公司数	25	50	61	50	39
	占比(%)	7.00	6.60	4.14	3.46	3.19
4 人	公司数	3	5	7	8	6
	占比(%)	0.84	0.66	0.48	0.55	0.49

资料来源：Wind，中关村上市公司协会整理。

对于创业板而言，独立董事设置人数占比最高的是 3 人，共 638 家，占比 83.73%，有 6 家企业设置了 5 名独立董事，占比 0.79%。

综上，在独立董事的设置方面，中关村新三板企业积极性不高，甚至没有设置独立董事的意识。出现这样的问题，一方面是因为中关村新三板企业主要以中小微企业为主，体量较小，不适合设置独立董事；另一方面可能因为中关村新三板企业多为家族企业，家族企业的股东与管理层的利益目标高度一致，不需要引入独立董事制度监督管理者的行为。但对于成长型的中关村新三板企业来说，随着企业的快速成长、外部投资者的增多，为完善企业治理结构、保护外部投资者的正当利益、保障企业健康发展，独立董事的设置理应受到中关村新三板企业的重视（见表 11、表 12）。

表 12　2018 年中关村新三板和创业板企业独立董事人数对比

独立董事人数	创业板		中关村新三板		中关村创新层	
分布	数量	占比(%)	数量	占比(%)	数量	占比(%)
0	/	/	1159	94.69	100	81.97
1	/	/	8	0.65	3	2.46
2	72	9.45	12	0.98	3	2.46
3	638	83.73	39	3.19	13	10.66
4	46	6.04	6	0.49	3	2.46
5	6	0.79	/	/	/	/

资料来源：Wind，中关村上市公司协会整理。

参考文献

高雷、张杰:《公司治理、机构投资者与盈余管理》,《会计研究》2018 年第 9 期。

李维安、李汉军:《股权结构、高管持股与公司绩效——来自民营上市公司的证据》,《南开管理评论》2016 年第 5 期。

徐晓东、陈小悦:《第一大股东对公司治理、企业业绩的影响分析》,《经济研究》2003 年第 2 期。

叶康涛、陆正飞、张志华:《独立董事能否抑制大股东的“掏空”?》,《经济研究》2007 年第 4 期。

张维迎:《所有制、治理结构及委托—代理关系——兼评崔之元和周其仁的一些观点》《经济研究》1996 年第 9 期。

陈祥义:《中国上市公司独立董事特征与公司绩效相关性分析——以上证 A 股医药行业家族控制上市公司为例》,《经济研究参考》2019 年第 3 期。

李晓:《两职兼任、独立董事与公司绩效的关联性——基于中国证券市场的经验检验》,《财会月刊》2015 年第 30 期。

B.6

2018年中关村新三板企业偿债能力和营运能力分析报告

中关村上市公司协会研究部*

摘　要： 本章分析了中关村新三板企业的偿债能力和营运能力，并与全国新三板企业进行了对比分析。偿债能力分析包括长期偿债能力分析和短期偿债能力分析两部分，具体包括资产负债率、流动比率、速动比率、现金比率等指标。营运能力分析包括四个角度：流动资产、固定资产、无形资产、总资产，共计7个指标。报告结果显示，中关村新三板企业的长期偿债能力和短期偿债能力都较强，但企业多通过股权融资方式获得资金，债权特别是长期债权手段使用不足。此外，中关村新三板企业的无形资产的营运能力较为突出，整体资产营运效率同样处于中高水平。

关键词： 中关村新三板　偿债能力　营运能力

一　长期偿债能力分析

（一）2018年中关村新三板企业资本结构情况

1. 总资产状况

2018年12月31日，中关村新三板企业的总资产为4428.80亿元。其

* 本文由中关村上市公司协会研究部完成，主要执笔人：葛琰，中关村上市公司协会研究员，主要从事区域经济研究工作；孔柳絮，中国社会科学院大学税务硕士；黄纤，中国人民大学国际贸易硕士。

中，创新层企业的总资产为887.72亿元，占比为20.04%；基础层企业的总资产为3541.08亿元，占比为79.96%；创新层企业的平均资产为7.28亿元，基础层企业的平均总资产为3.21亿元，创新层企业的平均资产规模为基础层企业的2.27倍。

2018年，中关村新三板企业总资产排名前30的进入基准为14.29亿元，如图1所示，前30名中，金融业企业7家，且排名前四的均为金融业企业，这与该行业特性具有紧密关系。此外，信息传输、软件和信息技术服务业企业5家，制造业企业5家，批发和零售业企业4家，租赁和商务服务

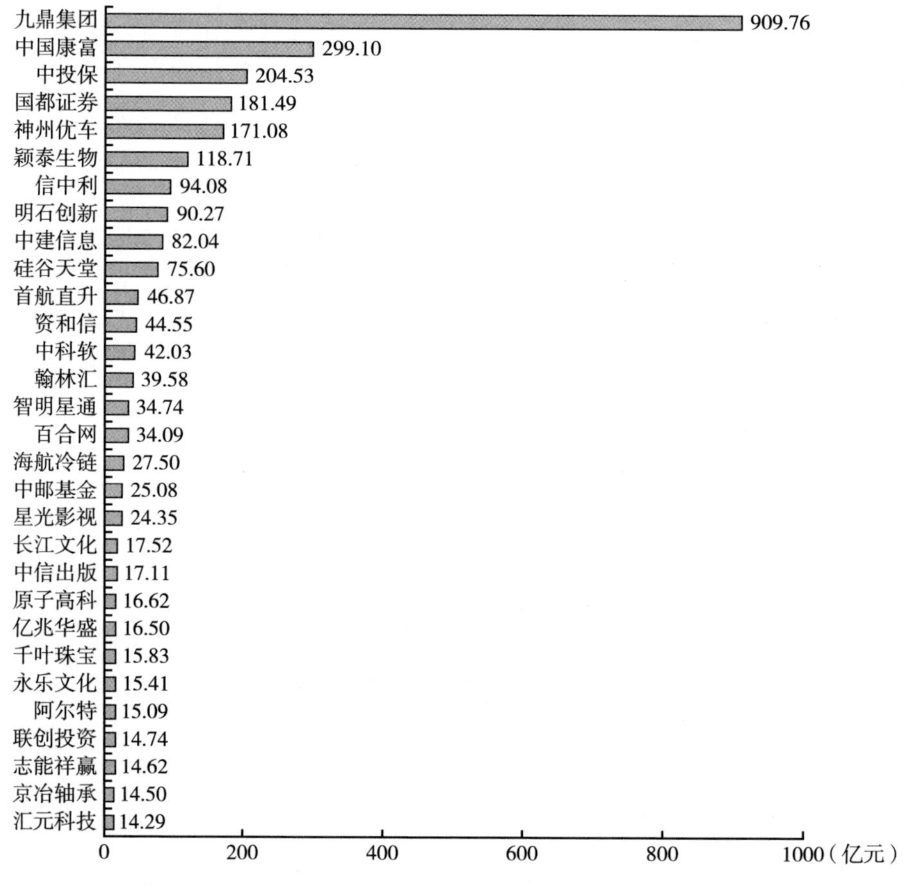

图1　2018年中关村新三板企业总资产排名前30

资料来源：Wind，中关村上市公司协会整理。

业企业3家，文化、体育和娱乐业企业3家，科学研究和技术服务业2家，交通运输、仓储和邮政业企业1家。

2. 总负债状况

2018年12月31日，中关村新三板企业的总负债为2274.86亿元。其中，创新层企业的总负债为389.60亿元，占比为17.13%；基础层企业的总负债为1885.25亿元，占比为82.87%。中关村新三板企业的平均总负债为1.86亿元，创新层企业的平均负债为3.19亿元，基础层企业的平均负债为1.71亿元，创新层企业的平均负债约为基础层企业的1.87倍。

（二）2018年中关村新三板企业资产负债率状况

2018年底，中关村新三板企业总体资产负债率为51.37%，全国新三板企业总体资产负债率为56.18%。中关村新三板企业总体资产负债率在40%~60%的合理范围内，且比全国新三板企业低约5个百分点，财务风险较低。在中关村新三板企业中，创新层企业的总体资产负债率为43.89%，基础层企业的总体资产负债率为53.24%。在全国新三板企业中，创新层企业的总体资产负债率为61.48%，基础层企业的总体资产负债率为53.84%。根据以上数据，2018年中关村创新层企业的资产负债率比中关村基础层企业低约9个百分点，比全国创新层企业低约18个百分点，说明中关村创新层企业的财务风险更低，长期偿债能力更强。

在整个中关村新三板企业群体中，资产负债率在40%以下的企业有701家，占比为57.27%；资产负债率在40%~60%的企业有299家，占比为24.43%；资产负债率在60%~100%的企业有200家，占比为16.34%；资产负债率在100%以上的企业有24家，占比为1.96%。一般认为，企业的资产负债率的合理范围是40%~60%，中关村新三板企业中约有1/4的企业资产负债率在此范围内。另外，超过一半的中关村新三板企业资产负债率低于40%，一方面说明过半的中关村新三板企业债务偿还的稳定性、安全性相对较高；另一方面说明这些企业通过银行信贷等途径获得债权融资的能力及渠道不足，资金成本较高，可能限制企业发展。

总体来看，中关村新三板企业的资产负债率在正常的范围内，长期偿债能力较强。约50%的企业资产负债率偏低，如果适当增加债务比例，可以降低资金成本，提高收益水平。因此，鼓励银行对新三板企业扩大信贷融资规模、推动新三板企业在非公开市场发行债券等方法，将对新三板企业的发展产生积极影响（见图2）。

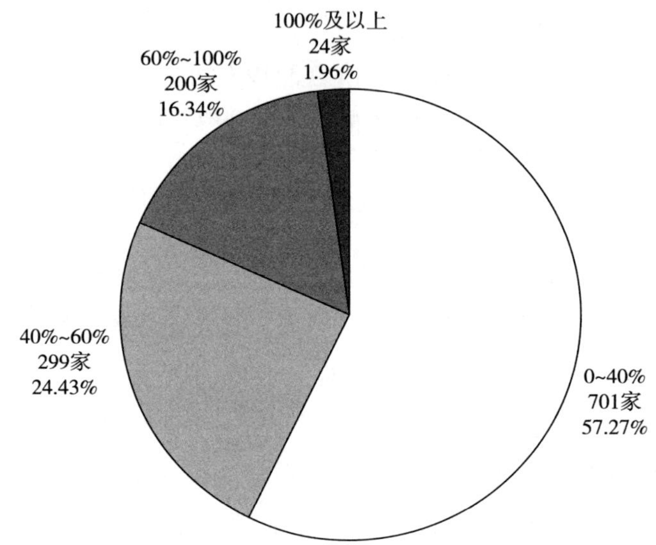

图2　2018年中关村新三板企业资产负债率分布情况

资料来源：Wind，中关村上市公司协会整理。

二　短期偿债能力分析

（一）2018年中关村新三板企业流动资产及流动负债特征

2018年12月31日，中关村新三板企业的总流动资产为2295.16亿元，总流动资产占总资产的比例为51.82%。其中，创新层企业的流动资产占比为70.81%，基础层企业的流动资产占比为47.06%；同时，全国新三板企业的总流动资产占总资产的比例为50.55%，创新层企业的流动资产占比为44.39%，基础层企业的流动资产占比为53.27%。与全国新三板企业相比，中关村新三板企业的总体流动资产占比略高，创新层企业的流动资产占比最为突出，可能原因为中关村新三板创新层企业多为技术密集型企业和人力密集型企业，用于研究开发的投入较多，用于固定资产投资的支出较少。

中关村新三板企业2018年底的总流动负债为1577.25亿元，总流动负债占总负债的比例为69.33%。其中，创新层企业的流动负债占比为88.94%，基础层企业的流动负债占比为65.28%；同时，全国新三板企业的总流动负债占总负债的比例为60.83%，创新层企业的流动负债占比为43.68%，基础层企业的流动负债占比为69.47%。与全国新三板企业相比，中关村新三板企业的总体流动负债占比高8.5个百分点，创新层企业的流动负债占比超过全国创新层企业流动负债占比的2倍。以上数据显示，中关村新三板负债以短期为主，短期偿债压力较高，长期资金的缺乏可能不利于企业的战略投资及长期规划。

（二）2018年中关村新三板企业短期偿债能力分析

1. 流动比率

2018年底，中关村新三板企业总体流动比率为1.46，全国新三板企业总体流动比率为1.48。一般认为合理的流动比率为2，中关村新三板企业和全国新三板企业的总体流动比率基本相同，但都低于2，说明新三板企业资金流动性普遍较弱。在中关村新三板企业中，创新层企业的总体流动比率为1.81，基础层企业的总体流动比率为1.35。与此相对比，在全国新三板企业中，创新层企业的总体流动比率为1.65，基础层企业的总体流动比率为1.42。中关村创新层企业和全国创新层企业的总体流动比率都在1.5~2，前者的流动比率更高，短期偿债能力更强；中关村基础层企业和全国基础层企业的总体流动比率都在1.0~1.5，后者的流动比率略高（见表1）。

2018年，中关村新三板企业中，有2家企业的数据缺失，根据Wind数据库，流动比率记为零。剔除掉流动比率为0的数据后，流动比率在1.0以下的企业有108家，占比为8.84%；流动比率在1.0~1.5的企业有186家，占比为15.22%；流动比率在1.5~2.0的企业有200家，占比为16.37%；

表1　2018年全国及中关村新三板企业流动比率对比情况

	中关村	全国
创新层	1.81	1.65
基础层	1.35	1.42
整　体	1.46	1.48

流动比率在2.0以上的企业有728家，占比为59.57%，这部分企业的资金流动性较好（见图3）。

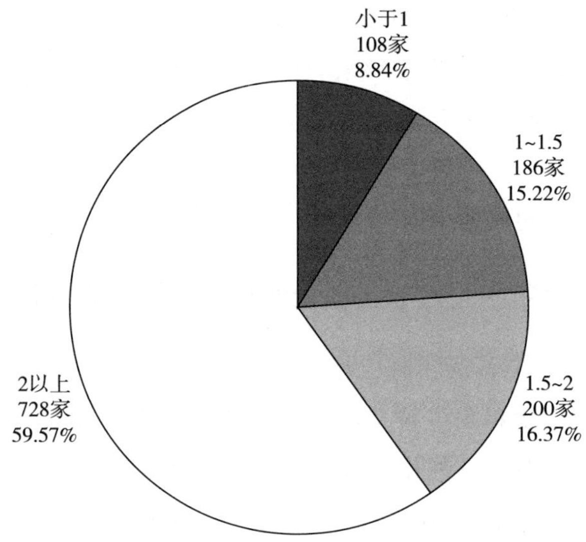

图3　2018年中关村新三板企业流动比率分布情况

资料来源：Wind，中关村上市公司协会整理。

总体来看，中关村新三板企业整体流动比率适中，创新层企业的资金流动性相对较高。

2. 速动比率

2018年，中关村新三板企业总体速动比率为1.22，全国新三板企业总体速动比率为1.13。一般认为合理的速动比率为1，中关村新三板企业速动比率表现略强于全国新三板企业，且其数值大于1，说明中关村新三板企业短期偿债能力较强。在中关村新三板企业中，创新层企业的总体速动比率为1.51，基础层企业的总体速动比率为1.14。在全国新三板企业中，创新层企业的总体速动比率为1.30，基础层企业的总体速动比率为1.08。中关村新三板创新层企业和基础层企业的速动比率都高于全国新三板企业。因此，中关村新三板企业的流动资产中可以立即变现用于偿还流动负债的能力强于全国新三板企业。

表2　2018年全国及中关村新三板企业速动比率对比情况

	中关村	全国
创新层	1.51	1.30
基础层	1.14	1.08
整　体	1.22	1.13

2018年，中关村新三板企业中，有2家企业的数据缺失，根据Wind数据库，速动比率记为零。剔除掉速冻比率为0的数据后，速动比率在0.5以下的企业有69家，占比为5.65%；速动比率在0.5~1.0的企业有181家，占比为14.81%；速动比率在1.0~2.0的企业有367家，占比为30.03%；速动比率在2.0以上的企业有605家，占比为49.51%（见图4）。

总体来看，中关村新三板企业整体速动比率较高，短期偿债能力较强。

3. 现金比率①

2018年，中关村新三板企业中，有2家企业的现金比率相关数据缺失，根据Wind数据库，现金比率记为零。剔除掉现金比率为0的数据后，现金比率在0.1以下的企业有224家，占比为18.33%；现金比率在0.1~0.2的企业有139家，占比为11.37%；现金比率在0.2~0.5的企业有260家，占比为21.28%；现金比率在0.5以上的企业有599家，占比为49.02%。可看出中关村新三板企业中近80%的企业现金比率都高于0.2，说明中关村新三板企业的整体现金比率较高，短期偿债能力较强（见图5）。

① 现金比率是速动资产扣除应收账款后的余额与流动负债的比率，其计算公式为：现金比率＝（货币资金＋有价证券）÷流动负债，可以反映企业直接偿付流动负债的能力。现金比率越高，说明变现能力越强，此比率也称为变现比率，一般认为现金比率在0.2以上为好，但这一比率过高，就意味着企业流动资产未能得到合理运用，而现金类资产获利能力低，这类资产金额太高会导致企业机会成本增加。

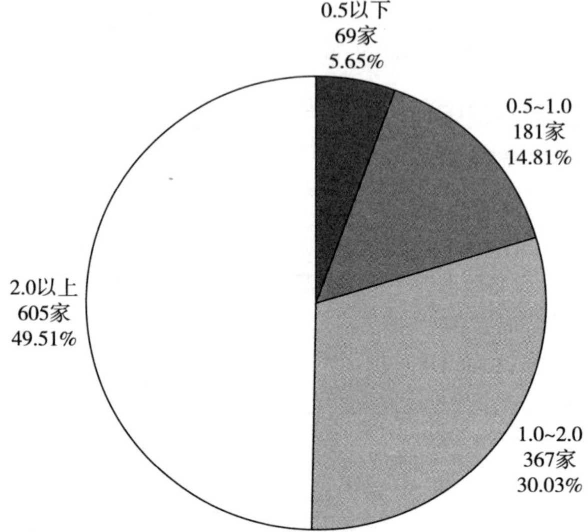

图4　2018年中关村新三板企业速动比率分布情况

资料来源：Wind，中关村上市公司协会整理。

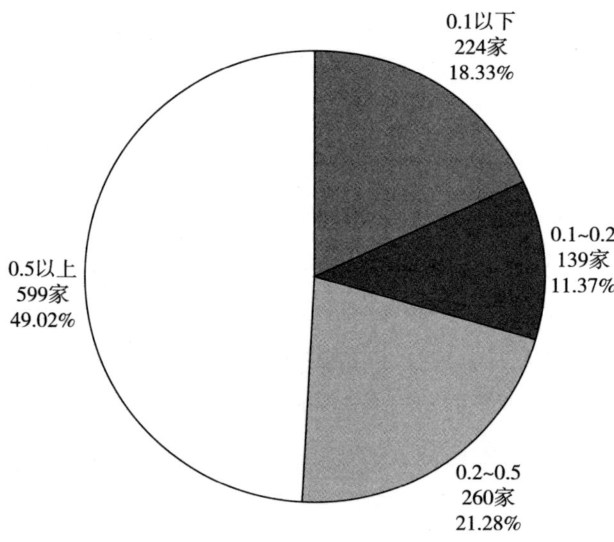

图5　2018年中关村新三板企业现金比率分布情况

注：剔除2家，基数为1222。

资料来源：Wind，中关村上市公司协会整理。

三　流动资产营运能力分析

（一）应收账款周转率①

1. 2018年中关村新三板企业应收账款周转率整体状况

2018 年 12 月 31 日，中关村新三板企业的总应收账款为 596.64 亿元，较上年减少 8.67%；企业平均应收账款为 4900 万元，同比上涨 9%。2017 ~2018年持续在市场挂牌的 1160 家企业在 2018 年的应收账款总数为 573.51 亿元，较上年增长 7.23%，占其营业收入比重为 25%。该组数据表明，2018 年中关村新三板企业应收账款总数的下降主要由于企业数量的减少，而持续挂牌的企业应收账款回款压力仍然在持续上涨，尤其在今年经济下行的情况下，对大客户依赖程度较高的小企业回款更为困难。

2018 年中关村新三板企业总体应收账款周转率为 4.14，全国新三板企业总体应收账款周转率为 4.51，中关村新三板企业应收账款的周转率略低于全国新三板应收账款周转率。从近五年的变化情况来看，中关村新三板企业应收账款周转率除在 2016 年有小幅度下降以外，整体呈上涨态势，表明其应收账款管理能力不断增强（见图 6）。

在中关村新三板企业中，新三板创新层企业的总体应收账款周转率为 3.41，基础层企业的总体应收账款周转率为 4.49。这表明，中关村新三板创新层企业应收账款回款压力相对较大。总体来看，与创新层企业相比，基础层企业的应收账款平均水平更低，收回速度更快，应收账款管理效率更高。

---

① 应收账款周转率是报告期内应收账款转为现金的平均次数。其计算公式为：应收账款周转率 = 营收收入/[（期初应收账款余额 + 期末应收账款余额）/2]，可以衡量企业应收账款周转速度及管理效率。应收账款周转率越高，平均收现期越短，说明应收账款的收回越快。

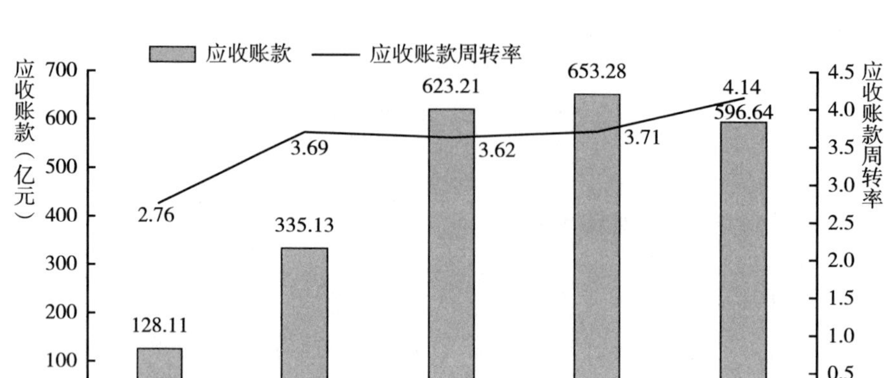

图6　2014～2018 年中关村新三板企业应收账款变化情况

资料来源：Wind，中关村上市公司协会整理。

2. 2018年中关村新三板企业应收账款周转率分布情况

除 17 家应收账款周转率[①]达到 365 次及以上的极端数据企业外，应收账款周转率在 52～365 次的企业有 36 家，占中关村新三板企业总数的 2.94%，这些企业的应收账款周转频率介于每周一次、每天一次之间。应收账款周转率在 12～52 次的企业有 144 家，占中关村新三板企业总数的 11.76%，这些企业的应收账款周转频率介于每月一次、每周一次之间。应收账款周转率在 6～12 次的企业有 155 家，占中关村新三板企业总数的 12.66%，这些企业的应收账款周转频率介于每两个月一次、每月一次之间。应收账款周转率在 3～6 次的企业有 264 家，占中关村新三板企业总数的 21.57%，这些企业的应收账款周转频率介于每四个月一次、每两个月一次之间。应收账款周转率小于 3 次的企业有 561 家，占中关村新三板企业总数的 45.83%，这些企业的应收账款周转频率较低，企业的营运资金过多地停留在应收账款上，影响资金的正常周转，也会影响企业的偿债能力和对资金

① 2018 年，1224 家中关村新三板企业中，26 家企业缺失 2017 年、2018 年应收账款数据，19 家企业缺失 2018 年应收账款数据，2 家企业缺失营业收入数据，这 47 家企业无法计算应收账款周转率。根据 Wind 数据库，这 47 家企业的应收账款周转率记为零，占比为 3.84%。

的运营效率。

综上而言，中关村新三板企业中，约有1/3企业应收账款周转情况处于较为高效的状态，其余企业的应收账款周转率仍处于中等水平，应收账款管理效率有待提升（见图7）。值得注意的是，考虑到当前经济环境影响，产业上下游应付账款拖欠较为严重，部分企业应收账款周转率较低与此紧密相关。

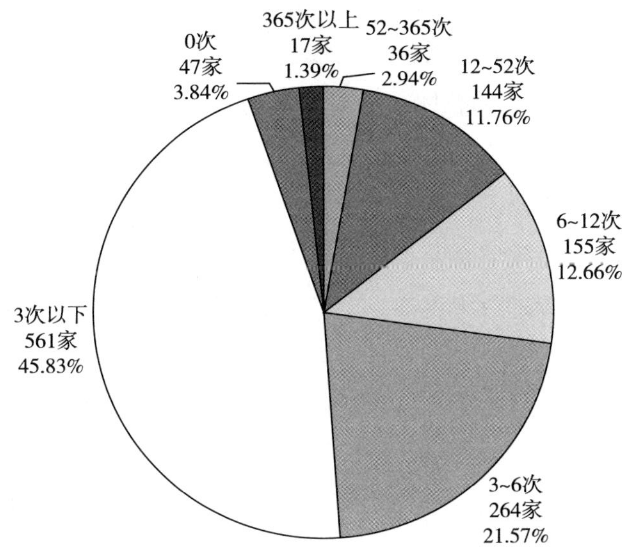

图7　2018年中关村新三板企业应收账款周转率分布情况

资料来源：Wind，中关村上市公司协会整理。

（二）存货周转率①

1. 2018年中关村新三板企业存货周转率整体状况

2018年12月31日，中关村新三板企业的总存货为370.48亿元，平均

① 存货周转率是企业一定时期营业成本与平均存货余额的比率。其计算公式是：存货周转率＝营业成本/平均存货余额＝销售成本/[（期初存货＋期末存货）/2]，是衡量和评价企业购入存货、投入生产、销售收回等各环节管理状况的综合性指标。存货周转速度越快，存货的占用水平越低，流动性越强，存货转换为现金、应收账款的速度越快，一般来讲，存货周转速度越快，企业的短期偿债能力及获利能力也越强。

存货为0.30亿元，创新层企业的平均存货为0.86亿元，基础层企业的平均存货为0.24亿元。创新层企业的平均存货显著高于基础层企业，也明显高于中关村新三板企业的平均存货。

2018年，中关村新三板企业总体存货周转率为4.30，全国新三板企业总体存货周转率为3.94。中关村新三板企业存货的周转次数略高于全国新三板存货周转次数，说明中关村新三板企业的存货变现能力及库存管理水平高于全国新三板企业。在中关村新三板企业中，创新层企业的总体存货周转率为4.82，基础层企业的总体存货周转率为4.09。这表明，2018年创新层企业的存货周转率明显高于基础层企业，存货通过销售转变为现金的速度更快，资金占用水平更低。

总结来看，与基础层企业相比，创新层企业的存货平均水平更高，但变现速度更快，存货管理效率更高。

2. 2018年中关村新三板企业存货周转率分布情况

如图8所示，2018年，存货周转率[①]达到1000及以上的企业有16家，占中关村新三板企业总数的1.31%；存货周转率在100～1000的企业有49家，占中关村新三板企业总数的4.00%；存货周转率在50～100的企业有28家，占中关村新三板企业总数的2.29%；存货周转率在10～50的企业有159家，占中关村新三板企业总数的12.99%；存货周转率在5～10的企业有125家，占中关村新三板企业总数的10.21%；存货周转率小于5的企业有591家，占中关村新三板企业总数的48.28%。

综上所述，2018年，接近一半的中关村新三板企业存货周转率有较高表现，存货变现能力较强，同时也有部分企业存货周转率相对较低，这些企业主要聚集在“制造业”、“文化、体育和娱乐业”，可见行业特性对其产生了一定影响（见图8）。

① 2018年，1224家中关村新三板企业中，256家企业缺失2018年存货数据，无法计算存货周转率。根据Wind数据库，这256家企业的存货周转率记为零，占比为20.92%。

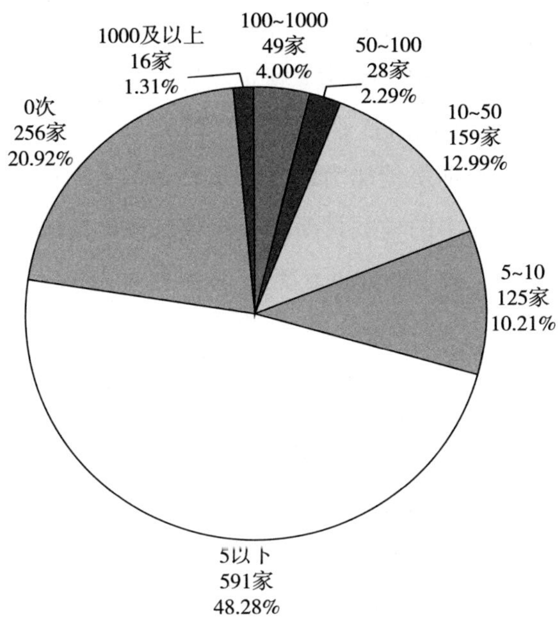

图8 2018年中关村新三板企业存货周转率分布情况

资料来源：Wind，中关村上市公司协会整理。

（三）营业周期①

营业周期是存货周转天数和应收账款周转天数之和，衡量了从外购承担付款义务到收回因销售商品或提供劳务而产生的应收账款的时间长短。一般认为，企业营业周期的合理值为200天左右。

2018年，中关村新三板企业中，有342家企业的营业周期大于365天，占比为27.94%，这部分企业取得的存货变为现金需要的时间超过一年，资金周转速度慢，偿债能力和赢利能力较差。有284家企业的营业周期在200~

① 营业周期是指从取得存货开始到销售存货并收回现金为止的这段时间长度，营业周期的长短取决于存货周转天数和应收账款周转天数。其计算公式为：营业周期 = 存货周转天数 + 应收账款周转天数。营业周期的长短是决定公司流动资产需要量的重要因素。营业周期越短，企业对应收账款和存货的管理越有效。一般情况下，营业周期短，说明资金周转速度快；营业周期长，说明资金周转速度慢。

365 天，占比为 23.20%，这部分企业的营业周期超过 200 天但尚未超过一年，资金周转速度相对适中。有 571 家企业的营业周期在 200 天及以下，占比为 46.65%，这部分企业的营业周期小于 200 天，资金周转速度快，企业的资产管理效率高，短期偿债能力较强。

总体来看，接近一半的中关村新三板企业营业周期较短，呈现高于市场平均水平的管理效率，同时，也不能忽视个别企业营业周期过长的问题（见图 9）。

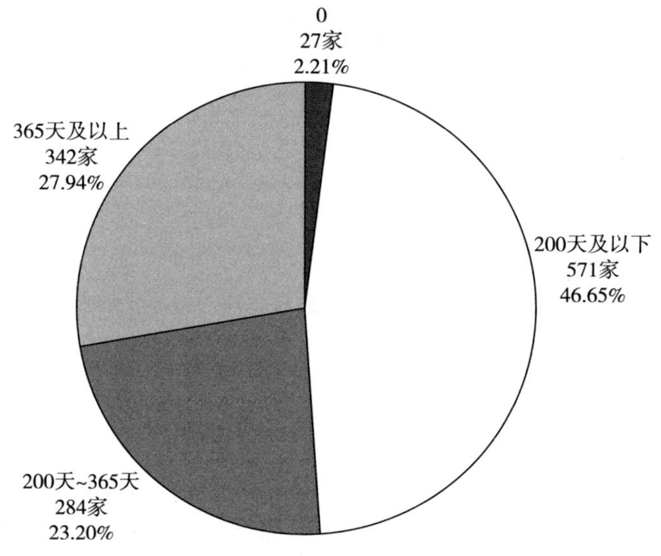

图 9　2018 年中关村新三板企业营业周期分布情况

资料来源：Wind，中关村上市公司协会整理。

（四）流动资产周转率①

2018 年底，中关村新三板企业总体流动资产周转率为 1.06，其中，创

① 流动资产周转率指营业总收入与平均流动资产总额的比值。其计算公式为：流动资产周转率＝营业总收入/平均流动资产总额，揭示影响企业资产质量的主要因素。一般情况下，该指标越高，表明企业流动资产周转速度越快，利用越好，赢利能力越强；而周转速度慢，则需要补充流动资金参加周转，会形成资金浪费，降低企业赢利能力。

新层企业的总体流动资产周转率为1.03，基础层企业的总体流动资产周转率为1.07。这表明，2018年基础层企业的流动资产周转率略高于创新层企业，流动资产周转能力基本相当。

从中关村新三板企业流动资产周转率的分布来看，如图10所示，2018年，流动资产周转率①达到5及以上的企业有22家，占中关村新三板企业总数的1.80%；流动资产周转率在3~5的企业有49家，占中关村新三板企业总数的4.00%；流动资产周转率在2~3的企业有104家，占中关村新三板企业总数的8.50%；流动资产周转率在1~2的企业有426家，占中关村新三板企业总数的34.80%；流动资产周转率小于1的企业有615家，占中关村新三板企业总数的50.25%。

综上所述，2018年中关村新三板企业的流动资产周转率依然呈现出部分企业周转效率突出，整体水平处于中等状态的特征（见图10）。

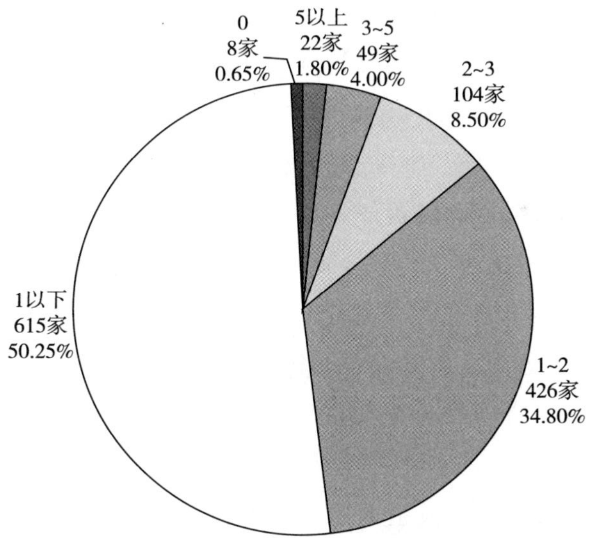

图10　2018年中关村新三板企业流动资产周转率分布

资料来源：Wind，中关村上市公司协会整理。

① 2018年，1224家中关村新三板企业中，8家企业缺失2018年营业收入数据或流动资产数据，无法计算流动资产周转率。根据Wind数据库，这8家企业的流动资产周转率记为零，占比为0.65%。

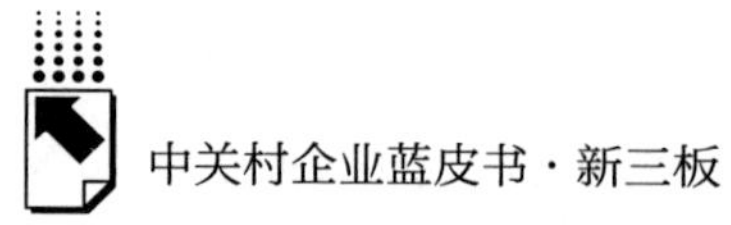

四　固定资产营运能力

（一）固定资产总体情况

2018 年 12 月 31 日，中关村新三板企业的总固定资产为 222.92 亿元。其中，创新层企业的总固定资产为 58.67 亿元，占比为 26.32%；基础层企业的总固定资产为 164.25 亿元，占比为 73.68%。

2018 年 12 月 31 日，中关村新三板企业的总固定资产占总资产的比例为 5.03%，创新层企业的固定资产占比为 6.61%，基础层企业的固定资产占比为 4.64%；全国新三板企业的总固定资产占总资产的比例为 13.52%，创新层企业的固定资产占比为 10.78%，基础层企业的固定资产占比为 14.73%。与全国新三板企业相比，中关村新三板企业的总体固定资产占比较低。此外，中关村新三板创新层企业的固定资产占比略高于基础层企业，而全国新三板创新层企业的固定资产占比低于基础层。

2018 年 12 月 31 日，中关村新三板企业的平均固定资产为 0.18 亿元，创新层企业的平均固定资产为 0.48 亿元，基础层企业的平均固定资产为 0.15 亿元。2018 年 12 月 31 日，全国新三板企业的平均固定资产为 0.41 亿元，创新层企业的平均固定资产为 1.09 亿元，基础层企业的平均固定资产为 0.35 亿元。由此，中关村新三板企业的平均固定资产、创新层企业的平均固定资产和基础层的平均固定资产均明显低于全国新三板企业。

2018 年，中关村新三板企业固定资产排名前 30 的企业如图 13 所示，进入固定资产排名前 30 的基准为 1.46 亿元。排名前 30 的企业中，固定资产在 10 亿元以上的企业有 1 家，是颖泰生物；固定资产在 3 亿 ~7 亿元的企业有 12 家；固定资产在 2 亿 ~3 亿元的有 6 家；固定资产在 1 亿 ~2 亿元的有 11 家。

排名前 30 的企业的行业分布情况为：制造业企业 15 家，占比 50.00%；

信息传输、软件和信息技术服务业企业3家，占比10.00%；交通运输、仓储和邮政业企业2家，金融业企业2家，科学研究和技术服务业企业2家，水利、环境和公共设施管理业企业2家，占比均为6.67%；电力、热力、燃气及水生产和供应业企业，建筑业企业，卫生和社会工作企业，租赁和商务服务企业各1家，占比共计13.33%。而且，在固定资产排名前10的企业中，有7家是制造业企业。

综上，中关村新三板企业的固定资产金额明显低于流动资产，排名前30的企业的固定资产金额也较低，且制造业企业的固定资产高于其他行业。中关村新三板企业较低的固定资产占比也显示出其轻资产运营的特征（见图11）。

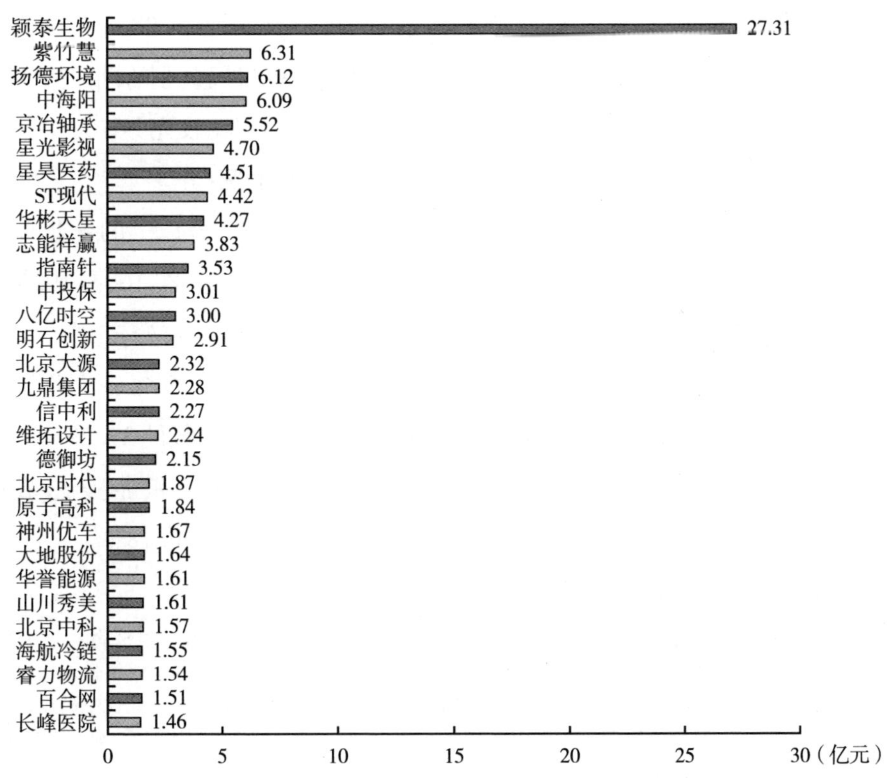

图11　2018年中关村新三板企业固定资产排名前30

资料来源：Wind，中关村上市公司协会整理。

（二）固定资产周转率[①]

1. 2018年中关村新三板企业固定资产周转率整体状况

2018 年，中关村新三板企业总体固定资产周转率为 11.08，全国新三板企业总体固定资产周转率为 5.13。中关村新三板企业固定资产的周转次数显著高于全国新三板企业固定资产周转次数，说明中关村新三板企业的固定资产利用情况优于全国新三板企业。在中关村新三板企业中，创新层新三板企业的总体固定资产周转率为 11.41，基础层新三板企业的总体固定资产周转率为 10.96。这表明，2018 年创新层企业的固定资产平均水平高于基础层企业，固定资产的运营效率也高于基础层企业。以上数据表明，2018 年，中关村新三板企业平均每 1 元固定资产支持的销售收入为 11.08 元，创新层企业为 11.41 元，基础层企业为 10.96 元，中关村新三板企业的固定资产周转率整体较高，企业对厂房、机器设备等固定资产利用比较充分。

2. 2018年中关村新三板企业固定资产周转率分布情况

如图 12 所示，2018 年，固定资产周转率[②]达到 1000 及以上的企业有 36 家，占中关村新三板企业总数的 2.94%；固定资产周转率在 100～1000 的企业有 306 家，占中关村新三板企业总数的 25.00%；固定资产周转率在 50～100 的企业有 167 家，占中关村新三板企业总数的 13.64%；固定资产周转率在 10～50 的企业有 334 家，占中关村新三板企业总数的 27.29%；固定资产周转率小于 10 的企业有 371 家，占中关村新三板企业总数的 30.31%，其中 247 家企业固定资产周转率小于 5，占比为 20.18%。

① 固定资产周转率，也称为固定资产利用率，固定资产周转率是营业总收入与平均固定资产合计的比值，其计算公式是：固定资产周转率 = 营业总收入/平均固定资产 = 销售收入/[（期初固定资产 + 期末固定资产）/2]，反映企业运用固定资产赚取收入的能力，此比率越高，说明利用率越高，管理水平越好。如果固定资产周转率与同行业平均水平相比偏低，则说明企业对固定资产的利用率较低，可能会影响企业的获利能力。

② 2018 年，1224 家中关村新三板企业中，10 家企业缺失 2018 年营业收入数据或固定资产数据，无法计算固定资产周转率。根据 Wind 数据库，这 10 家企业的固定资产周转率记为零，占比为 0.82%。

综上所述，2018 年中关村新三板企业的固定资产周转率差异较大，但整体而言高于中关村新三板企业的流动资产周转率。一方面，中关村新三板企业的固定资产利用效率较高；另一方面，得益于科技型企业轻资产运营的特征，固定资产并非中关村新三板企业产生企业价值的主要资产，使得企业能够对固定资产付出较少的投资而获得更多的经营收益（见图 12）。

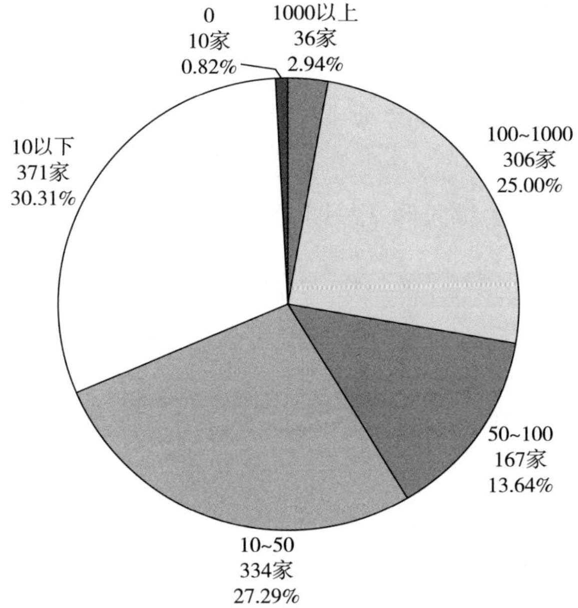

图 12　2018 年中关村新三板企业固定资产周转率分布情况

资料来源：Wind，中关村上市公司协会整理。

五　无形资产营运能力

（一）无形资产总体情况

2018 年 12 月 31 日，中关村新三板企业的总无形资产为 82.95 亿元。其中，创新层企业的总无形资产为 25.91 亿元，占比为 31.23%；基础层企业的总无形资产为 57.04 亿元，占比为 68.77%。中关村新三板企业的总无形资产占总资产的比例为 1.87%，创新层企业的无形资产占比为 2.92%，基础层企业的无形资产占比为1.61%，中关村新三板创新层企业的无形资产占比显著高于基础层企业。

2018年，中关村新三板企业无形资产排名前30的企业如图13所示，进入前30名的基准为0.48亿元。2018年中关村新三板企业中有8家企业的无形资产超过1亿元，其中创新层企业2家、基础层企业6家。无形资产排名第一的颖泰生物的无形资产为8.32亿元，远超过第二名百合网的3.55亿元。颖泰生物是创新层企业，主营业务为农药的研发、制造与销售，商标、技术等无形资产较多。有18家企业的无形资产在0.51亿~1亿元，其余4家企业的无形资产在0.48亿~0.5亿元。总体来看，排名前30的企业的无形资产差异不大，且金额较低（见图13）。

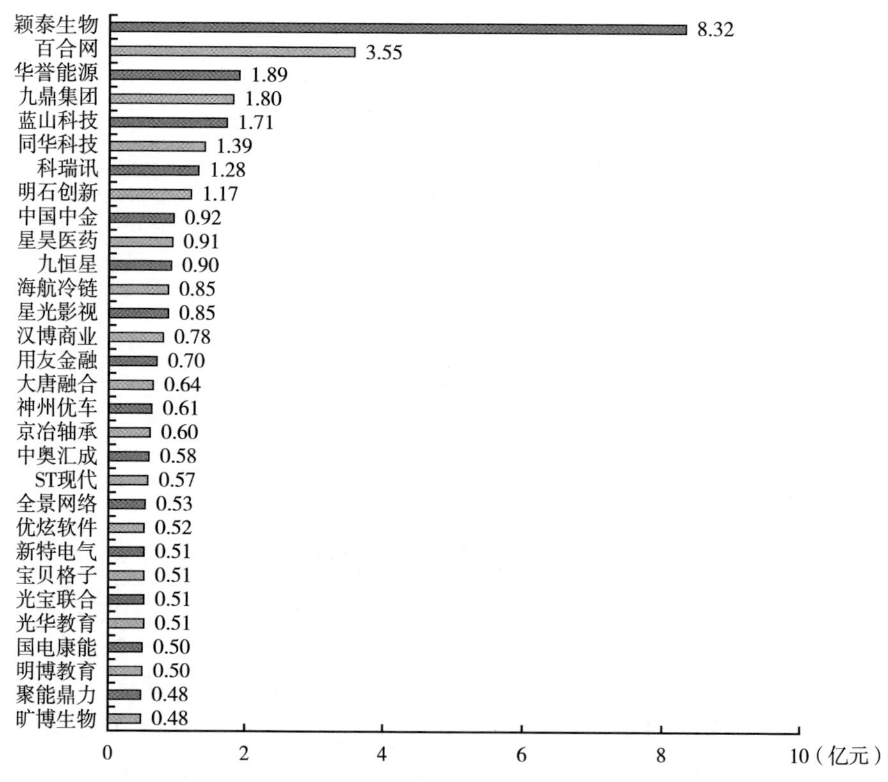

图13　2018年中关村新三板企业无形资产排名前30

资料来源：Wind，中关村上市公司协会整理。

（二）无形资产周转率①

1. 2018年中关村新三板企业无形资产周转率整体状况

2018 年，中关村新三板企业总体无形资产周转率为 30. 59，全国新三板企业总体无形资产周转率为 21. 08。中关村新三板企业无形资产的周转次数远高于全国新三板企业无形资产周转次数，说明中关村新三板企业的无形资产变现能力高于全国新三板企业。在中关村新三板企业中，创新层企业的总体无形资产周转率为 26. 36，基础层新三板企业的总体无形资产周转率为 32. 50。

2. 2018年中关村新三板企业无形资产周转率分布情况

如图 14 所示，2018 年，无形资产周转率②达到 10000 及以上的企业有 40 家，占中关村新三板企业总数的 3. 27%；无形资产周转率在 1000 ~ 10000 的企业有 142 家，占中关村新三板企业总数的 11. 60%；无形资产周转率在 100 ~ 1000 的企业有 228 家，占中关村新三板企业总数的 18. 63%；无形资产周转率在 10 ~ 100 的企业有 306 家，占中关村新三板企业总数的 25. 00%；无形资产周转率小于 10 的企业有 237 家，占中关村新三板企业总数的 19. 36%。

综上所述，2018 年中关村新三板企业的无形资产周转率差异较大，以指数级划分的区间（0 ~ 10、10 ~ 100、100 ~ 1000、1000 ~ 10000、10000 及以上）来看，分布较为均匀。与应收账款周转率、存货周转率、流动资产周转率相比，中关村新三板企业的无形资产周转率整体水平较高，说明无形资产的变现速度更快、使用效率更高（见图 14）。

---

① 无形资产周转率是用来衡量和评价企业构建、投入使用等各环节管理状况的综合性评价指标。其计算公式：无形资产周转率 = 营业总收入/平均无形资产，表示每元无形资产在某一时期发挥了多少销售效能。周转率越快，无形资产效能越强；反之，越弱。

② 2018 年，1224 家中关村新三板企业中，271 家企业缺失 2018 年营业收入数据或无形资产数据，无法计算无形资产周转率。因此，上述 271 家企业的无形资产周转率均为零，占比为 22. 14%。

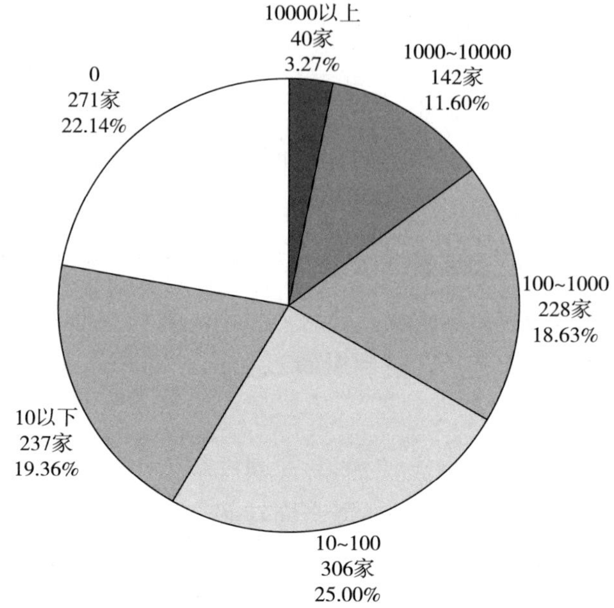

图 14　2018 年中关村新三板企业无形资产周转率分布情况

资料来源：Wind，中关村上市公司协会整理。

六　总资产营运能力

（一）总资产周转率[①]整体情况

2018 年，中关村新三板企业总体总资产周转率为 0.54，全国新三板企业总体总资产周转率为 0.68。中关村新三板企业总资产的周转次数略低于全国新三板企业总资产周转次数，说明中关村新三板企业的总资产变现能力低于全国新三板企业。在中关村新三板企业中，创新层企业的总体总资产周转率

① 总资产周转率是企业一定时期营业总收入与平均资产总额的比率，其计算公式为：总资产周转率 = 营业总收入/平均资产总额 = 营业总收入/［资产总额年初数 + 资产总额年末数）/2］，反映了企业整体资产的营运能力。一般情况下，该数值越高，表明企业总资产周转速度越快。销售能力越强，资产利用效率越高。

为0.74，基础层新三板企业的总体总资产周转率为0.50。这表明，2018年创新层企业的总资产平均水平高于基础层企业，总资产的运营效率也高于基础层企业。以上数据表明，平均来看，中关村新三板企业可在1~2年的时间里通过销售收入收回所有的资产投入，企业对全部资产的利用效率较高。

（二）总资产周转率分布情况

如图15所示，2018年，总资产周转率①达到5及以上的企业有11家，占中关村新三板企业总数的0.90%；总资产周转率在2~5的企业有102家，占中关村新三板企业总数的8.33%；总资产周转率在1~2的企业有319家，占中关村新三板企业总数的26.06%；总资产周转率在0.5~1的企业有439

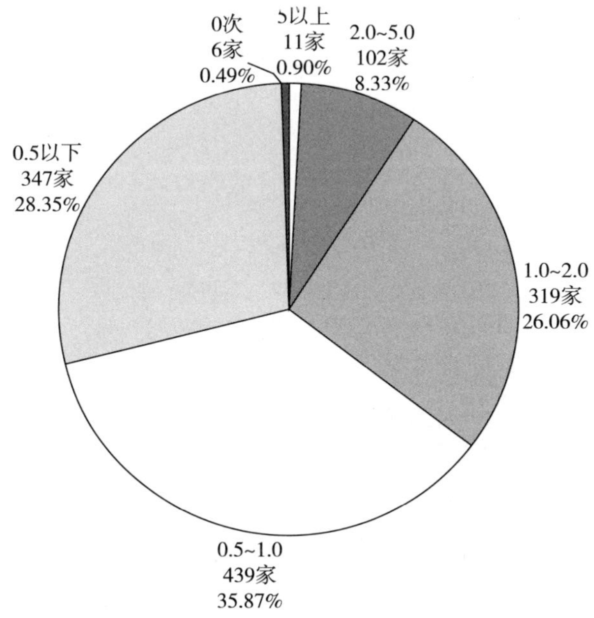

图15　2018年中关村新三板企业总资产周转率分布情况

资料来源：Wind，中关村上市公司协会整理。

① 2018年，1224家中关村新三板企业中，6家企业缺失2018年营业收入数据，无法计算总资产周转率。根据Wind数据库，这6家企业的总资产周转率记为零，占比为0.49%。

家，占中关村新三板企业总数的35.87%；总资产周转率小于0.5的企业有347家，占中关村新三板企业总数的28.35%。

相较于全国新三板企业总资产周转率的平均水平，超过60%的中关村新三板企业总资产周转率超越该水平，可以看到，除部分企业呈现较高的资产运营能力外，中关村新三板企业整体资产运营能力同样处于中上水平（见图15）。

行 业 篇

Industry Reports

B.7
2018年中关村新三板企业行业分布研究报告

中关村上市公司协会研究部*

摘 要： 本报告从行业分布、市场表现、成长性等主要方面，总市值、总资产、净资产、员工人数、总营业收入、毛利润、净利润、总营业收入增长率、净利润增长率、净资产增长率、资产负债率、速动比率、总资产周转率等十三项主要指标，对中关村新三板企业进行行业对比分析，从而总结出中关村新三板各行业的分布情况、市场表现情况、成长性情况以及运营风控能力情况。结果显示，中关村新三板企业中有近四成企业

* 本文由中关村上市公司协会研究部完成，主要执笔人：陈红，中关村上市公司协会研究部主任，主要从事中关村区域经济研究工作；葛琰，中关村上市公司协会研究员，主要从事区域经济研究工作；谷耀鹏，中关村上市公司协会助理研究员；赵旭，中关村上市公司协会助理研究员。

来自代表着新兴产业的“信息传输、软件和信息技术服务业”，这一行业在各个方面的规模和财务数据大都领先于其他行业，处于优势地位。作为科技创新中心的中关村，在多年的发展中，制造业等行业也得到长足的发展。总结来看，中关村新三板公司运营平稳，成长潜力巨大。

关键词： 中关村新三板　行业分布　市场表现　成长力

一　行业分布概况

根据全国中小股份转让系统公布的《挂牌公司管理型分类结果》（截至2018年12月31日），对中关村1224家新三板公司进行行业分类。行业分类总共分为18个一级行业，包括“采矿业”、“房地产业”、“建筑业”、“交通运输、仓储和邮政业”、“教育”等。

（一）各行业企业数量分布

中关村新三板公司1224家企业中，“信息传输、软件和信息技术服务业”中关村新三板公司分布最为集中。对一些中关村新三板公司较为集中的一级行业进行细分，可以发现“软件和信息技术服务业”、“互联网和相关服务”、“商业服务业”、“专用设备制造业”等二级行业中关村新三板公司分布较为集中。对行业进行进一步细分可以看出，企业最为集中的三级行业为“软件开发”和“信息系统集成服务”（见表1）。

中关村新三板公司集中分布于以“软件开发”、“信息系统集成服务”等行业为代表的“信息传输、软件和信息技术服务业”，以“专用设备制造业”、“计算机、通信和其他电子设备制造业”等行业为代表的“制造业”，以“商务服务业”等行业为代表的“租赁和商务服务业”。此外，中关村新三板公司在“科学研究和技术服务业”、“批发和零售业”、“文化、体育和

表1　2018 年中关村新三板公司行业分布概况

一级行业	企业数量（家）	二级行业	企业数量（家）	三级行业	企业数量（家）
信息传输、软件和信息技术服务业	485	软件和信息技术服务业	370	软件开发	181
				信息系统集成服务	117
				其他信息技术服务业	22
				数据处理和存储服务	26
				信息技术咨询服务	18
				软件和信息技术服务业	2
				集成电路设计	4
		互联网和相关服务	105	互联网信息服务	68
				其他互联网服务	30
				互联网接入及相关服务	7
		电信、广播电视和卫星传输服务	10	电信	9
				广播电视传输服务	1
制造业	252	电气机械及器材制造业	25	电线、电缆、光缆及电工器材制造	1
				家用电力器具制造	4
				其他电气机械及器材制造	3
				输配电及控制设备制造	16
				照明器具制造	1
		纺织服装、服饰业	2	机织服装制造	2
		纺织业	1	非家用纺织制成品制造	1
		非金属矿物制品业	13	玻璃制品制造	1
				耐火材料制品制造	3
				石膏、水泥制品及类似制品制造	4
				石墨及其他非金属矿物制品制造	2
				砖瓦、石材等建筑材料制造	3
		废弃资源综合利用业	1	非金属废料和碎屑加工处理	1
		化学原料及化学制品制造业	20	肥料制造	4
				合成材料制造	4
				农药制造	4
				日用化学产品制造	1
				涂料、油墨、颜料及类似产品制造	3
				专用化学产品制造	4

续表

一级行业	企业数量（家）	二级行业	企业数量（家）	三级行业	企业数量（家）
制造业	252	计算机、通信和其他电子设备制造	56	电子器件制造	6
				电子元件制造	3
				广播电视设备制造	5
				计算机、通信和其他电子设备制造业	3
				计算机制造	19
				雷达及配套设备制造	1
				其他电子设备制造	7
				视听设备制造	1
				通信设备制造	11
		金属制品、机械和设备修理业	1	铁路、船舶、航空航天等运输设备修理	1
		金属制品业	5	建筑、安全用金属制品制造	2
				结构性金属制品制造	1
				金属表面处理及热加工处理	1
				其他金属制品制造	1
		酒、饮料和精制茶制造业	1	饮料制造	1
		木材加工及木、竹、藤、棕、草制品业	1	人造板制造	1
		农副产品加工业	7	谷物磨制	1
				其他农副食品加工	1
				饲料加工	4
				屠宰及肉类加工	1
		皮革、毛皮、羽毛及其制品和制鞋业	1	皮革制品制造	1
		其他制造业	1	其他未列明制造业	1
		汽车制造业	1	汽车零部件及配件制造	1
		石油加工、炼焦及核燃料加工业	1	精炼石油产品制造	1
		食品制造业	2	焙烤食品制造	1
				其他食品制造	1
		铁路、船舶、航空航天和其他运输设备制造业	6	航空、航天器及设备制造	3
				铁路运输设备制造	3

续表

一级行业	企业数量（家）	二级行业	企业数量（家）	三级行业	企业数量（家）
制造业	252	通用设备制造业	20	泵、阀门、压缩机及类似机械制造	4
				烘炉、风机、衡器、包装等设备制造	6
				金属加工机械制造	2
				通用零部件制造	1
				文化、办公用机械制造	1
				物料搬运设备制造	3
				轴承、齿轮和传动部件制造	3
		橡胶和塑料制品业	1	塑料制品业	1
		医药制造业	12	化学药品制剂制造	3
				生物药品制造	7
				兽用药品制造	1
				中药饮片加工	1
		仪器仪表制造业	23	其他仪器仪表制造业	1
				通用仪器仪表制造	12
				专用仪器仪表制造	10
		印刷和记录媒介复制业	1	印刷	1
		专用设备制造业	50	采矿、冶金、建筑专用设备制造	8
				电子和电工机械专用设备制造	1
				化工、木材、非金属加工专用设备制造	1
				环保、社会公共服务及其他专用设备制造	22
				农、林、牧、渔专用机械制造	3
				医疗仪器设备及器械制造	12
				印刷、制药、日化及日用品生产专用设备制造	3
采矿业	6	开采辅助活动	6	石油和天然气开采辅助活动	6
电力、热力、燃气及水生产和供应业	5	电力、热力生产和供应业	1	热力生产和供应	1
		水的生产和供应业	4	污水处理及其再生利用	3
				自来水生产和供应	1

续表

一级行业	企业数量（家）	二级行业	企业数量（家）	三级行业	企业数量（家）
房地产业	7	房地产业	7	物业管理	7
建筑业	20	建筑安装业	7	电气安装	2
				管道和设备安装	2
				其他建筑安装业	3
		建筑装饰和其他建筑业	11	建筑装饰业	8
				其他未列明建筑业	2
				提供设施设备服务	1
		土木工程建筑业	2	其他土木工程建筑	2
交通运输、仓储和邮政业	10	道路运输业	3	道路货物运输	3
		航空运输业	1	通用航空服务	1
		水上运输业	1	水上货物运输	1
		装卸搬运和其他运输代理	5	运输代理业	5
教育	31	教育	31	学前教育	1
				技能培训、教育辅助及其他教育	30
金融业	16	保险业	4	保险经纪与代理服务	4
		其他金融业	3	非金融机构支付服务	1
				控股公司服务	1
				其他未列明金融业	1
		资本市场服务	9	其他资本市场服务	2
				证券市场服务	6
				资本投资服务	1
居民服务、修理和其他服务业	10	机动车、电子产品和日用产品修理业	1	汽车、摩托车修理与维护	1
		居民服务业	4	婚姻服务	1
				理发及美容服务	1
				其他居民服务业	2
		其他服务业	5	其他未列明服务业	3
				清洁服务	2
科学研究和技术服务业	80	科技推广和应用服务业	27	技术推广服务	22
				科技中介服务	1
				其他科技推广和应用服务业	4

续表

一级行业	企业数量（家）	二级行业	企业数量（家）	三级行业	企业数量（家）
科学研究和技术服务业	80	研究和试验发展	10	工程、技术研究和试验发展	1
				医学研究和试验发展	8
				自然科学研究和试验发展	1
		专业技术服务业	43	测绘服务	4
				地质勘查	2
				工程技术	14
				其他专业技术服务业	16
				质检技术服务	6
				专业技术服务业	1
农、林、牧、渔业	3	畜牧业	2	牲畜饲养	1
				其他畜牧业	1
		农业	1	蔬菜、食用菌及园艺作物种植	1
批发和零售业	64	零售业	27	纺织、服装及日用品专门零售	1
				货摊、无店铺及其他零售业	14
				家用电器及电子产品专门零售	2
				汽车、摩托车、燃料及零配件专门零售	2
				食品、饮料及烟草制品专门零售	1
				文化、体育用品及器材专门零售	6
				医药及医疗器材专门零售	1
		批发业	37	纺织、服装及家庭用品批发	2
				机械设备、五金产品及电子产品批发	9
				矿产品、建材及化工产品批发	3
				农、林、牧产品批发	1
				其他批发业	3
				食品、饮料及烟草制品批发	5
				文化、体育用品及器材批发	1
				医药及医疗器材批发	13

续表

一级行业	企业数量（家）	二级行业	企业数量（家）	三级行业	企业数量（家）
水利、环境和公共设施管理业	22	生态保护和环境治理业	21	环境治理业	21
		水利管理业	1	水资源管理	1
卫生和社会工作	7	社会工作	1	提供住宿社会工作	1
		卫生	6	门诊部(所)	1
				其他卫生活动	1
				医院	4
文化、体育和娱乐业	76	广播、电视、电影和影视录音制作业	45	电视	3
				电影和影视节目发行	6
				电影和影视节目制作	35
				录音制作	1
		体育	7	其他体育	4
				体育组织	2
				休闲健身活动	1
		文化艺术业	16	其他文化艺术业	12
				文艺创作与表演	3
				艺术表演场馆	1
		新闻和出版业	4	出版业	4
		娱乐业	4	彩票活动	1
				其他娱乐业	2
				文化、娱乐、体育经纪代理	1
住宿和餐饮业	1	餐饮业	1	快餐服务	1
租赁和商务服务业	129	商务服务业	127	广告业	36
				旅行社及相关服务	10
				其他商务服务业	44
				人力资源服务	3
				知识产权服务	2
				咨询与调查	32
		租赁业	2	机械设备租赁	2

资料来源：Wind，中关村上市公司协会整理。

表 2　2018 年与 2017 年中关村新三板公司行业分布概况对比

一级行业	2018 年末		2017 年末	
	企业数量(家)	占比(%)	企业数量(家)	占比(%)
信息传输、软件和信息技术服务业	485	39.62	571	39.14
制造业	252	20.59	308	21.11
租赁和商务服务业	129	10.54	147	10.08
科学研究和技术服务业	80	6.54	94	6.44
文化、体育和娱乐业	76	6.21	91	6.24
批发和零售业	64	5.23	77	5.28
教育	31	2.53	38	2.60
水利、环境和公共设施管理业	22	1.80	22	1.51
建筑业	20	1.63	26	1.78
金融业	16	1.31	18	1.23
交通运输、仓储和邮政业	10	0.82	10	0.69
居民服务、修理和其他服务业	10	0.82	13	0.89
房地产业	7	0.57	8	0.55
卫生和社会工作	7	0.57	8	0.55
采矿业	6	0.49	10	0.69
电力、热力、燃气及水生产和供应业	5	0.41	8	0.55
农、林、牧、渔业	3	0.25	7	0.48
住宿和餐饮业	1	0.08	3	0.21

资料来源：Wind，中关村上市公司协会整理。

娱乐业”等行业中分布也较为集中。2018 年的行业分布情况与 2017 年相比没有太大变化（见表 2、图 1）。

经过 20 多年的发展建设，中关村已经聚集高新技术企业近 2 万家，形成了以研发和服务为主要形态的高新技术产业集群，中关村也成为我国科教智力和人才资源最为密集的区域。中关村的发展也与中关村新三板企业集中分布于新兴产业行业的分布状况有着密不可分的关系。

（二）各行业企业规模分析

从各个行业的行业市值规模来看，“信息传输、软件和信息技术服务业”市值规模大幅领先于其他行业，占中关村新三板公司总市值的 40.61%。此外，“金融业”和“制造业”的总市值占总量分别为 12.76% 和

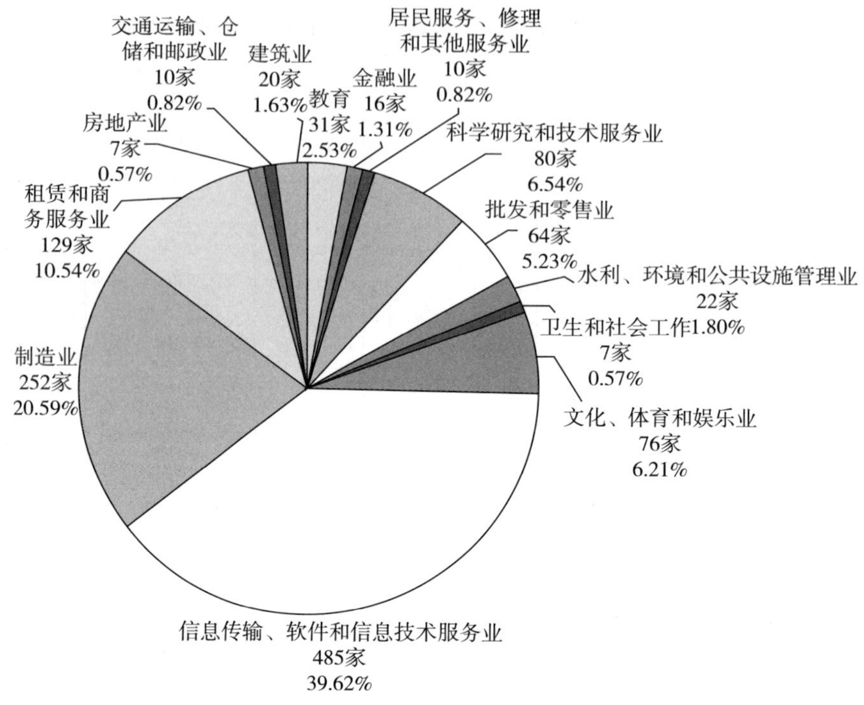

图1　2018 年中关村新三板企业行业分布情况

注：此图省略采矿业（6 家，0.49%），电力、热力、燃气及水生产和供应业（5 家，0.41%），农、林、牧、渔业（3 家，0.25%），住宿和餐饮业（1 家，0.08%）。

资料来源：Wind，中关村上市公司协会整理。

14.28%。对比 2017 年中关村新三板公司市值规模可以发现，在 2018 年总体市值下降 28.46% 的情况下，仍有部分行业市值较 2017 年有所增长，其中，“农、林、牧、渔业”与“批发和零售业”行业市值增长幅度最大，分别为 76.61%、55.64%，而“金融业”市值下降幅度最大，达到 65.15%，占比也由 2017 年的 25.25% 下降至 12.76%。但是在平均总市值方面“金融业”平均总市值仍大幅领先于其他行业。

在公司总资产方面，2018 年中关村新三板企业整体行业总资产较 2017 年增长率为 0.98%，而大部分行业总资产增长率大于市场平均水平，其中，以“住宿和餐饮业”增长最快，达到 26.16%。“金融业”行业总资产最多，占到中关村新三板公司总资产的 30.76%，同时，“信息传输、软件和信息技术服务业”、“租赁和商务服务业”、“制造业”的总资产占比也分别达到19.81%、15.57%和16.48%，剩余行业总资产占比均较小，处于5%以下。公司净资产方面，行业规模分布特征与总资产相似，“信息传输、软件和信息技术服务业”和“金融业”行业净资产最多，分别占到中关村新三板公司净资产的25.66%和25.05%，同时，“租赁和商务服务业”和“制造业”的净资产占比也分别达到11.96%和19.49%。

从公司员工人数来看，“信息传输、软件和信息技术服务业”由于相对来说属于劳动密集型行业，其员工人数最多，达到98725人，占中关村新三板公司员工总数的42.78%。“制造业”员工人数为44950人，人数占比为19.48%。其余行业吸引就业人数占比均在10%以下（见表3、表4）。

表3　2018年中关村新三板各行业企业总市值及员工规模情况

行业分类	总市值(亿元)			员工人数(人)		
	总数	占比(%)	平均值	总数	占比(%)	平均值
信息传输、软件和信息技术服务业	1945.58	40.61	4.01	98725	42.78	204
制造业	684.18	14.28	2.72	44950	19.48	178
金融业	611.38	12.76	38.21	6830	2.96	427
租赁和商务服务业	407.59	8.51	3.16	13911	6.03	108
文化、体育和娱乐业	362.80	7.57	4.77	9227	4.00	121
批发和零售业	251.80	5.26	3.93	8124	3.52	127
科学研究和技术服务业	241.04	5.03	3.01	17139	7.43	214
教育	63.67	1.33	2.05	5362	2.32	173
水利、环境和公共设施管理业	58.25	1.22	2.65	2374	1.03	108
建筑业	39.18	0.82	1.96	3382	1.47	169
卫生和社会工作	36.15	0.75	5.16	3101	1.34	443
交通运输、仓储和邮政业	27.85	0.58	2.79	1060	0.46	106
房地产业	21.11	0.44	3.02	13063	5.66	1866
居民服务、修理和其他服务业	16.87	0.35	1.69	2064	0.89	206
电力、热力、燃气及水生产和供应业	10.84	0.23	2.17	690	0.30	138
农、林、牧、渔业	5.33	0.11	1.78	343	0.15	114
采矿业	4.90	0.10	0.82	352	0.15	59
住宿和餐饮业	2.00	0.04	2.00	77	0.03	77

资料来源：Wind，中关村上市公司协会整理。

表4　2018年中关村新三板各行业资产规模情况

单位：亿元

行业分类	总资产			净资产		
	总数	占比(%)	平均值	总数	占比(%)	平均数
金融业	1362.51	30.76	85.16	539.59	25.05	33.72
信息传输、软件和信息技术服务业	877.37	19.81	1.81	552.79	25.66	1.14
制造业	729.76	16.48	2.90	419.79	19.49	1.67
租赁和商务服务业	689.50	15.57	5.34	257.63	11.96	2.00
批发和零售业	209.72	4.74	3.28	69.78	3.24	1.09
文化、体育和娱乐业	169.45	3.83	2.23	92.16	4.28	1.21
科学研究和技术服务业	156.10	3.52	1.95	96.73	4.49	1.21
建筑业	61.12	1.38	3.06	25.55	1.19	1.28
水利、环境和公共设施管理业	58.94	1.33	2.68	29.18	1.35	1.33
交通运输、仓储和邮政业	41.97	0.95	4.20	32.49	1.51	3.25
房地产业	22.15	0.50	3.16	11.88	0.55	1.70
教育	20.85	0.47	0.67	12.36	0.57	0.40
电力、热力、燃气及水生产和供应业	11.93	0.27	2.39	3.89	0.18	0.78
卫生和社会工作	8.49	0.19	1.21	5.36	0.25	0.77
居民服务、修理和其他服务业	3.16	0.07	0.32	1.98	0.09	0.20
采矿业	2.97	0.07	0.50	1.56	0.07	0.26
农、林、牧、渔业	2.55	0.06	0.85	1.12	0.05	0.37
住宿和餐饮业	0.26	0.01	0.26	0.13	0.01	0.13

资料来源：Wind，中关村上市公司协会整理。

综合来看，“信息传输、软件和信息技术服务业”、“制造业”及“租赁和商务服务业”在各个方面规模都领先于其他类别行业，在中关村新三板公司中处于优势地位，而“金融业”在资产方面等指标平均值高于其他行业也体现了其自身特性。

二　各行业挂牌公司市场表现

（一）各行业股本分布情况

从各行业股本分布角度来看，“金融业”、“信息传输、软件和信息技术服务业”以及“制造业”的总股本位列行业前三名，在平均股本和平均流通股本方面，“金融业”均排在榜首且领先其他行业的幅度较大（见表5）。

表5　2018年中关村新三板公司股本行业分布情况

单位：亿股

行业分类	总股本	平均股本	流通股本	平均流通股本
金融业	290.38	18.15	241.57	15.10
信息传输、软件和信息技术服务业	237.79	0.49	147.16	0.30
制造业	175.82	0.70	101.36	0.40
租赁和商务服务业	125.31	0.97	88.57	0.69
科学研究和技术服务业	41.32	0.52	22.22	0.28
文化、体育和娱乐业	35.92	0.47	19.54	0.26
批发和零售业	28.04	0.44	14.83	0.23
交通运输、仓储和邮政业	16.52	1.65	13.57	1.36
建筑业	12.57	0.63	6.25	0.31
水利、环境和公共设施管理业	12.21	0.56	8.32	0.38
教育	7.54	0.24	3.61	0.12
房地产业	4.78	0.68	3.49	0.50
卫生和社会工作	3.13	0.45	1.57	0.22
居民服务、修理和其他服务业	1.97	0.20	0.97	0.10
采矿业	1.56	0.26	0.89	0.15
电力、热力、燃气及水生产和供应业	1.47	0.29	0.43	0.09
农、林、牧、渔业	0.92	0.31	0.59	0.20
住宿和餐饮业	0.05	0.05	0.02	0.02

资料来源：Wind，中关村上市公司协会整理。

（二）各行业股票发行情况

从定向发行方面来看，中关村新三板公司中融资金额最多的是“信息传输、软件和信息技术服务业”，融资金额为178926.55万元，占比37.95%；排第二的是“制造业”，排第三的是“交通运输、仓储和邮政业”，融资金额分别为103224.68万元、44000.00万元，对应融资金额占比分别是21.90%、9.33%，这三个行业的融资金额占总金额比重高达

69.18%。可以看出，中关村新三板企业中融资金额在实体经济一端聚集，这表明了新三板市场服务于实体经济的定位，体现了鼓励实体经济发展的政策（见表6）。

表6 2018年中关村新三板股票发行行业统计

行业分类	融资金额(万元)	融资金额占比(%)	增发数量(万股)
信息传输、软件和信息技术服务业	178926.55	37.95	27325.12
制造业	103224.68	21.90	17993.66
交通运输、仓储和邮政业	44000.00	9.33	8800.00
科学研究和技术服务业	36928.54	7.83	6934.16
批发和零售业	23873.74	5.06	3555.77
租赁和商务服务业	22777.65	4.83	5426.97
文化、体育和娱乐业	16300.13	3.46	2314.82
教育	12611.39	2.68	2733.68
水利、环境和公共设施管理业	12125.78	2.57	3588.89
建筑业	11386.00	2.42	2975.67
房地产业	7305.00	1.55	1805.75
居民服务、修理和其他服务业	1000.00	0.21	113.38
住宿和餐饮业	980.35	0.21	41.40
采矿业	0.00	0.00	0.00
电力、热力、燃气及水生产和供应业	0.00	0.00	0.00
金融业	0.00	0.00	0.00
农、林、牧、渔业	0.00	0.00	0.00
卫生和社会工作	0.00	0.00	0.00
合　计	471439.81	100.00	83609.26

资料来源：Wind，中关村上市公司协会整理。

三　各行业赢利表现比较

总营业收入方面，“信息传输、软件和信息技术服务业”总营业收入最高，达到718.53亿元，占中关村新三板公司总体营业收入30.02%，“批发和零售业”、“租赁和商务服务业”以及“制造业”营业收入占比分别为

19.75%、11.29%和17.08%。“金融业”及“批发和零售业”平均营业收入远高于其他行业（见表7）。

表7 2018年中关村新三板各行业营业收入情况

行业分类	营业收入总数（亿元）	平均营业收入（亿元）	最高营业收入（亿元）	人均营业收入（万元/人）	营收占比（%）
信息传输、软件和信息技术服务业	718.53	1.48	59.49	72.78	30.02
批发和零售业	472.68	7.39	165.67	581.83	19.75
制造业	408.78	1.62	62.32	90.94	17.08
租赁和商务服务业	270.07	2.09	37.57	194.14	11.29
金融业	170.86	10.68	111.69	250.16	7.14
科学研究和技术服务业	90.31	1.13	7.95	52.69	3.77
文化、体育和娱乐业	86.66	1.14	16.34	93.92	3.62
建筑业	49.50	2.48	11.37	146.37	2.07
水利、环境和公共设施管理业	30.25	1.38	5.04	127.43	1.26
交通运输、仓储和邮政业	26.27	2.63	12.22	247.80	1.10
房地产业	22.38	3.20	9.69	17.13	0.94
教育	22.04	0.71	5.98	41.10	0.92
卫生和社会工作	11.40	1.63	5.13	36.76	0.48
居民服务、修理和其他服务业	5.21	0.52	1.26	25.24	0.22
电力、热力、燃气及水生产和供应业	4.83	0.97	2.18	70.04	0.20
采矿业	1.87	0.31	0.79	53.02	0.08
农、林、牧、渔业	1.30	0.43	0.76	37.92	0.05
住宿和餐饮业	0.23	0.23	0.23	29.69	0.01

资料来源：Wind，中关村上市公司协会整理。

毛利润方面，“信息传输、软件和信息技术服务业”和“制造业”毛利润最高，达到213.47亿元和127.60亿元，占中关村新三板公司毛利润总值比例为37.17%和22.22%，其余行业毛利润占比均不超过10%。毛利率方面，“教育”、“卫生和社会工作业”毛利率最高，达到45.53%和46.96%，

“电力、热力、燃气及水生产和供应业”、“科学研究和技术服务业”、“文化、体育和娱乐业”、“制造业”等行业的毛利率也达到30%以上（见表8）。

表8　2018年中关村新三板各行业毛利润情况

行业分类	毛利润总计（亿元）	最大毛利润（亿元）	企业平均毛利润（亿元）	企业平均毛利率（%）	毛利润占比（%）
信息传输、软件和信息技术服务业	213.47	19.71	0.44	29.71	37.17
制造业	127.60	14.40	0.51	31.21	22.22
金融业	46.93	21.72	2.93	27.47	8.17
租赁和商务服务业	46.29	6.65	0.36	17.14	8.06
批发和零售业	39.33	11.43	0.61	8.32	6.85
科学研究和技术服务业	29.40	2.71	0.37	32.55	5.12
文化、体育和娱乐业	29.38	6.63	0.39	33.91	5.12
教育	10.03	1.50	0.32	45.53	1.75
水利、环境和公共设施管理业	8.49	1.39	0.39	28.07	1.48
建筑业	7.87	1.23	0.39	15.90	1.37
卫生和社会工作	5.35	2.69	0.76	46.96	0.93
房地产业	4.33	1.59	0.62	19.33	0.75
交通运输、仓储和邮政业	2.34	1.17	0.23	8.92	0.41
电力、热力、燃气及水生产和供应业	1.64	0.85	0.33	33.87	0.29
居民服务、修理和其他服务业	1.20	0.29	0.12	23.03	0.21
采矿业	0.50	0.14	0.08	26.87	0.09
农、林、牧、渔业	0.07	0.20	0.02	5.31	0.01
住宿和餐饮业	0.05	0.05	0.05	23.98	0.01

资料来源：Wind，中关村上市公司协会整理。

净利润方面，“租赁和商务服务业”净利润最高，达到27.77亿元，“制造业”和“信息传输、软件和信息技术服务业”净利润分别达到23.57亿元和16.77亿元。在企业平均净利润方面，“金融业”以0.73亿元的企业平均净利润遥遥领先于其他行业。在企业平均净利率和人均净利润方面，“租赁和商务服务业”分别以10.28%和19.96万元/人处在各个行业的领先水平（见表9）。

表9　2018年中关村新三板各行业净利润情况

行业分类	净利润总计（亿元）	最大净利润（亿元）	企业平均净利润（亿元）	企业平均净利率（%）	人均净利润（万元/人）
租赁和商务服务业	27.77	18.61	0.22	10.28	19.96
制造业	23.57	6.72	0.09	5.77	5.24
信息传输、软件和信息技术服务业	16.77	7.56	0.03	2.33	1.70
金融业	11.71	7.40	0.73	6.85	17.14
批发和零售业	5.32	2.16	0.08	1.12	6.54
科学研究和技术服务业	4.04	1.05	0.05	4.47	2.36
房地产业	1.53	0.60	0.22	6.81	1.17
文化、体育和娱乐业	1.21	1.96	0.02	1.39	1.31
水利、环境和公共设施管理业	0.86	0.48	0.04	2.84	3.62
卫生和社会工作	0.54	0.55	0.08	4.77	1.75
教育	0.39	0.33	0.01	1.79	0.74
电力、热力、燃气及水生产和供应业	0.32	0.51	0.06	6.64	4.65
住宿和餐饮业	0.00	0.00	0.00	0.61	0.18
建筑业	-0.02	0.23	0.00	-0.05	-0.07
交通运输、仓储和邮政业	-0.19	0.22	-0.02	-0.71	-1.77
采矿业	-0.30	0.02	-0.05	-16.03	-8.50
农、林、牧、渔业	-0.51	0.04	-0.17	-39.40	-14.94
居民服务、修理和其他服务业	-0.71	0.05	-0.07	-13.72	-3.46

资料来源：Wind，中关村上市公司协会整理。

将1224家中关村新三板公司按照层级和行业分类后进行统计，从挂牌公司分层角度来看，由于创新层公司数量和基础层相差较大，2018年度各行业创新层挂牌公司净利润大都低于基础层公司，但从平均净利润的角度来看，制造业及信息传输、软件和信息技术服务业等主要行业的创新层公司表现远高于基础层（见表10）。

表10　中关村新三板基础层和创新层公司行业赢利情况

行业分类	基础层				创新层			
	公司数量（家）	净利润（亿元）	占比/%	平均净利润（亿元）	公司数量（家）	净利润（亿元）	占比/%	平均净利润（亿元）
租赁和商务服务业	123	27.03	37.48	0.22	6	0.73	3.64	0.12
制造业	232	12.62	17.50	0.05	20	10.94	54.30	0.55
信息传输、软件和信息技术服务业	421	11.80	16.35	0.03	64	4.97	24.69	0.08
金融业	15	11.19	15.51	0.75	1	0.52	2.57	0.52
科学研究和技术服务业	74	4.58	6.35	0.06	6	-0.55	-2.71	-0.09
批发和零售业	60	2.79	3.86	0.05	4	2.53	12.56	0.63
文化、体育和娱乐业	65	1.56	2.17	0.02	11	-0.36	-1.78	-0.03
房地产业	5	0.70	0.98	0.14	2	0.82	4.07	0.41
水利、环境和公共设施管理业	20	0.65	0.90	0.03	2	0.21	1.04	0.10
卫生和社会工作	6	0.34	0.47	0.06	1	0.21	1.02	0.21
电力、热力、燃气及水生产和供应业	5	0.32	0.44	0.06	—	—	—	—
教育	29	0.19	0.26	0.01	2	0.20	1.02	0.10
建筑业	18	0.17	0.23	0.01	2	-0.19	-0.94	-0.09
住宿和餐饮业	1	0.00	0.00	0.00	—	—	—	—
交通运输、仓储和邮政业	9	-0.29	-0.40	-0.03	1	0.10	0.52	0.10
采矿业	6	-0.30	-0.41	-0.05	—	—	—	—
农、林、牧、渔业	3	-0.51	-0.71	-0.17	—	—	—	—
居民服务、修理和其他服务业	10	-0.71	-0.99	-0.07	—	—	—	—
总和	1102	72.13	100.00	0.07	122	20.15	100.00	0.17

注：“—”表示该行业创新层无公司分布。

资料来源：Wind，中关村上市公司协会整理。

分行业分析公司的总资产收益率，可以看出，创新层挂牌公司整体总资产收益率高于基础层挂牌公司。“房地产业”总资产收益率最高，达到7.32%。对于既包含创新层也包含基础层的行业来说，“交通运输、仓储和邮政业”总资产收益率最低（见表11）。

表11　2018年中关村新三板挂牌公司总资产收益率ROA情况

单位：%

行业分类	总资产收益率(%)		
	创新层	基础层	整体
房地产业	9.58	5.74	7.32
卫生和社会工作	14.20	5.14	6.77
租赁和商务服务业	2.50	4.09	4.02
制造业	4.84	2.57	3.28
电力、热力、燃气及水生产和供应业	—	2.82	2.82
科学研究和技术服务业	-2.94	3.59	2.76
批发和零售业	2.97	2.54	2.73
教育	6.09	1.18	2.03
信息传输、软件和信息技术服务业	1.26	2.63	1.99
水利、环境和公共设施管理业	2.54	1.36	1.54
金融业	11.97	0.79	0.82
文化、体育和娱乐业	-0.59	1.53	0.74
住宿和餐饮业	—	0.60	0.60
建筑业	-6.50	0.29	-0.04
交通运输、仓储和邮政业	0.37	-2.12	-0.45
采矿业	—	-9.91	-9.91
农、林、牧、渔业	—	-20.21	-20.21
居民服务、修理和其他服务业	—	-21.19	-21.19
总　体	2.31	2.04	2.09

注：“—”表示该行业创新层无公司分布。

资料来源：Wind，中关村上市公司协会整理。

四　各行业运营能力比较

从各行业的营运能力来看，存货周转率方面，“住宿和餐饮业”由于其行业特性，存货周转率大大领先于其他行业，存货周转速度快，存货的占用水平低，流动性最强。应收账款周转率方面，“农、林、牧、渔业”以及“卫生和社会工作”应收账款周转率较高，平均收账期较短，应收账款的收回速度较快。这是因为这些行业现金结算的比例较大。总资产周转率方面，“批发和零售业”以及“居民服务、修理和其他服务业”总资产周转率较高，资产的周转天数较少，表明这些行业周转速度较快，营运能力较强（见表12）。

表12　2018年中关村新三板各行业运营能力

单位：次

行业分类	存货周转率	应收账款周转率	总资产周转率
批发和零售业	7.62	7.65	2.43
居民服务、修理和其他服务业	11.53	11.54	1.54
卫生和社会工作	28.65	27.47	1.42
教育	28.02	14.59	1.13
房地产业	45.03	9.19	1.07
住宿和餐饮业	3827.76	3.98	0.99
信息传输、软件和信息技术服务业	11.17	3.78	0.85
建筑业	5.00	2.24	0.83
交通运输、仓储和邮政业	16.21	3.33	0.63
采矿业	5.94	1.46	0.62
科学研究和技术服务业	5.85	2.73	0.62
制造业	3.67	2.75	0.57
水利、环境和公共设施管理业	3.56	1.64	0.54
文化、体育和娱乐业	1.88	2.66	0.53
农、林、牧、渔业	6.00	22.20	0.51
电力、热力、燃气及水生产和供应业	2.70	2.57	0.42
租赁和商务服务业	33.88	6.08	0.39
金融业	6.46	16.13	0.12

资料来源：Wind，中关村上市公司协会整理。

五　各行业偿债能力比较

从各行业的偿债能力来看，资产负债率方面，从行业分层来说，创新层公司资产负债结构明显优于基础层公司和整体平均值，创新层公司的资产负债率为 43.89%，而中关村新三板市场整体为 51.37%，基础层公司为 53.24%。从行业分类来说，高新技术行业的资产负债率要低于传统行业，轻资产行业的资产负债率要低于重资产行业。传统行业和重资产行业具有规模优势，但是发展前景有限，因此较容易获得债权融资，较难获得股权融资；而高新技术行业和轻资产行业发展初期风险较大，但前景相对光明，因此较难获得债权融资，较容易获得股权融资（见表 13）。

表 13　2018 年中关村新三板挂牌公司各行业资产负债率情况

单位：%

行业分类	资产负债率		
	基础层	创新层	整体
电力、热力、燃气及水生产和供应业	67.37	—	67.37
租赁和商务服务业	64.15	25.01	62.64
金融业	60.59	3.48	60.40
建筑业	59.01	42.74	58.20
批发和零售业	57.97	78.50	66.73
农、林、牧、渔业	56.14	—	56.14
水利、环境和公共设施管理业	52.89	36.46	50.50
住宿和餐饮业	49.81	—	49.81
采矿业	47.48	—	47.48
文化、体育和娱乐业	46.10	44.79	45.61
房地产业	43.95	49.77	46.37
卫生和社会工作	40.53	20.73	36.87
教育	40.29	42.68	40.73
科学研究和技术服务业	39.81	24.92	38.04
制造业	38.77	51.00	42.48
居民服务、修理和其他服务业	37.43	—	37.43
信息传输、软件和信息技术服务业	37.19	36.77	36.99
交通运输、仓储和邮政业	30.90	18.19	22.58
合　计	53.24	43.89	51.37

注：“—”表示该行业创新层无公司分布。

资料来源：Wind，中关村上市公司协会整理。

2018 年，“交通运输、仓储和邮政业”的流动比率和速动比率最高，分别达到3.74和3.51，其次是“居民服务、修理和其他服务业”。流动比率和速动比率都较低的是“电力、热力、燃气及水生产和供应业”等传统行业，传统行业的短期偿债能力要弱于高新技术行业。大部分行业速动比率在1左右，说明这些行业短期偿债能力有一定的保证。

表 14　2018 年中关村新三板挂牌公司分行业流动比率和速动比率情况

行业分类	流动比率			速动比率		
	基础层	创新层	整体	基础层	创新层	整体
交通运输、仓储和邮政业	2.41	4.59	3.74	2.38	4.23	3.51
居民服务、修理和其他服务业	2.23	—	2.23	1.79	—	1.79
信息传输、软件和信息技术服务业	2.24	1.97	2.11	2.00	1.80	1.91
文化、体育和娱乐业	2.05	2.21	2.11	1.41	1.46	1.43
科学研究和技术服务业	1.95	3.12	2.05	1.61	2.66	1.70
卫生和社会工作	1.70	3.66	1.98	1.53	3.55	1.81
教育	1.98	1.82	1.95	1.85	1.80	1.84
制造业	1.65	1.55	1.62	1.21	1.11	1.18
水利、环境和公共设施管理业	1.44	2.64	1.58	1.13	1.97	1.23
住宿和餐饮业	1.54	—	1.54	1.54	—	1.54
采矿业	1.45	—	1.45	1.17	—	1.17
批发和零售业	1.60	1.25	1.42	0.84	0.98	0.91
房地产业	1.22	1.54	1.37	1.14	1.54	1.33
建筑业	1.34	2.03	1.37	1.03	1.54	1.05
租赁和商务服务业	1.28	2.54	1.32	1.24	2.53	1.28
农、林、牧、渔业	0.94	—	0.94	0.66	—	0.66
电力、热力、燃气及水生产和供应业	0.89	—	0.89	0.57	—	0.57
金融业	0.76	17.92	0.77	0.71	17.92	0.72
合计	1.35	1.81	1.46	1.14	1.51	1.22

注：“—”表示该行业创新层无公司分布。

资料来源：Wind，中关村上市公司协会整理。

B.8

中关村新三板企业行业成长性分析

中关村上市公司协会研究部*

摘　要： 本章从中关村新三板企业2018年关键财务指标增长情况和成长力排名行业分布的角度进行分析，并重点分析信息传输、软件和信息技术服务业及制造业前20的企业具体从事行业分类及这些企业的简介。研究结果显示，中关村新三板企业2018年营业总收入及净利润受宏观经济影响，表现不佳；成长力指标的行业分布来看，信息传输、软件和信息技术服务业及制造业企业排名整体靠前。

关键词： 中关村新三板　行业成长性　成长性排名

一　各行业2018年业绩增长水平比较

2018年，中关村新三板公司整体营业收入较2017年下降1.17%，其中有14个一级行业增速快于市场平均水平。其中以“租赁和商务服务业”增长最快，增幅达到43.07%。“科学研究和技术服务业”以32.84%的总营业收入增长率同样大幅领先于其他行业。净利润增长率方面，受宏观经济下行压力影响，中关村新三板公司累计实现净利润92.28亿元，同比下降34.95%，其中，有5个行业净利润增速为正向，分别为“租赁和商务服务

* 本文由中关村上市公司协会研究部完成，主要执笔人：陈红，中关村上市公司协会研究部主任，主要从事中关村区域经济研究工作；葛琰，中关村上市公司协会研究员，主要从事区域经济研究工作；冉江平，中关村上市公司协会助理研究员；纪天梦，中关村上市公司协会助理研究员。

业”、“房地产业”、“教育”、“卫生和社会工作”以及“制造业”，其中，“租赁和商务服务业”净利润增长最快，为31.35%。净资产增长率方面，“房地产业”净资产增长率最快，达到21.73%（见表1）。

表1　2018年中关村新三板各行业成长力

单位：%

行业分类	总营业收入增长率	净利润增长率	净资产增长率
租赁和商务服务业	43.07	31.35	3.58
科学研究和技术服务业	32.84	-11.66	5.75
采矿业	22.70	-3.18	-16.03
房地产业	21.05	15.55	21.73
居民服务、修理和其他服务业	20.39	-549.53	-23.15
水利、环境和公共设施管理业	18.13	-60.53	9.33
金融业	17.48	-69.92	-11.33
教育	15.88	163.63	9.50
建筑业	14.04	-102.09	3.67
卫生和社会工作	13.99	10.87	-9.18
制造业	8.74	1.49	5.01
文化、体育和娱乐业	8.48	-92.80	-1.53
信息传输、软件和信息技术服务业	7.42	-24.66	3.44
批发和零售业	4.58	-3.68	17.50
电力、热力、燃气及水生产和供应业	-2.44	-53.51	0.45
住宿和餐饮业	-16.04	-99.50	1.09
交通运输、仓储和邮政业	-21.52	-106.27	15.39
农、林、牧、渔业	-29.52	-134.86	-30.79
总体(%)	-1.17	-34.95	0.07

资料来源：Wind，中关村上市公司协会整理。

二　中关村新三板各行业企业排名分布情况

从中关村新三板企业成长力指数得分排名的行业分布来看，423家公司信息传输、软件和信息技术服务业中，中科软、智明星通和神州优车位列前三。

228家制造业企业中，颖泰生物位居榜首，原子高科和中际联合分别排名第二和第三。

114家租赁和商务服务业的企业中，大德传媒、创新工场和随视传媒分别排名前三。

70家科学研究和技术服务业企业中，阿尔特、金宇顺达和仟亿达排名前三。

60 家文化、体育和娱乐业企业中，排名前三的依次为北教传媒、中悦科技和妙音动漫。

54 家批发和零售业的企业中，中建信息排名第一，安趣股份和天涯泰盟分别排名第二和第三。

25 家教育业企业中，排名前三的企业分别为光环国际、百年育才和山香教育。

22 家水利、环境和公共设施管理业企业排名前三的分别为能为科技、邦源环保和中航泰达。

20 家建筑业企业中，北林科技、泛华体育和绿京华位列前三。

交通运输、仓储和邮政业的 10 家企业中，海航冷链排名第一。居民服务、修理和其他服务业中的 9 家企业中，光尘环保位居第一。6 家房地产业企业中，乐生活排名第一。6 家卫生和社会工作业企业排名第一的企业是永成医美。采矿业共有 5 家企业，排名第一的是科胜石油。电热燃水生产和供应业企业共有 5 家，排名第一的是同华科技。农林牧渔业共有三家企业，分别是方圆平安、六马科技和国农基业。

从整体排名的行业分布来看，信息传输、软件和信息技术服务业及制造业整体排名靠前，表明这两个行业整体实力较强，成长性较高。

三　中关村重点行业成长力指标排名前20情况分析

通过运用成长力模型，结合中关村新三板信息技术业企业 2018 年各项指标，包括但不限于总营业收入、净利润率、毛利率、所得税、研发费用，得到的中关村新三板企业成长力综合排名显示，信息传输、软件和信息技术服务业及制造业企业排名相对靠前，同时结合中关村新三板企业行业分布情况，本报告重点对这两个行业的前 20 名进行分析。

（一）信息传输、软件和信息技术服务业

按照全国中小股份转让系统公布的《挂牌公司管理型分类结果》的中类行业分类，结果显示，在信息传输、软件和信息技术服务业中，成长力指标

排名前20的企业中，软件开发行业企业数量最多，达8家企业，按照名次先后分别是用友金融、优炫软件、合力亿捷、九恒星、现在股份、圣博润、中兴通科和星立方。数据处理和存储服务行业以及互联网信息服务行业成长力并列第二，各自都有3家企业进入前20。数据处理和存储服务行业企业排名按照先后分别是国源科技、随锐科技和睦合达。互联网信息服务行业3家企业排名先后为智明星通、华清飞扬和国联股份，其中智明星通为基础层企业。信息系统集成服务行业与其他互联网服务行业各自出现了2家企业进入成长力排名前20。海鑫科金和捷世智通为信息系统集成服务行业成长力排名第一、二的企业。神州优车和铁血科技为其他互联网服务行业排名前两位的企业。在软件和信息技术服务业中，中科软进入了成长力排名前20，并且在这20家企业中综合排名第一。柠檬微趣作为互联网接入及相关服务行业企业成长力指标在20家企业中综合排名第11，是一家基础层企业（见图1）。

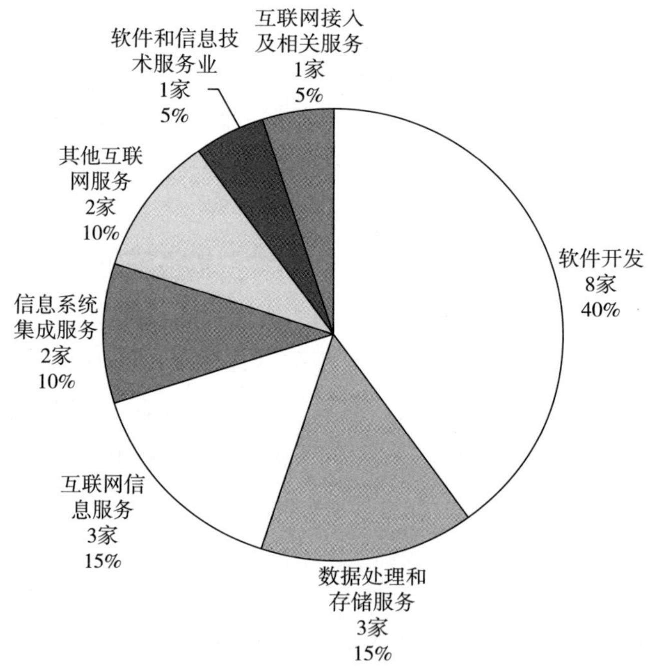

图1　信息技术业成长力指标排名前20行业分布

资料来源：Wind，中关村上市公司协会整理。

关于信息传输、软件和信息技术服务业排名前20的企业简介如下。

1. 中科软（430002. OC）

公司基本情况：

表2　中科软公司基本情况

公司名称	中科软科技股份有限公司	所属行业(股转管理型中类)	软件和信息技术服务业
成立时间	1996-05-30	挂牌时间	2006-01-23
转让方式	竞价转让	所属分层	创新层
主营业务	行业专用软件		

资料来源：Wind，中关村上市公司协会整理。

公司是一家集行业解决方案设计、自主软件产品研发、大型行业应用软件开发、系统集成与服务、技术支持和培训于一体的综合性高科技企业。公司拥有多项自主研发的核心产品，其中"保险核心业务处理系统"一直在国内保险行业的信息建设中处于领先地位，被评为保险行业IT应用解决方案国内市场排名第一，公司同时还承担了国家"十五"科技攻关项目、科技部863项目等多项国家级科技攻关项目，行业应用解决方案得到国家应用软件产品质量监督检验中心的权威评测与认证，目前已成为Oracle、IBM、HP、Microsoft、BEA、B orland、BakBone、BMC及NEC等众多IT厂商的合作伙伴。

关键指标：

表3　中科软公司关键指标情况

参考市值(亿元)	59.80	员工人数	15381
营业总收入(亿元)	48.50	净利润(亿元)	3.21
总资产(亿元)	42.03	所得税(百万)	2.45
研发费用(百万)	439.52	2018年专利数量	0

资料来源：Wind，中关村上市公司协会整理。

2. 智明星通（872801. OC）

公司基本情况：

表 4　智明星通公司基本情况

公司名称	北京智明星通科技股份有限公司	所属行业(股转管理型中类)	互联网信息服务
成立时间	2008-09-18	挂牌时间	2018-06-15
转让方式	竞价转让	所属分层	基础层
主营业务	互联网服务		

资料来源：Wind，中关村上市公司协会整理。

公司是一家集研发、运营于一体的国际化精品移动网络游戏公司，主要从事移动网络游戏研发和运营业务，以及以导航网站为核心的互联网产品服务。产品有《开心农场》、《弹弹堂》、337 游戏平台等。智明星通自主研发并运营了《开心农场》、《帝国战争》、《列王的纷争》、《女王的纷争》等一系列全球发行的移动游戏，并代理运营了《魔法英雄》、《奇迹暖暖》等精品移动游戏。

关键指标：

表 5　智明星通公司关键指标情况

参考市值(亿元)	35.04	员工人数	612
营业总收入(亿元)	31.21	净利润(亿元)	7.56
总资产(亿元)	34.74	所得税(百万)	92.88
研发费用(百万)	819.90	2018 年专利数量	2

资料来源：Wind，中关村上市公司协会整理。

3. 神州优车（838006.OC）

公司基本情况：

表 6　神州优车公司基本情况

公司名称	神州优车股份有限公司	所属行业(股转管理型中类)	其他互联网服务
成立时间	2002-06-27	挂牌时间	2016-07-22
转让方式	做市转让	所属分层	创新层
主营业务	汽车租赁		

资料来源：Wind，中关村上市公司协会整理。

公司是中国出行和汽车领域领先的综合服务平台，是国内领先的租车连锁企业神州租车联合第三方公司优车科技推出的互联网出行品牌，旗下有神州租车、神州专车、神州买买车、神州车闪贷四大板块。其中，神州专车采用“专业车辆，专业司机”的B2C运营模式，是中国领先的基于新一代技术革命的汽车共享和大数据平台。作为行业的先行者和深耕者，充分利用领先的行业地位、丰富的行业经验及资源，以技术为驱动，以客户为中心，将通过商业模式的不断创新，最大程度发挥各业务板块之间的协同效应。

关键指标：

表7　神州优车公司关键指标情况

参考市值(亿元)	452.01	员工人数	9553
营业总收入(亿元)	59.49	净利润(亿元)	2.70
总资产(亿元)	171.08	所得税(百万)	4.84
研发费用(百万)	101.76	2018年专利数量	0

资料来源：Wind，中关村上市公司协会整理。

4. 海鑫科金（430021. OC）

公司基本情况：

表8　海鑫科金公司基本情况

公司名称	北京海鑫科金高科技股份有限公司	所属行业(股转管理型中类)	信息系统集成服务
成立时间	1998-09-09	挂牌时间	2007-09-28
转让方式	做市转让	所属分层	创新层
主营业务	行业专用软件		

资料来源：Wind，中关村上市公司协会整理。

公司专注于多生物特征识别、公安信息化综合应用、视频侦查技术和大数据综合应用四大领域，利用人工智能实现“人”的发现、寻找、检验、认定，致力于为公安预防、打击犯罪提供解决方案和服务。公司专注于为客户提供全系列生物特征识别产品与服务，提供一站式全方位解决方案，汇聚和融合了国际领先的包括指纹、掌纹、人脸、DNA、手写汉字笔迹和视频车牌等在内的多生物识别技术，产品在刑侦、安防、司检法、出入境及金融、酒店、社保、教育、交通、大型活动管理、场所监控和互联网应用等社会领域广泛应用，是国内外为数不多同时拥有多种生物特征识别、视频图像处理、大数据综合应用等核心技术的企业。

关键指标：

表9　海鑫科金公司关键指标情况

参考市值(亿元)	2.65	员工人数	1338
营业总收入(亿元)	4.73	净利润(亿元)	-2.87
总资产(亿元)	9.16	所得税(百万)	12.02
研发费用(百万)	167.13	2018年专利数量	4

资料来源：Wind，中关村上市公司协会整理。

5. 用友金融（839483. OC）

公司基本情况：

表10　用友金融公司基本情况

公司名称	用友金融信息技术股份有限公司	所属行业(股转管理型中类)	软件开发
成立时间	2004-08-03	挂牌时间	2016-11-03
转让方式	做市转让	所属分层	创新层
主营业务	行业专用软件、系统集成服务		

资料来源：Wind，中关村上市公司协会整理。

公司以业务咨询与信息技术手段相结合，为银行、证券、保险、信托、基金、期货、租赁等金融企业提供咨询、软件、行业解决方案与专业服务。产品涵盖金融企业经营管理、业务交易、营销服务、商业分析等领域，同时提供培训、运维、数据、外包服务。公司始终走在科技发展前沿，建有中国庞大的金融行业技术和产品研发中心。目前正大力发展大数据处理及虚拟化，智能化、移动互联网等新技术以及云计算等应用模式。将大力发展国际化的专业咨询服务团队，以咨询驱动，软件实现的全方位服务模式，从金融管理到业务全覆盖，凭借中国大陆成熟完善的服务网络，服务领域从中国向亚太地区全覆盖。

关键指标：

表 11　用友金融公司关键指标情况

参考市值(亿元)	10.10	员工人数	1198
营业总收入(亿元)	3.44	净利润(亿元)	0.48
总资产(亿元)	3.03	所得税(百万)	-2.12
研发费用(百万)	99.53	2018 年专利数量	0

资料来源：Wind，中关村上市公司协会整理。

6. 华清飞扬（834195.OC）

公司基本情况：

表 12　华清飞扬公司基本情况

公司名称	北京华清飞扬网络股份有限公司	所属行业(股转管理型中类)	互联网信息服务
成立时间	2007-08-14	挂牌时间	2015-11-17
转让方式	竞价转让	所属分层	创新层
主营业务	网络游戏		

资料来源：Wind，中关村上市公司协会整理。

公司是一家以互联网游戏社区为发展起点，现已成为集合了手机游戏（Mobile game）、网页游戏（Web game）以及社区社交游戏（Sns game）多元化的综合性数字互动娱乐高新技术企业。2008 年至今，公司成功开发并运营《QQ 超市》、《红警大战》、《海底世界》、《帝国与文明》等多款 DAU 过百万的网页游戏产品。

关键指标：

表 13 华清飞扬公司关键指标情况

参考市值(亿元)	21.81	员工人数	514
营业总收入(亿元)	3.31	净利润(亿元)	0.63
总资产(亿元)	6.19	所得税(百万)	5.60
研发费用(百万)	145.27	2018 年专利数量	0

资料来源：Wind，中关村上市公司协会整理。

7. 优炫软件（430208. OC）

公司基本情况：

表 14 优炫软件公司基本情况

公司名称	北京优炫软件股份有限公司	所属行业(股转管理型中类)	软件开发
成立时间	2009-02-13	挂牌时间	2013-01-29
转让方式	做市转让	所属分层	创新层
主营业务	行业专用软件		

资料来源：Wind，中关村上市公司协会整理。

公司是一家基于 IT 技术和软件研发、产品、服务及全方位解决方案的数据安全及数据库产品的运营服务商。公司聚焦数据安全和数据库，围绕数据资产为客户提供稳定、安全、行业领先的产品和解决方案，获得了高新技术和双软企业认证。优炫软件凭借多年来的潜心研发，创造了数十项国家发明专利和 50 余项软件著作，公司及产品获得资质荣誉 80 余项，建立了遍及全国 28 个省市地区的营销服务体系，为客户提供全方位的服务。目前，优炫软件是国内信息安全最具潜力公司之一，数据库技术领先企业之一，近几年公司收入和利润保持高速增长。

关键指标：

表 15 优炫软件公司关键指标情况

参考市值(亿元)	11.69	员工人数	668
营业总收入(亿元)	4.87	净利润(亿元)	0.53
总资产(亿元)	7.60	所得税(百万)	4.13
研发费用(百万)	81.03	2018 年专利数量	3

资料来源：Wind，中关村上市公司协会整理。

8. 合力亿捷（833629. OC）

公司基本情况：

表 16　合力亿捷公司基本情况

公司名称	北京合力亿捷科技股份有限公司	所属行业（股转管理型中类）	软件开发
成立时间	2002－11－26	挂牌时间	2015－09－29
转让方式	竞价转让	所属分层	创新层
主营业务	通信系统与平台		

资料来源：Wind，中关村上市公司协会整理。

公司是国内领先的软件和服务提供商，度身为客户提供完善的信息化解决方案。业务范围包括：呼叫中心全套解决方案、行业应用软件开发和云服务。合力亿捷的软件和服务已经被千余家企业采用，覆盖电信、金融、保险、速递物流、广电、教育、电子商务、生产制造、公共事业等众多领域，每天有超过 5000 万人通过合力亿捷的产品获得资讯和服务。公司致力于帮助企业构建内外沟通的大链接，通过呼叫中心产品对外实现与客户的畅捷沟通，通过“互联网工作平台（小秘）”对内于员工之间无缝协同。

关键指标：

表 17　合力亿捷公司关键指标情况

参考市值（亿元）	5. 02	员工人数	630
营业总收入（亿元）	1. 84	净利润（亿元）	0. 30
总资产（亿元）	2. 35	所得税（百万）	3. 23
研发费用（百万）	20. 66	2018 年专利数量	0

资料来源：Wind，中关村上市公司协会整理。

9. 九恒星（430051. OC）

公司基本情况：

表 18 九恒星公司基本情况

公司名称	北京九恒星科技股份有限公司	所属行业(股转管理型中类)	软件开发
成立时间	2000-03-13	挂牌时间	2009-02-18
转让方式	做市转让	所属分层	创新层
主营业务	行业专用软件、互联网服务		

资料来源：Wind，中关村上市公司协会整理。

公司是一家为集团企业、金融企业、公共服务企业提供全方位资金管理研究开发、技术支持及资金信息增值咨询服务的解决方案供应商。公司产品在功能和范围上目前已基本覆盖了集团企业、金融企业、公共服务企业资金管理全部业务领域的主要需求，具有了充分的实践经验，并且与国内外二十一家商业银行业务系统实现了直联，与四家商业银行业务系统实现了数据转换。公司成功地为百家以上集团企业、金融企业、公共服务企业提供了资金管理解决方案，在国内资金管理领域市场占有率始终处于领先位置。

关键指标：

表 19 九恒星公司关键指标情况

参考市值(亿元)	3.81	员工人数	534
营业总收入(亿元)	1.88	净利润(亿元)	-1.23
总资产(亿元)	8.24	所得税(百万)	4.72
研发费用(百万)	96.39	2018 年专利数量	0

资料来源：Wind，中关村上市公司协会整理。

10. 现在股份（832086.OC）

公司基本情况：

表 20 现在股份公司基本情况

公司名称	你好现在(北京)科技股份有限公司	所属行业(股转管理型中类)	软件开发
成立时间	2005-05-16	挂牌时间	2015-03-09
转让方式	竞价转让	所属分层	创新层
主营业务	行业专用软件、互联网服务		

资料来源：Wind，中关村上市公司协会整理。

公司是一家由前银行、IT 公司，互联网、移动互联网资深人士等组成的，致力于支付创新的高科技公司。公司聚焦为移动电子商务，为其提供“安全、快捷、方便”的移动支付解决方案。现在支付作为全国移动支付领域领军企业，现已推出多种成熟的支付解决方案，并持续不断地为合作伙伴提供科学的流程设计，人性化的支付体验和全面的整合营销服务，全方位的解决商户支付问题和市场营销问题。自 2011 年开展业务以来，先后与京东商城、携程网、小米、美团、糯米网、乐淘网、乐蜂、库巴、PPTV、尚品网、百合网、乐视网等几百家全国优质企业及互联网公司达成支付合作。

关键指标：

表 21　现在股份公司关键指标情况

参考市值(亿元)	4.77	员工人数	184
营业总收入(亿元)	0.91	净利润(亿元)	0.27
总资产(亿元)	2.06	所得税(百万)	2.13
研发费用(百万)	25.82	2018 年专利数量	0

资料来源：Wind，中关村上市公司协会整理。

11. 柠檬微趣（838966. OC）

公司基本情况：

表 22　柠檬微趣公司基本情况

公司名称	北京柠檬微趣科技股份有限公司	所属行业(股转管理型中类)	互联网接入及相关服务
成立时间	2008－08－25	挂牌时间	2016－09－23
转让方式	竞价转让	所属分层	基础层
主营业务	网络游戏		

资料来源：Wind，中关村上市公司协会整理。

公司是一家从事休闲类手机游戏研发和运营的互联网企业，先后获得国家高新技术企业、中关村高新技术企业等荣誉认证。2012 年起柠檬微趣先后推出《时尚人生》、《超级名模》、《梦幻精灵谷》、《梦幻蛋糕店》、《冰雪奇缘：冰纷乐》以及《宾果消消消》（曾用名《糖果萌萌消》）等多款手游排行榜冠军作品。公司专注于移动休闲类游戏产品市场，目前有多款游戏处于研发测试阶段。公司运营方式以联合运营为主，联合运营商或渠道商主要为 Apple、Google、OPPO、vivo、腾讯、华为等知名企业。

关键指标：

表 23　柠檬微趣公司关键指标情况

参考市值(亿元)	13.03	员工人数	141
营业总收入(亿元)	3.32	净利润(亿元)	0.98
总资产(亿元)	3.88	所得税(百万)	17.62
研发费用(百万)	39.75	2018 年专利数量	0

资料来源：Wind，中关村上市公司协会整理。

12. 圣博润（430046. OC）

公司基本情况：

表 24　圣博润公司基本情况

公司名称	北京圣博润高新技术股份有限公司	所属行业(股转管理型中类)	软件开发
成立时间	2000-06-19	挂牌时间	2009-02-18
转让方式	做市转让	所属分层	创新层
主营业务	行业专用软件		

资料来源：Wind，中关村上市公司协会整理。

公司是国内专业的信息安全产品及信息安全服务提供商。由一批在信息安全技术和管理领域有着长期研究经历，在政府、军工、能源、教育等行业有着多年软件设计背景，并在信息安全产品及服务领域积累了丰富实践经验的行业精英和管理者组成。公司自有知识产权软件产品“LanSecS®（莱恩赛克）内网安全管理系统”及解决方案从规划内网资源、规范内网行为、防止内网信息泄漏等多方面入手，为用户提供一个自防御的内网安全管理平台，为网络管理员提供了高效、实用的管理手段。

关键指标：

表 25　圣博润公司关键指标情况

参考市值(亿元)	3.12	员工人数	438
营业总收入(亿元)	2.24	净利润(亿元)	0.34
总资产(亿元)	4.34	所得税(百万)	2.98
研发费用(百万)	35.12	2018 年专利数量	0

资料来源：Wind，中关村上市公司协会整理。

13. 铁血科技（833658. OC）

公司基本情况：

表 26　铁血科技公司基本情况

公司名称	北京铁血科技股份公司	所属行业(股转管理型中类)	其他互联网服务
成立时间	2004－04－27	挂牌时间	2015－11－05
转让方式	做市转让	所属分层	创新层
主营业务	互联网服务、网站		

资料来源：Wind，中关村上市公司协会整理。

公司是一家能够提供垂直门户、在线阅读、电子商务、服装自主品牌等产品的综合平台。公司以我国一亿军迷需求为核心，以优质军事内容为息壤，用多样化的内容产品连接军迷。主要运营的铁血网（www. tiexue. net）创立于 2001 年，秉承“凝聚中国心”的理念，为无数关心中国国防建设、关注世界军事发展的网友，提供了海量原创军事评论内容。在内容业务基础上，生长出电商、IP、游戏三大业务板块。通过这四大业务间相互赋能，形成了完整的军迷服务产业链。

关键指标：

表 27　铁血科技公司关键指标情况

参考市值(亿元)	2.26	员工人数	354
营业总收入(亿元)	1.60	净利润(亿元)	－0.04
总资产(亿元)	1.81	所得税(百万)	0.02
研发费用(百万)	6.62	2018 年专利数量	0

资料来源：Wind，中关村上市公司协会整理。

14. 国源科技（835184. OC）

公司基本情况：

表 28　国源科技公司基本情况

公司名称	北京世纪国源科技股份有限公司	所属行业(股转管理型中类)	数据处理和存储服务
成立时间	2005－10－24	挂牌时间	2015－12－24
转让方式	做市转让	所属分层	创新层
主营业务	行业专用软件、互联网服务、专业咨询服务		

资料来源：Wind，中关村上市公司协会整理。

公司是一家不动产信息综合服务商，主要面向国土、农业、城市管理、交通、水利、林业、公共安全等行业，围绕耕地/草地/林承包经营权、宅基地和建设用地使用权、房屋所有权等不动产信息，从数据获取、数据处理、数据管理和应用信息系统开发各个环节，为客户提供测绘地理信息工程服务、自主研发的应用软件产品及相关技术咨询服务。公司拥有甲级测绘资质、甲级规划资质等最高级别资质，是国家认证的高新技术企业，符合 ISO9001 质量管理体系认证，具有 AAA 资信等级认证等，曾获的“守合同、重信用”企业荣誉、北京市诚信创建企业荣誉等荣誉称号，多个产品、项目获得国家级、省市级奖项。

关键指标：

表 29　国源科技公司关键指标情况

参考市值(亿元)	5.18	员工人数	951
营业总收入(亿元)	3.18	净利润(亿元)	0.41
总资产(亿元)	4.53	所得税(百万)	4.82
研发费用(百万)	23.63	2018 年专利数量	1

资料来源：Wind，中关村上市公司协会整理。

15. 随锐科技（835990. OC）

公司基本情况：

表 30　随锐科技公司基本情况

公司名称	随锐科技股份有限公司	所属行业(股转管理型中类)	数据处理和存储服务
成立时间	2006－01－23	挂牌时间	2016－03－02
转让方式	竞价转让	所属分层	创新层
主营业务	行业专用软件		

资料来源：Wind，中关村上市公司协会整理。

公司是目前国内互联网行业领先的产品与服务提供商之一，主营业务是基于企业互联网平台，为国内外政企客户群/商业客户群提供高品质视频通信云产品与服务。公司客户主要是商业级的客户群体，主要包括：政府部门、事业单位、公共机构（如学校、医院等）、跨国公司、大型企业、中小企业、小微企业等客户类别。公司通过发展具有自主知识产权和自主品牌的视频通信云产品，为政府、企业、事业单位等提供可靠、安全、易用的视频通信云服务。

关键指标：

表 31　随锐科技公司关键指标情况

参考市值(亿元)	100.13	员工人数	317
营业总收入(亿元)	4.84	净利润(亿元)	0.32
总资产(亿元)	8.35	所得税(百万)	3.77
研发费用(百万)	56.57	2018 年专利数量	6

资料来源：Wind，中关村上市公司协会整理。

16. 捷世智通（430330. OC）

公司基本情况：

表 32　捷世智通公司基本情况

公司名称	北京捷世智通科技股份有限公司	所属行业(股转管理型中类)	信息系统集成服务
成立时间	2003－07－12	挂牌时间	2013－10－16
转让方式	做市转让	所属分层	创新层
主营业务	互联网服务		

资料来源：Wind，中关村上市公司协会整理。

公司专业致力于嵌入式计算机系统的研发、加工、销售与服务。通过了高新技术企业认证、ISO9001 质量管理体系认证；拥有几十项专利技术和知识产权；是中关村科技园区丰台园“倍增计划”重点企业；公司的核心技术与产品先后获得国家科技部、中关村管委会创新基金立项证书、中关村国家自主创新示范区新技术新产品（服务）证书等。公司核心产品包括：基于 CPCI 的铁路通信和控制设备、工业控制设备；基于 PowerPC/X86 架构的嵌入式计算机产品及应用；自动测试系统、控制系统、定位定向设备、手持计算机等产品；轨道交通安全计算机控制系统；基于龙芯的全国产嵌入式计算机系统等。

关键指标：

表 33　捷世智通公司关键指标情况

参考市值(亿元)	1.21	员工人数	259
营业总收入(亿元)	1.15	净利润(亿元)	-0.46
总资产(亿元)	3.34	所得税(百万)	-1.17
研发费用(百万)	38.46	2018 年专利数量	0

资料来源：Wind，中关村上市公司协会整理。

17. 中兴通科（832041. OC）

公司基本情况：

表 34　中兴通科公司基本情况

公司名称	北京中兴通网络科技股份有限公司	所属行业(股转管理型中类)	软件开发
成立时间	2010-01-13	挂牌时间	2015-02-27
转让方式	做市转让	所属分层	创新层
主营业务	行业专用软件		

资料来源：Wind，中关村上市公司协会整理。

公司是税务信息化业务建模、产品研发、生产、集成、销售及服务提供商。公司是北京市科学技术委员会认定的高新技术企业、北京市经济和信息化委员会认定的软件企业。中兴通科坚持“客户至上，服务第一”的服务理念，将切实满足客户的需求作为工作的第一目标，严格按照 ISO9001 服务质量标准，建立了完善的服务队伍、服务设施、服务制度，形成了具有客户服务管理中心、面向全国客户的呼叫中心和产品覆盖区域的各服务网点的服务体系。在全国范围内积极寻求业务上的合作，并依托合作伙伴建立起销售和服务中心，为广大客户提供信息化咨询、实施和服务，持续地为客户创造价值。

关键指标：

表 35　中兴通科公司关键指标情况

参考市值(亿元)	2.62	员工人数	480
营业总收入(亿元)	0.86	净利润(亿元)	0.26
总资产(亿元)	3.27	所得税(百万)	4.15
研发费用(百万)	15.51	2018 年专利数量	0

资料来源：Wind，中关村上市公司协会整理。

18. 星立方（430375. OC）

公司基本情况：

表 36　星立方公司基本情况

公司名称	北京星立方科技发展股份有限公司	所属行业(股转管理型中类)	软件开发
成立时间	2010 - 01 - 25	挂牌时间	2014 - 01 - 24
转让方式	做市转让	所属分层	创新层
主营业务	行业专用软件		

资料来源：Wind，中关村上市公司协会整理。

公司聚焦于教育信息化领域，提供研发教育和技术有效融合的产品和服务，立志成为专业的教育数据运营服务商。公司旗下拥有达睿思、学路优和学价宝三大品牌，涵盖数据和实证驱动下的学业评价、教学质量监控、教学决策报告、教师评价和职业发展、个性化自适应学习等各个应用维度，陆续研发了基于三大品牌下面向不同用户类型的各类专业数据产品和服务。星立方已经成为拥有自主知识产权，集研发、销售、咨询、服务、运营为一体的高科技企业，取得了“高新技术企业”、“软件企业”、“CMMI DEV（开发三级）”、“CMMI SVC（服务三级）”等相关专业资质与认证，并拥有多项自主知识产权及核心技术。

关键指标：

表 37　星立方公司关键指标情况

参考市值(亿元)	1.26	员工人数	133
营业总收入(亿元)	0.63	净利润(亿元)	0.10
总资产(亿元)	3.27	所得税(百万)	1.62
研发费用(百万)	10.75	2018 年专利数量	0

资料来源：Wind，中关村上市公司协会整理。

19. 睦合达（836801.OC）

公司基本情况：

表 38　睦合达公司基本情况

公司名称	北京睦合达信息技术股份有限公司	所属行业(股转管理型中类)	数据处理和存储服务
成立时间	2008－12－01	挂牌时间	2016－04－11
转让方式	竞价转让	所属分层	创新层
主营业务	通信终端设备		

资料来源：Wind，中关村上市公司协会整理。

公司主要围绕数据采集、数据挖掘、数据应用和数据共享，在行车安全、汽车保险、智能家居、健康管理以及环境保护等领域推出产品和服务。目前的主要业务方向是车联网相关的大数据支持与应用服务。通过与 200 余家 4S 店、汽车后市场服务商、汽车主被动安全设备生产商、保险公司等合作，睦合达已初步建立了覆盖 3 万辆汽车以上的车联网数据网络。睦合达业务现已覆盖全国近百家4S店的销售体系及汽车维修保养服务，实现线下提供优质的标准化服务，线上完成全信息化的信息流、现金流的通信、查询与管理等交互。

关键指标：

表39 睦合达公司关键指标情况

参考市值(亿元)	189.23	员工人数	122
营业总收入(亿元)	1.74	净利润(亿元)	1.01
总资产(亿元)	2.81	所得税(百万)	12.92
研发费用(百万)	17.37	2018年专利数量	0

资料来源：Wind，中关村上市公司协会整理。

20. 国联股份（832340.OC）

公司基本情况：

表40 国联股份公司基本情况

公司名称	北京国联视讯信息技术股份有限公司	所属行业(股转管理型中类)	互联网信息服务
成立时间	2002-09-06	挂牌时间	2015-04-23
转让方式	竞价转让	所属分层	创新层
主营业务	互联网服务		

资料来源：Wind，中关村上市公司协会整理。

公司是国内较早采用垂直行业集群模式的第三方B2B电子商务平台运营服务公司，公司定位于B2B综合服务平台，以工业电子商务为基础，以互联网数据为支撑，为相关行业客户提供工业品和原材料的网上商品交易、商业信息服务和互联网技术服务。公司自成立以来，通过自有渠道和与行业协会、行业研究学会等合作的方式发展会员，目前国联资源网电子商务平台现已成为业内在专业数据、客户数量、访问量、注册收费会员率等方面具有较强影响力的电子商务平台。

关键指标：

表 41　国联股份公司关键指标情况

参考市值(亿元)	16.75	员工人数	666
营业总收入(亿元)	36.74	净利润(亿元)	1.08
总资产(亿元)	8.40	所得税(百万)	34.68
研发费用(百万)	16.73	2018 年专利数量	0

资料来源：Wind，中关村上市公司协会整理。

（二）制造业

运用成长力模型，结合中关村新三板制造业企业 2018 年各项指标，制造业成长力指标排名前 20 的企业详情见表 42。股转中类行业分布较信息技术业更为发散，各领域齐头并进。

表 42　制造业成长力指标排名前 20 行业分布

证券简称	行业分类(股转中类)	所属分层
颖泰生物	农药制造	创新层
原子高科	化学药品制剂制造	创新层
中际联合	物料搬运设备制造	创新层
映翰通	计算机、通信和其他电子设备制造业	基础层
星和众工	采矿、冶金、建筑专用设备制造	创新层
八亿时空	计算机、通信和其他电子设备制造业	基础层
基康仪器	专用仪器仪表制造	创新层
中航讯	计算机制造	创新层
蓝山科技	通信设备制造	创新层
机科股份	环保、社会公共服务及其他专用设备制造	基础层
信维科技	通信设备制造	创新层
派尔特	医疗仪器设备及器械制造	基础层
德鑫物联	其他电子设备制造	创新层
三元基因	生物药品制造	基础层

续表

证券简称	行业分类(股转中类)	所属分层
天助畅运	医疗仪器设备及器械制造	基础层
快鱼电子	其他电子设备制造	基础层
明石创新	环保、社会公共服务及其他专用设备制造	基础层
圣商教育	饲料加工	基础层
小鸟股份	计算机制造	基础层
奥 凯 立	专用化学产品制造	创新层

资料来源：Wind，中关村上市公司协会整理。

关于制造业排名前20的企业简介如下。

1. 颖泰生物（833819. OC）

公司基本情况：

表 43 颖泰生物公司基本情况

公司名称	北京颖泰嘉和生物科技股份有限公司	所属行业(股转管理型中类)	农药制造
成立时间	2005 - 07 - 01	挂牌时间	2015 - 10 - 20
转让方式	做市转让	所属分层	创新层
主营业务	有机化学农药		

资料来源：Wind，中关村上市公司协会整理。

公司是一家以研发为基础，市场需求为先导的农化产品供应商。主要从事高品质及技术先进的农药中间体、原药及制剂的研发、生产、销售和技术服务。公司拥有中国大陆第一家通过 OECD 认证的 GLP 实验室。公司先后获得国家高新技术企业、北京市企业技术中心、十百千工程重点培育企业和中国农药企业百强等多项荣誉称号，连续多年蝉联农药出口企业冠军。公司与国际知名农化企业，形成了良好的合作关系，紧跟世界农药行业的发展动态，根据客户需求确定研发重点，保证未来产品的市场需求。

关键指标：

表 44　颖泰生物公司关键指标情况

参考市值(亿元)	58.95	员工人数	5128
营业总收入(亿元)	62.32	净利润(亿元)	4.61
总资产(亿元)	118.71	所得税(百万)	146.35
研发费用(百万)	205.51	专利数量	8

资料来源：Wind，中关村上市公司协会整理。

2. 原子高科（430005.OC）

公司基本情况：

表 45　原子高科公司基本情况

公司名称	原子高科股份有限公司	所属行业(股转管理型中类)	化学药品制剂制造
成立时间	2001-05-18	挂牌时间	2006-07-25
转让方式	竞价转让	所属分层	创新层
主营业务	诊断用制剂、专用设备与零部件		

资料来源：Wind，中关村上市公司协会整理。

公司是一家从事放射性同位素制品生产与研发的高新技术企业。在放射性同位素技术应用方面，拥有我国目前规模最大、产品覆盖面最广的放射性同位素综合性研制、生产基地以及国家科技部批准的“国家同位素工程技术研究中心”。批量生产体内诊断和治疗用放射性药物、各种放射源、放射性医疗器械、放射性参考标准物质等共70余种核素、300多个品种的产品。在辐射技术应用方面，拥有自屏蔽电子束灭菌加速器系统、60Co源辐照装置以及集装箱检查系统的核心技术和专业化设计与制造能力，可为用户定制各种产品，提供完整解决方案并承担配套工程。

关键指标：

表 46　原子高科公司关键指标情况

参考市值(亿元)	21.95	员工人数	833
营业总收入(亿元)	9.96	净利润(亿元)	2.54
总资产(亿元)	16.62	所得税(百万)	39.88
研发费用(百万)	46.41	专利数量	3

资料来源：Wind，中关村上市公司协会整理。

3. 中际联合（831344. OC）

公司基本情况：

表 47　中际联合公司基本情况

公司名称	中际联合（北京）科技股份有限公司	所属行业（股转管理型中类）	物料搬运设备制造
成立时间	2005－07－21	挂牌时间	2014－11－19
转让方式	竞价转让	所属分层	创新层
主营业务	专用设备与零部件		

资料来源：Wind，中关村上市公司协会整理。

公司是一家专业从事风电行业相关产品研发、设计、生产的高新技术企业。作为全球较早投入研发、制造塔筒升降机的专业机构之一，长期致力于为风电业主和风机制造厂商提供专业化、全系列的高品质 3S Lift 塔筒升降机、助爬器、铝合金爬梯及生命线系统，并以自主研发达到世界先进水平的全方位检修平台（SOFIT 系列）为基础，专门为风电场运维提供叶片和塔筒维护检修工程服务。公司所研发制造的产品深受行业权威机构认可，除满足国内用户的需求外，还大量销往海外，目前美国、法国、英国等全世界二十多个国家和地区已实现批量销售。

关键指标：

表 48　中际联合公司关键指标情况

参考市值（亿元）	13. 16	员工人数	482
营业总收入（亿元）	3. 56	净利润（亿元）	0. 93
总资产（亿元）	8. 24	所得税（百万）	16. 34
研发费用（百万）	17. 35	专利数量	35

资料来源：Wind，中关村上市公司协会整理。

4. 映翰通（430642. OC）

公司基本情况：

表 49　映翰通公司基本情况

公司名称	北京映翰通网络技术股份有限公司	所属行业（股转管理型中类）	计算机、通信和其他电子设备制造业
成立时间	2001－05－29	挂牌时间	2014－02－17
转让方式	竞价转让	所属分层	基础层
主营业务	传输设备、电脑整机、电子设备及加工、行业专用软件、交换设备、通信终端设备、专用设备与零部件		

资料来源：Wind，中关村上市公司协会整理。

公司是一家工业物联网通信产品以及物联网领域“云＋端”整体解决方案的提供商。公司主要向客户提供包括工业无线路由器、无线传感网产品、工业以太网交换机、物联网“设备云”平台、智能配电网线路状态监测系统及物联网信息安全产品等在内的机器设备通信联网产品，为客户提供覆盖广泛的机器通信网络解决方案。公司产品获得 CCC、CE、FCC、UL、IC、RCM、PTCRB 等多项认证，为中国通信标准化协会全权会员、中国电器工业协会会员、国家密码管理局认证的商用密码产品定点生产单位，是中关村高新技术企业、中关村战略新兴产业高成长 50 强、中关村信用双百企业。

关键指标：

表 50　映翰通公司关键指标情况

参考市值（亿元）	6.76	员工人数	264
营业总收入（亿元）	2.76	净利润（亿元）	0.46
总资产（亿元）	3.18	所得税（百万）	7.15
研发费用（百万）	28.32	专利数量	6

资料来源：Wind，中关村上市公司协会整理。

5. 星和众工（430084.OC）

公司基本情况：

表 51　星和众工公司基本情况

公司名称	北京星和众工设备技术股份有限公司	所属行业（股转管理型中类）	采矿、冶金、建筑专用设备制造
成立时间	2003－05－22	挂牌时间	2011－03－24
转让方式	做市转让	所属分层	创新层
主营业务	专用设备与零部件		

资料来源：Wind，中关村上市公司协会整理。

公司是国内智能装备制造领域的高新技术企业。公司专业从事金属板带生产线的设计、制造、安装和调试，产品主要包括酸洗生产线、镀层生产线、彩涂板生产线、脱脂生产线、聚氨酯发泡夹芯板生产线、集装箱板预处理生产线、冷轧机、工业退火炉、酸再生系统及工业废气废液处理装置等。公司的业务和产品属于国家政策支持的新材料技术、新能源及节能技术、智能工业技术等高新技术领域。公司除具有独立的研发团队外，还采用产学研模式，通过与国内大学及科研院所合作，进一步加强研发实力，目前已获授作为国内金属板带深加工领域的成套设备供应商。

关键指标：

表 52　星和众工公司关键指标情况

参考市值（亿元）	0.64	员工人数	186
营业总收入（亿元）	2.85	净利润（亿元）	0.04
总资产（亿元）	6.00	所得税（百万）	－3.19
研发费用（百万）	15.93	专利数量	7

资料来源：Wind，中关村上市公司协会整理。

6. 八亿时空（430581. OC）

公司基本情况：

表 53　八亿时空公司基本情况

公司名称	北京八亿时空液晶科技股份有限公司	所属行业(股转管理型中类)	计算机、通信和其他电子设备制造业
成立时间	2004－07－09	挂牌时间	2014－01－22
转让方式	竞价转让	所属分层	基础层
主营业务	半导体材料		

资料来源：Wind，中关村上市公司协会整理。

公司是一家专业从事液晶显示材料的高新技术企业，拥有自营进出口许可权。公司主要产品为高性能薄膜晶体管 TFT（Thin Film Transistor）等多种混合液晶材料，全面涵盖了从手机、笔记本、电脑显示器到大尺寸液晶电视用液晶材料，产品性能指标达到国际同类产品先进水平。公司拥有国内外先进和完备的用于液晶材料研究所需的分析检测仪器和生产设备，拥有国际先进的液晶显示材料技术，现已研制出多种具有国内领先水平的高档液晶材料，并自主开发了全球独有的面板不良分析系统。公司拥有超过 90 项的国内、国际发明专利。

关键指标：

表 54　八亿时空公司关键指标情况

参考市值(亿元)	14.54	员工人数	290
营业总收入(亿元)	3.94	净利润(亿元)	1.14
总资产(亿元)	6.76	所得税(百万)	19.44
研发费用(百万)	18.10	专利数量	4

资料来源：Wind，中关村上市公司协会整理。

7. 基康仪器（830879. OC）

公司基本情况：

表 55　基康仪器公司基本情况

公司名称	基康仪器股份有限公司	所属行业(股转管理型中类)	专用仪器仪表制造
成立时间	1998－03－25	挂牌时间	2014－07－22
转让方式	做市转让	所属分层	创新层
主营业务	电气仪器仪表、系统集成服务		

资料来源：Wind，中关村上市公司协会整理。

公司是国内最具实力、规模最大的野外安全监测仪器供应商和系统解决方案服务商之一。主要从事设计、开发、生产精密传感器、数据采集器、智能传感终端等产品，并基于精密传感器的行业应用向下游客户提供软件与物联网服务。该公司产品与服务分为精密传感器、数据采集仪器、智能传感终端以及基于精密传感器的行业应用提供软件与物联网服务四大系列，在水利、水电、水文水资源、地质灾害、路桥隧道、轨道交通、建筑、石油化工、港口码头、核电、矿山等应用领域的500余个大中型工程中得到广泛应用。

关键指标：

表56　基康仪器公司关键指标情况

参考市值(亿元)	2.03	员工人数	198
营业总收入(亿元)	1.53	净利润(亿元)	0.14
总资产(亿元)	4.72	所得税(百万)	1.99
研发费用(百万)	17.58	专利数量	3

资料来源：Wind，中关村上市公司协会整理。

8. 中航讯（430109. OC）

公司基本情况：

表57　中航讯公司基本情况

公司名称	北京中航讯科技股份有限公司	所属行业(股转管理型中类)	计算机制造
成立时间	2007-12-07	挂牌时间	2012-03-14
转让方式	竞价转让	所属分层	创新层
主营业务	行业专用软件		

资料来源：Wind，中关村上市公司协会整理。

公司是启迪控股旗下致力于公交行业信息化建设的高新技术企业。公司主要从事智能公交车联网业务，为公交行业提供智能公交相关的软硬件系统开发，生产和销售，公司具备较强的渠道资源，同时智能公交软硬件产品线齐全，在贴身服务公交公司过程中，不断挖掘公交领域业务机会，积极参与到系统运营、数据分析、技术服务、增值服务等延伸业务之中。公司主要产品包括一体化智能调度主机、驾驶员行为分析仪、公交车客流统计分析仪、DVR 车内视频监视系统等车载智能硬件产品，以及公交运营管理系统、决策分析系统、机务维修系统等公交信息化软件产品。

关键指标：

表 58　中航讯公司关键指标情况

参考市值(亿元)	1.52	员工人数	152
营业总收入(亿元)	1.18	净利润(亿元)	0.21
总资产(亿元)	1.80	所得税(百万)	1.44
研发费用(百万)	11.57	专利数量	0

资料来源：Wind，中关村上市公司协会整理。

9. 蓝山科技（830815. OC）

公司基本情况：

表 59　蓝山科技公司基本情况

公司名称	北京蓝山科技股份有限公司	所属行业(股转管理型中类)	通信设备制造
成立时间	2005-09-20	挂牌时间	2014-06-19
转让方式	做市转让	所属分层	创新层
主营业务	行业专用软件、通信终端设备		

资料来源：Wind，中关村上市公司协会整理。

公司是集光通信设备的研发、生产、销售、技术服务于一体的光传输接入设备及其解决方案提供商。其产品与服务广泛应用于光纤到户、三网融合与大客户接入领域，覆盖电信、市政、能源、教育等众多行业。公司致力于光传输接入网络的解决方案设计与关键设备的研发生产。经过多年技术服务积累，公司成功完成了多项国内运营商与大客户的网络建设项目，与众多国内知名客户建立了长期稳定的合作关系。公司已经获得安防工程企业资质与计算机系统集成企业资质，建立的产品质量管理体系符合 ISO9001：2008 标准，2009 年被北京安全防范行业协会评为 AAA 诚信优秀企业。

关键指标：

表 60　蓝山科技公司关键指标情况

参考市值(亿元)	3.05	员工人数	170
营业总收入(亿元)	6.42	净利润(亿元)	0.45
总资产(亿元)	10.73	所得税(百万)	0.96
研发费用(百万)	239.89	专利数量	8

资料来源：Wind，中关村上市公司协会整理。

10. 机科股份（835579. OC）

公司基本情况：

表 61　机科股份公司基本情况

公司名称	机科发展科技股份有限公司	所属行业(股转管理型中类)	环保、社会公共服务及其他专用设备制造
成立时间	2002-05-31	挂牌时间	2016-01-15
转让方式	做市转让	所属分层	基础层
主营业务	环保机械、专业咨询服务、专用设备与零部件		

资料来源：Wind，中关村上市公司协会整理。

公司是一家专业提供智能高端制造装备及系统集成和环保设备及工程的高科技企业。目前，在智能高端制造装备及系统集成方面已经形成机器人及装备、自动化成套装备、产品定制与服务三大业务板块；在环保设备与工程方面已经形成固废处置设备及工程和水处理设备及工程两大业务板块。公司主要技术和产品服务于环保、汽车、智能制造、物流、工程机械、冶金、印刷和国防等国民经济的核心领域。公司业务主要是以“新技术研发 + 咨询 + 设计 + 产品制造 + 产品销售 + 运营管理 + 售后服务”为主的一体化经营模式。

关键指标：

表 62　机科股份公司关键指标情况

参考市值(亿元)	17.55	员工人数	219
营业总收入(亿元)	3.09	净利润(亿元)	0.20
总资产(亿元)	4.72	所得税(百万)	3.03
研发费用(百万)	29.48	专利数量	39

资料来源：Wind，中关村上市公司协会整理。

11. 信维科技（430038. OC）

公司基本情况：

表 63　信维科技公司基本情况

公司名称	北京信维科技股份有限公司	所属行业(股转管理型中类)	通信设备制造
成立时间	2002-06-05	挂牌时间	2008-12-10
转让方式	做市转让	所属分层	创新层
主营业务	专用设备与零部件		

资料来源：Wind，中关村上市公司协会整理。

公司是一家专业致力于通信测试仪器仪表与监测系统产品的研制、生产、销售和服务的高新技术企业。作为国内领先的光纤测试厂商，可在光通信网络测试维护领域提供先进的产品和解决方案。公司推出的产品包括 12 个系列、80 多种型号，可全面满足光网络物理层测试与维护需求，尖端精密的实验、生产和测试设备使公司在光通信领域不断为客户提供一流的产品。公司独特的手持式光纤测试产品具有很大的实用价值，可帮助客户在瞬息万变的市场中降低运营成本。现拥有强大的本土化研发、技术支持和服务队伍，并已连续多年成为中国 OTDR 市场占有率最高的品牌。

关键指标：

表 64　信维科技公司关键指标情况

参考市值(亿元)	1.44	员工人数	165
营业总收入(亿元)	0.84	净利润(亿元)	-0.03
总资产(亿元)	1.90	所得税(百万)	-2.00
研发费用(百万)	18.18	专利数量	2

资料来源：Wind，中关村上市公司协会整理。

12. 派尔特（835879. OC）

公司基本情况：

表 65　派尔特公司基本情况

公司名称	北京派尔特医疗科技股份有限公司	所属行业(股转管理型中类)	医疗仪器设备及器械制造
成立时间	2002-09-25	挂牌时间	2016-04-14
转让方式	竞价转让	所属分层	基础层
主营业务	医用耗材		

资料来源：Wind，中关村上市公司协会整理。

公司为行业内领先的外科手术整体解决方案提供商，致力于通过对外科手术需求的精准掌握，向市场提供符合“患者创伤最小化，医生操作简单化”的外科手术器械产品及相关配套服务。经过十余年的发展，公司形成以吻合器产品为核心，其他手术器械全面发展的综合业务体系，并成为具备吻合器设计开发及精密装配、国际先进品牌代理、定制外科手术培训、差异需求营销服务等全产业服务能力，有效实现外科手术器械领域资源的全面整合。目前，公司整体解决方案主要应用于普外科、胃肠外科、脾胰外科、妇科、小儿外科等各类外科手术，产品已广泛覆盖国内二、三级医院。

关键指标：

表 66　派尔特公司关键指标情况

参考市值(亿元)	12.93	员工人数	337
营业总收入(亿元)	2.28	净利润(亿元)	0.41
总资产(亿元)	2.69	所得税(百万)	7.71
研发费用(百万)	11.00	专利数量	25

资料来源：Wind，中关村上市公司协会整理。

13. 德鑫物联（430074. OC）

公司基本情况：

表 67　德鑫物联公司基本情况

公司名称	北京德鑫泉物联网科技股份有限公司	所属行业(股转管理型中类)	其他电子设备制造
成立时间	2004－01－14	挂牌时间	2010－09－28
转让方式	做市转让	所属分层	创新层
主营业务	电子测试和测量仪器、电子设备及加工、电子元器件、高分子聚合物、轻型工程机械、输电设备		

资料来源：Wind，中关村上市公司协会整理。

公司是全球领先的物联网射频识别生产、应用全面解决方案提供商。主营业务为物联网 RFID 智能封装设备及相关产品的研发、生产、销售及相关技术服务，主营产品为物联网射频识别电子层高端智能生产及读写装备；高端智能机器人与视觉自动化装备。在研发方面，公司将研发重点放在非接触式智能卡、智能标签倒贴片封装设备研制领域，并与国内外相关领域的企业展开密切合作，进一步巩固已有的市场地位，并拓展新的国际市场空间；在生产与采购方面，公司采取“以销定产、以产定购”的模式组织生产及采购。

关键指标：

表 68　德鑫物联公司关键指标情况

参考市值(亿元)	8.94	员工人数	161
营业总收入(亿元)	5.08	净利润(亿元)	0.60
总资产(亿元)	8.95	所得税(百万)	9.77
研发费用(百万)	17.66	专利数量	5

资料来源：Wind，中关村上市公司协会整理。

14. 三元基因（837344. OC）

公司基本情况：

表 69　三元基因公司基本情况

公司名称	北京三元基因药业股份有限公司	所属行业(股转管理型中类)	生物药品制造
成立时间	1992-09-24	挂牌时间	2016-05-18
转让方式	竞价转让	所属分层	基础层
主营业务	医药中间体		

资料来源：Wind，中关村上市公司协会整理。

公司是一家现代医药生物技术企业，主要从事研制、开发、生产和销售医药生物技术产品，包括基因工程药物、基因工程疫苗和诊断试剂，并从事与之相关的技术贸易与技术服务业务。公司主要产品重组人基因工程 α1b 干扰素是中国第一个具有独立知识产权的基因工程一类新药，用于治疗多种病毒性疾病和恶性肿瘤；运德素®树立了中国基因药物的优质品牌，创造了良好的经济效益和社会效益。公司拥有多项具有国际先进水平的临床研究新药，拥有四十余项中国、美国等国家的发明专利，先后承担十余项重大新药创新计划，获得十余项新药证书和生产批准文号。

关键指标：

表 70　三元基因公司关键指标情况

参考市值(亿元)	4.29	员工人数	195
营业总收入(亿元)	3.01	净利润(亿元)	0.58
总资产(亿元)	3.30	所得税(百万)	9.13
研发费用(百万)	18.75	专利数量	2

资料来源：Wind，中关村上市公司协会整理。

15. 天助畅运（430069. OC）

公司基本情况：

表 71　天助畅运公司基本情况

公司名称	北京天助畅运医疗技术股份有限公司	所属行业(股转管理型中类)	医疗仪器设备及器械制造
成立时间	2002－11－13	挂牌时间	2010－06－21
转让方式	竞价转让	所属分层	基础层
主营业务	血液系统用制剂、医用辅助设备、营养补充类制剂		

资料来源：Wind，中关村上市公司协会整理。

公司是一家高新技术企业，公司主营业务为微创医疗器械和新型生物工程材料的临床应用研究以及相关医疗器材的研发、生产、销售。公司拥有高素质的管理队伍、高水平的研发人员及一大批训练有素的熟练工人；先进的进口机器设备，有万级、十万级层流厂房；严格执行 ISO9001：2000、ISO13485 质量管理体系；通过 GMP 考核，建立了与产品标准一体的过程控制系统。公司产品属于外科疝修补产品细分领域，是该类产品的专业制造商。公司目前持有 28 项国内外已授权的专利。

关键指标：

表 72　天助畅运公司关键指标情况

参考市值(亿元)	2. 18	员工人数	118
营业总收入(亿元)	0. 93	净利润(亿元)	0. 36
总资产(亿元)	1. 32	所得税(百万)	7. 39
研发费用(百万)	3. 72	专利数量	4

资料来源：Wind，中关村上市公司协会整理。

16. 快鱼电子（838168. OC）

公司基本情况：

表 73　快鱼电子公司基本情况

公司名称	北京快鱼电子股份公司	所属行业（股转管理型中类）	其他电子设备制造
成立时间	2006－12－12	挂牌时间	2016－08－03
转让方式	竞价转让	所属分层	基础层
主营业务	电子设备及加工		

资料来源：Wind，中关村上市公司协会整理。

公司是一家专业从事企业商业软件、通信系统软硬件产品研究、开发、设计、生产、销售为一体的高科技企业。在音频处理及通信领域具有10年的研究开发经验，主要从事CTI计算机语音通信系统、安防音频监控产品的设计与生产。目前主要产品有电话呼叫中心、拾音器/拾音头、电话数字录音、语音降噪DSP芯片以及其他电信增值服务设备等高科技产品。公司产品的用户已经遍布全国，在工业、民用、航空、军事等各行业均有大量成功应用。公司拥有15项专利和29项软件著作权，拥有核心技术团队、研发生产设备、办公生产场所、相关经营资质等关键业务资源。

关键指标：

表 74　快鱼电子公司关键指标情况

参考市值(亿元)	1.02	员工人数	154
营业总收入(亿元)	1.21	净利润(亿元)	0.19
总资产(亿元)	0.70	所得税(百万)	－0.25
研发费用(百万)	20.64	专利数量	4

资料来源：Wind，中关村上市公司协会整理。

17. 明石创新（832924. OC）

公司基本情况：

表 75　明石创新公司基本情况

公司名称	明石创新技术集团股份有限公司	所属行业(股转管理型中类)	环保、社会公共服务及其他专用设备制造
成立时间	1999－11－22	挂牌时间	2015－07－22
转让方式	竞价转让	所属分层	基础层
主营业务	资产管理业务		

资料来源：Wind，中关村上市公司协会整理。

公司是国内知名的直接投资与资产管理机构。在直接投资领域，公司以自有资金进行实业投资和并购投资。明石创新选择先进制造业、国防军工、节能环保、生态农业等朝阳产业提前展开投资布局，通过战略性参股或控股产业链中的核心企业，充分享受行业高速发展红利。明石投资先后被《福布斯》杂志评为2014年“中国最佳PE投资机构第21名”，被清科集团评为“2014年中国私募股权投资机构前50强”、“2014年中国先进制造业领域投资机构前10强”，被投中集团评为2012年“中国最佳产业投资机构现代农业第1名”。

关键指标：

表 76　明石创新公司关键指标情况

参考市值(亿元)	28.01	员工人数	1686
营业总收入(亿元)	9.11	净利润(亿元)	6.72
总资产(亿元)	90.27	所得税(百万)	13.95
研发费用(百万)	51.47	专利数量	0

资料来源：Wind，中关村上市公司协会整理。

18. 圣商教育（430277. OC）

公司基本情况：

表 77　圣商教育公司基本情况

公司名称	北京圣商教育科技股份有限公司	所属行业(股转管理型中类)	饲料加工
成立时间	2005－08－05	挂牌时间	2013－08－01
转让方式	竞价转让	所属分层	基础层
主营业务	生物肥		

资料来源：Wind，中关村上市公司协会整理。

公司是一家集科研开发、生产经营、贸易投资于一体的国家级综合性农业高新技术企业。公司于2009年与中国农业大学动物科技学院联合成立了国内首家维生素动物营养实验室，拥有一支以硕士、博士为主，具有丰富实践经验的科技研发和技术服务队伍，成功尝试以“产学研”的方式进行技术创新和产品创新，先后获得国家级授权发明专利，成功攻克维生素生产和质量检测中的多项技术难题。目前，公司已根据实验室研究成果，成功研发出维生素预混料、高效营养补充剂、纳米级液体营养补充剂、复合预混料、新型绿色微生态制剂等产品。

关键指标：

表78　圣商教育公司关键指标情况

参考市值(亿元)	13.75	员工人数	35
营业总收入(亿元)	5.20	净利润(亿元)	0.97
总资产(亿元)	3.42	所得税(百万)	17.15
研发费用(百万)	16.75	专利数量	0

资料来源：Wind，中关村上市公司协会整理。

19. 小鸟股份（870209. OC）

公司基本情况：

表79　小鸟股份公司基本情况

公司名称	北京小鸟科技股份有限公司	所属行业(股转管理型中类)	计算机制造
成立时间	2009-04-09	挂牌时间	2016-12-20
转让方式	竞价转让	所属分层	基础层
主营业务	MIS软件、电脑配件		

资料来源：Wind，中关村上市公司协会整理。

公司是一家专注于全球专业视听领域、为客户提供数字化解决方案的国家高新技术企业。成立数年的时间里，在北京、上海、广州、深圳、成都、西安、沈阳、济南、南京等15个区域设立办事机构，并拥有北京、郑州两大研发中心，成功以自主品牌进入国际市场，渠道及服务覆盖全球 16 个国家及地区。小鸟科技自成立开始，就专注于不断的探索与创新，陆续推出了一系列以传输、交换、处理、控制为主的硬件设备及软件平台，致力于通过以可视化协作系统、拼接处理器、边缘融合器、高清 KVM 光纤矩阵、音视频网络控制器等产品为基础，成为技术领先的指控、会议行业解决方案供应商，并广泛服务于政府、交通、能源、金融、教育、传媒等领域。

关键指标：

表 80　小鸟股份公司关键指标情况

参考市值(亿元)	2.01	员工人数	301
营业总收入(亿元)	2.25	净利润(亿元)	0.35
总资产(亿元)	1.79	所得税(百万)	2.97
研发费用(百万)	26.35	专利数量	4

资料来源：Wind，中关村上市公司协会整理。

20. 奥凯立（833819. OC）

公司基本情况：

表 81　奥凯立公司基本情况

公司名称	北京奥凯立科技发展股份有限公司	所属行业（股转管理型中类）	专用化学产品制造
成立时间	2001－03－22	挂牌时间	2013－07－05
转让方式	做市转让	所属分层	创新层
主营业务	催化剂及化学助剂		

资料来源：Wind，中关村上市公司协会整理。

公司是一家油田化学品研发、生产及技术服务于一体的高新技术企业。公司设有有机化学合成、高分子化学合成、分析化学测试等研究室，能够满足各类工程技术应用的要求。公司业务包括应用化学品研究和制造：油田化学品；水利交通建筑化学制品；水处理剂；涂料。其他化工类产品：固体及液体二氧化氯、N，N－二甲基二丙烯基氯化铵等。公司自主品牌产品的销售模式主要为直接销售，对国外销售的产品以直接出口和间接出口两种形式。公司的赢利模式主要是通过自主的产品销售和技术服务实现业务收入，公司已逐步形成研发、销售与技术服务相结合的赢利方式。

关键指标：

表 82　奥凯立公司关键指标情况

参考市值(亿元)	0.41	员工人数	206
营业总收入(亿元)	1.73	净利润(亿元)	0.24
总资产(亿元)	3.24	所得税(百万)	3.89
研发费用(百万)	10.67	专利数量	0

资料来源：Wind，中关村上市公司协会整理。

地　域　篇

Regional Report

B.9
2018年主要区域新三板整体发展状况对比分析

中关村上市公司协会研究部*

摘　要： 本报告对广东、中关村、江苏、浙江、上海五个新三板分布最为集中的区域进行对比分析，从各区域新三板企业的参考市值、资产、营业收入、利润、融资情况、纳税及员工构成等企业发展的核心指标着手，其中重点分析了各区域的赢利能力和创新情况，以凸显五个区域新三板企业的实际发展状况及其成长性。数据显示，受整体经济形势影响，2018 年五个地区的新三板企业发展状况都不太乐观，但相对其他区域，中关村新三板企业的整体质量和实力仍

* 本文由中关村上市公司协会研究部完成，主要执笔人：陈红，中关村上市公司协会研究部主任，主要从事中关村区域经济研究工作；冉江平，中关村上市公司协会助理研究员；纪天梦，中关村上市公司协会助理研究员。

然优于其他区域。

关键词： 新三板 区域分析 创新能力

一 各区域整体情况对比分析

2018 年，全国新三板挂牌总家数为 10691 家，排名前五名的依次为广东（1637 家）①、中关村（1440 家）、江苏（1273 家）、浙江（933 家）、上海（903 家），以上五个区域 2018 年新三板挂牌企业总数为 6186 家，占全国新三板企业总数的 57.86%（见表 1）。以上五个区域新三板挂牌企业家数占有绝对优势，因此本报告选取以上五个区域的新三板企业作为分析研究的对象。

表 1 主要区域新三板企业数量

区域	2018 年末		2017 年末	
	公司家数	占比(%)	公司家数	占比(%)
广东	1637	15.31	1878	16.15
北京	1440	13.47	1618	13.91
江苏	1273	11.91	1390	11.95
浙江	933	8.73	1032	8.87
上海	903	8.45	989	8.50

资料来源：Wind，中关村上市公司协会整理。

截至 2019 年 4 月 30 日，广东、中关村、江苏、浙江、上海地区已公布年报的新三板企业分别有 1378 家、1224 家、1120 家、813 家、764 家。本报告因涉及新三板企业 2018 年财务数据的分析，因此以 2019 年 4 月 30 日前公布年报的企业作为研究对象。

① 由于深圳市各项指标在广东省均占有较大比例，因此下文对深圳市新三板企业的核心指标进行特别批注。2018 年深圳新三板挂牌企业数量为 642 家，占广东省的 39.22%；截至 2019 年 4 月 30 日，共有 514 家企业公布了年报。

（一）市值状况

2018 年中关村新三板企业总市值为 4790.53 亿元，广东[①]、江苏、浙江、上海区域总市值分别为 3650.77 亿元、2547.28 亿元、1950.44 亿元、2284.49 亿元。受整体经济形势的影响，相较于 2017 年，以上所有区域的总市值均成负增长趋势，中关村新三板企业市值增长率为 -28.46%，广东、江苏、浙江、上海区域新三板企业增长率依次为 -6.05%、-3.79%、-23.84%、-8.37%。中关村新三板企业总市值仍较大幅度领先于其他区域，但负增长压力较大（见图 1）。

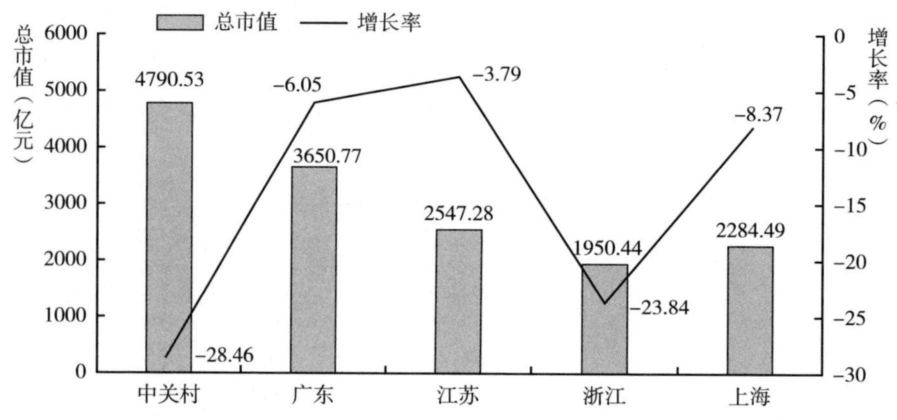

图 1　2018 年各区域新三板企业市值状况

资料来源：Wind，中关村上市公司协会整理。

从单个企业市值来看，中关村新三板企业共有 6 家企业市值超过 100 亿元[②]，其中神州优车市值最高为 452.01 亿元；广东、上海区域各有 2 家，江苏区域有 1 家企业市值超过 100 亿元，浙江区域所有新三板企业市值均在 100 亿元以下。

① 深圳地区 2018 年市值为 1477.20 亿元，占广东省新三板企业总市值的 58.00%，同比降低 10.76%。

② 中关村市值超过 100 亿元的企业有神州优车、睦合达、九鼎集团、国都证券、翰林汇、随锐科技。

（二）资产状况

2018年中关村新三板企业总资产为4428.80亿元，总资产位于第二位的是江苏地区新三板企业（3228.45亿元），广东①、浙江、上海地区总资产分别为3036.82亿元、2159.89亿元、1895.23亿元。除上海地区新三板企业总资产成正增长趋势（8.30%）外，其他区域总资产均有一定程度的下降，广东、江苏地区的降低幅度均大于14%，中关村和浙江地区降低幅度相对较小，分别为7.46%和1.86%。中关村新三板企业总资产高于其他区域，但仍存在一定程度的下降风险（见图2）。

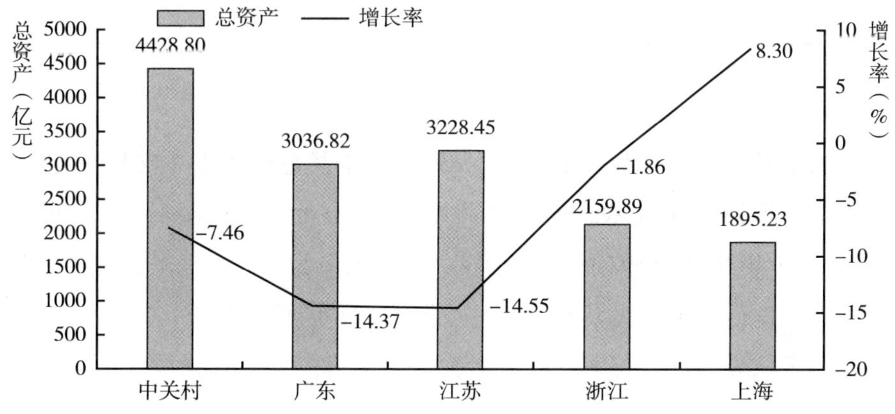

图2　2018年各区域新三板企业总资产状况

资料来源：Wind，中关村上市公司协会整理。

（三）融资状况

1. 股票发行

2018年中关村股票发行186次，融资金额83.01亿元，同比降低69.90%；广东地区股票发行253次，融资76.36亿元，同比降低62.48%；

① 深圳市2018年总资产为1289.68亿元，占广东省新三板企业总资产的42.47%。

江苏、浙江、上海地区 2018 年股票发行融资额分别为 76.24 亿元、38.28 亿元、47.06 亿元，增长率依次为：－36.89%、－60.56%、－51.94%（见表 2）。

表 2　2018 年主要区域股票发行情况

区域	2018 年		2017 年	
	金额(亿元)	次数	金额(亿元)	次数
中关村	83.01	186	276.10	419
广东	76.36	253	203.54	523
江苏	76.24	171	120.81	308
浙江	38.28	105	97.05	207
上海	47.06	110	97.91	240

资料来源：Wind，中关村上市公司协会整理。

从股票发行方式来看，中关村区域 2018 年共进行了 144 次股票定向发行，增发数量为 8.36 亿股，融资金额为 47.14 亿元，同比降低 73.76%。广东区域 2018 年共进行 192 次定向增发，发行数量为 11.39 亿股，融资 52.13 亿元。江苏进行了 149 次增发，发行数量 14.41 亿股，融资 67.47 亿元。浙江、上海区域分别进行了 90 次、84 次定向发行，发行数量均小于 8 亿股，融资金额 31 亿元左右（见表 3）。

表 3　2018 年主要区域新三板企业定向发行情况对比

区域	2018 年定向发行次数（次）	发行次数增长率（%）	2018 年增发数量(亿股)	增发数量增长率（%）	2018 年融资金额(亿元)	融资金额增长率（%）
中关村	144	－51.35	8.36	－61.74	47.14	－73.76
广东	192	－41.10	11.39	－41.74	52.13	－49.55
江苏	149	－33.18	14.41	－14.53	67.47	－2.60
浙江	90	－36.62	6.71	－46.87	31.54	－48.47
上海	84	－49.09	6.85	－46.86	31.92	－61.07

资料来源：Wind，中关村上市公司协会整理。

以上数据显示，受2018年经济环境的影响，以上区域股票发行及定向增发的指标均有较大幅度的下降，但中关村地区股票发行融资总额仍领先于其他地区。

2. 债券发行

2018年全国新三板企业共有11家通过发行债券来融资，融资总额为14.05亿元。其中中关村4家①，广东、江苏区域各2家，浙江、上海、安徽区域各1家。中关村实际发行债券规模合计9.30亿元，平均票面利率7.03%；广东、江苏区域实际发行债券规模合计分别为2.3亿元、0.2亿元，平均票面利率分别为7.37%、7.25%；上海仅君实生物通过发行债券融资，发行规模和票面利率分别为2.00亿元和10.35%；浙江实际发行规模为仅为0.05亿元，票面利率为7.50%（见表4）。数据显示，2018年中关村进行债券融资的新三板企业数量和实际融资额分别占全国的36.36%和66.19%，比例远高于其他区域。在整体新三板市场债券融资不活跃的情况下，中关村新三板企业的债券融资表现优于其他区域。

表4　2018年主要区域债券发行情况

区域	发行债券企业（家）	实际发行规模（亿元）	发行债券企业占比（全国）(%)	实际融资规模占比（全国）(%)
中关村	4	9.30	36.36	66.19
广东	2	2.30	18.18	16.37
江苏	2	0.20	18.18	1.42
浙江	1	0.05	9.09	0.36
上海	1	2.00	9.09	14.23

资料来源：Wind，中关村上市公司协会整理。

① 2018年中关村有阿尔特、德鑫物联、中国康富和信中利4家新三板企业通过发行公司债进行融资。

（四）纳税状况

1. 企业所得税

2018 年中关村新三板企业所得税纳税额最高，为 26.92 亿元；其次为江苏区域（24.09 亿元）；广东①、浙江、上海区域税收分别为 20.68 亿元、20.71 亿元、14.44 亿元。以上所有区域企业所得税纳税额同比均有所降低，其中，广东区域降低幅度最大，为 43.76%，其次是江苏区域的 34.50%，中关村和上海区域降低幅度均在 27% 左右，浙江区域降低幅度最小为 19.26%（见图 3）。

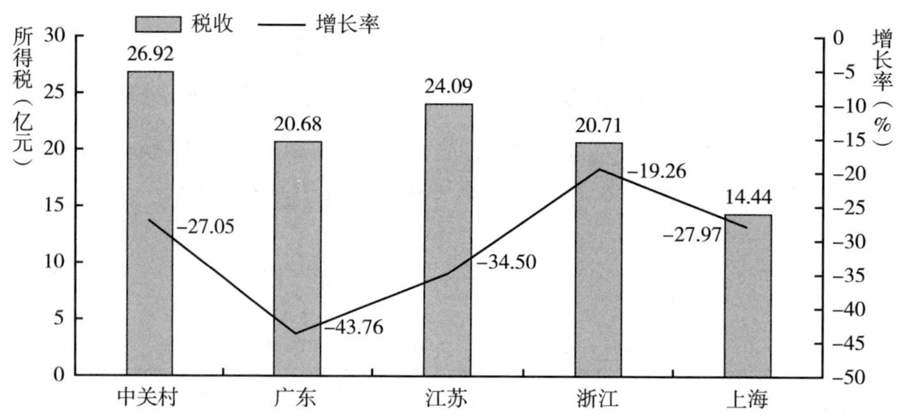

图 3　2018 年各区域新三板企业所得税状况

资料来源：Wind，中关村上市公司协会整理。

2. 实际税费负担

中关村新三板企业 2018 年实际税费负担②为94.19 亿元，相较于 2017

① 2018 年深圳地区新三板企业所得税纳税额为 9.40 亿元，占广东省新三板企业纳税总额的 45.45%，同比降低幅度略低于广东地区，为 39.49%。

② 实际税费负担 = 当期支付的各项税费 - 当期收到的税费返还 + 当期应交税费 - 上期应交税费

年的94.72亿元降低0.56%。广东[①]、江苏、浙江、上海区域实际税费负担分别为74.28亿元、72.14亿元、55.29亿元、46.28亿元，在2017年的基础上均有所降低，其中广东和江苏区域降低幅度最大，均超过了7%（见图4）。中关村区域贡献的企业所得税税额和实际缴纳的税费均高于其他区域，但都表现出下降趋势，2018年各新三板企业税费负担数额有所减轻。

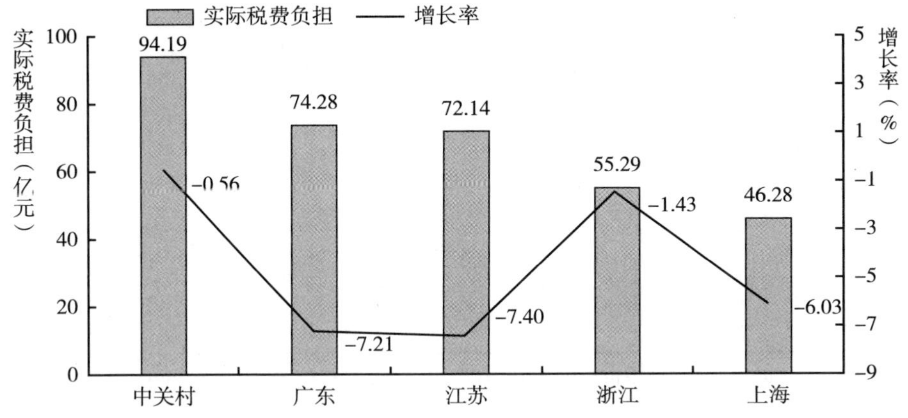

图4　2018年各区域新三板企业实际税费负担

资料来源：Wind，中关村上市公司协会整理。

从实际税费负担占营业收入比重来看，中关村新三板企业占比略有增加，由2017年的3.91%增加为2018年的3.94%；广东、江苏区域2018年实际税费负担占营业收入的比重分别为3.09%、3.61%，同比增长率依次为18.85%、4.94%；而浙江和上海区域实际税费负担占营业收入的比重同比降低6.12%和14.62%。

数据显示，从缴纳的企业纳税额及实际税费额绝对值角度来看，以上区

① 深圳地区2018年实际税费负担为25.54亿元，同比降低10.54%，降低幅度大于广东省，减税力度较大。

域税费负担减轻较为明显。同时，受整体环境影响，中关村、广东、江苏区域营业收入均有不同程度地降低，因此实际税费负担占营业收入的比重有所上升。但总体来说，实际税费负担占营业收入比重的增长/降低幅度仍小于/大于营业收入降低/增长幅度，各区域税费负担有所减轻，相比于其他区域中关村新三板企业减税力度较小（见表5）。

表5　2018年主要区域新三板企业实际税费负担占营业收入比重

区域	2018年营业收入(亿元)	营业收入增长率(%)	2017实际税负占营业收入比重(%)	2018实际税负占营业收入比重(%)	税负占营收比重增长率(%)
中关村	2393.16	-1.17	3.91	3.94	0.62
广东	2402.89	-21.95	2.60	3.09	18.85
江苏	2000.47	-11.66	3.44	3.61	4.94
浙江	2118.80	5.08	2.78	2.61	-6.12
上海	2556.28	10.21	2.12	1.81	-14.62

资料来源：Wind，中关村上市公司协会整理。

（五）员工构成

1. 员工总数

从员工人数来看，2018年中关村新三板企业员工人数为23.08万人，低于广东①地区的35.74万人和江苏地区的24.06万人，浙江、上海新三板企业员工数量分别为20.20万人、16.18万人。从增长率角度来看，中关村、江苏、浙江区域从2016~2018年，员工人数持续减少且降低幅度进一步加大；广东、上海新三板企业员工人数由2017年正向增长转为负增长，其中广东区域2018年员工降低幅度超过了30%，裁员较多。数据显示，2018年全国主要区域新三板企业裁员现象明显，中关村新三板企业员工人

① 2018年深圳地区员工人数为13.57万人，占广东地区新三板企业总员工数的38%。

数在以上区域中处于中间位置，虽然仍呈下降趋势，但降低幅度相对呈下降趋势（见图5）。

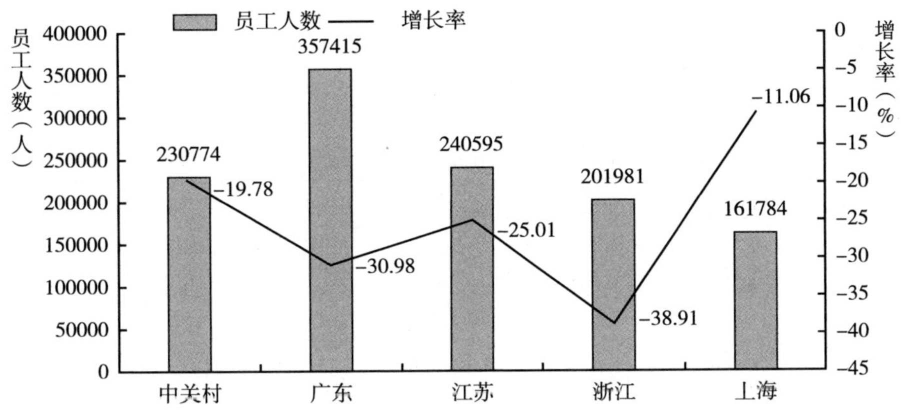

图5　2018年各区域新三板企业员工人数状况

资料来源：Wind，中关村上市公司协会整理。

2. 本硕博员工

2018年中关村新三板企业的本硕博人数为111551人（本科97854人、硕士12819人、博士878人），占比48.34%，平均本硕博人数为91.14人。本硕博人数居于第二位的是广东[①]，总人数为79154人（本科72061人、硕士6596人、博士497人），占比22.15%，平均本硕博人数为57.44人；江苏、浙江、上海区域本硕博总人数分别为52709人、37958人、60180人（见表6）。中关村新三板企业员工不论是本科、硕士、博士单项人数还是本硕博总人数都显著高于其他区域，平均本硕博人数也领先于其他区域，中关村新三板企业更能吸引到高学历、高素质人才，企业员工素质更高、竞争力更强。

① 2018年深圳地区员工中本硕博人数为32948人，占广东省新三板企业本硕博人数的42%。

表6　2018 年主要区域新三板企业本硕博人数

区域	本科人数	硕士人数	博士人数	本硕博总人数	本硕博占比(%)	平均本硕博人数
中关村	97854	12819	878	111551	48.34	91.14
广东	72061	6596	497	79154	22.15	57.44
江苏	46984	5214	511	52709	21.91	47.06
浙江	34418	3212	328	37958	18.79	46.69
上海	52478	7066	636	60180	37.20	78.77

资料来源：Wind，中关村上市公司协会整理。

二　各区域新三板企业赢利能力分析

（一）营收状况

2018 年中关村新三板企业总营收为 2393.16 亿元，略低于上海区域的 2556.28 亿元和广东①区域的 2402.89 亿元。江苏、浙江区域总营收分别为中关村区域的 83.59% 和 88.54%，除浙江和上海区域总营收呈正向增长外，其他区域 2018 年总营收均有一定程度的下降，其中，广东区域下降幅度最大（21.95%）（见图 6）。中关村新三板企业总营收在以上区域中处于中间位置，降低幅度低于广东、江苏区域；同时，中关村区域新三板企业的平均营收和人均营收均处于中间水平（见表 7）。

（二）利润状况

1. 毛利润/毛利率

2018 年中关村区域毛利润为 574.28 亿元，同比降低了 8.49%。广东②、

① 2018 年深圳新三板企业总营收为 988.82 亿元，占广东省新三板企业总营收的 41.15%；深圳新三板企业总营收同比降低 29.72%。

② 2018 年深圳新三板企业毛利润为 253.23 亿元，占广东省新三板企业总毛利润的 44.18%。

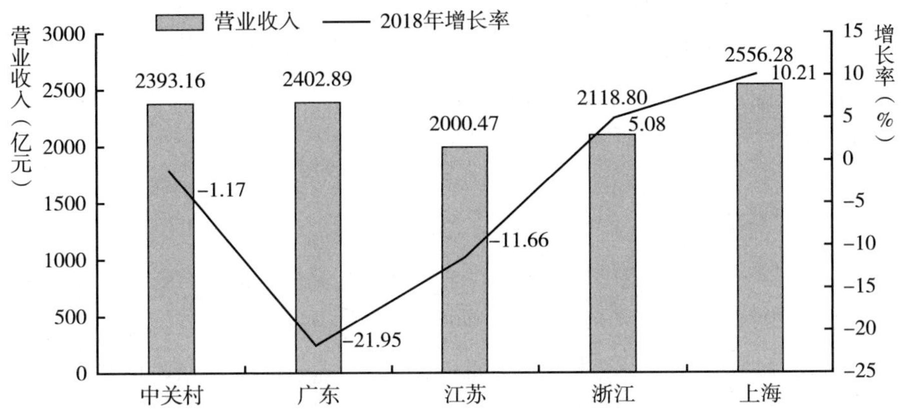

图 6　2018 年各区域新三板企业总营业收入状况

资料来源：Wind，中关村上市公司协会整理。

江苏、浙江、上海区域毛利润分别为 573. 19 亿元、440. 56 亿元、360. 11 亿元、322. 01 亿元，其中广东降低幅度最大为 24. 92%，江苏、浙江、上海区域增长率分别为 -9. 46%、-5. 29%、-13. 25%（见图 7）。数据显示，中关村区域新三板企业毛利润高于其他区域，虽有一定程度的降低，但降低幅度相对其他区域较小。

表 7　2018 年主要区域新三板企业赢利能力对比

区域	总营收（亿元）	平均营收（亿元）	人均营收（万元/人）	毛利润（亿元）	平均毛利润（亿元）	毛利率（%）	净利润（亿元）	人均净利润（万元/人）
中关村	2393. 16	1. 96	103. 70	574. 28	0. 47	24. 00	92. 28	4. 00
广东	2402. 89	1. 74	67. 23	573. 19	0. 42	23. 85	83. 43	2. 33
江苏	2000. 47	1. 79	83. 15	440. 56	0. 39	22. 02	115. 30	4. 79
浙江	2118. 80	2. 61	104. 90	360. 11	0. 44	17. 00	84. 38	4. 18
上海	2556. 28	3. 35	158. 01	322. 01	0. 42	12. 60	44. 29	2. 74

资料来源：Wind，中关村上市公司协会整理。

从平均毛利润和毛利率来看，中关村区域平均毛利润和毛利率分别为0.47亿元、24.00%，相比其他区域处于优势地位，体现了较强的赢利能力。其他区域平均毛利润差别不大，但毛利率表现出较为明显的差别（见表7）。

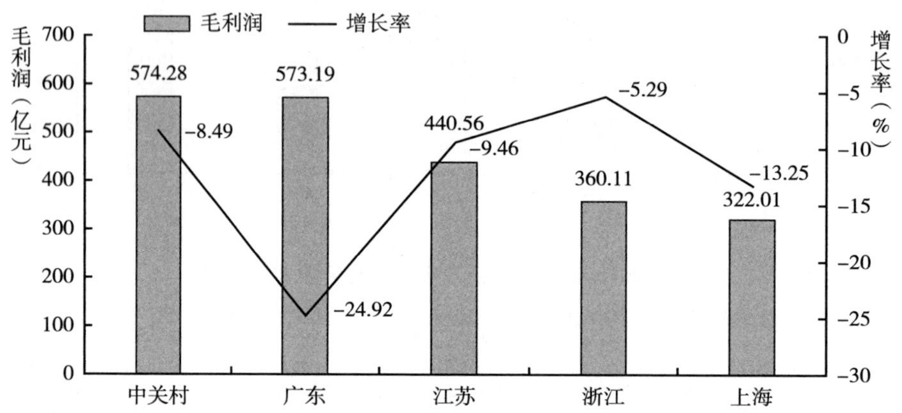

图7　2018年各区域新三板企业毛利润状况

资料来源：Wind，中关村上市公司协会整理。

2. 净利润

2018年中关村区域净利润为92.28亿元，仅次于江苏区域（115.30亿元），广东①、浙江、上海区域的净利润分别为83.43亿元、84.38亿元、44.29亿元。中关村区域新三板企业的人均净利润为4万元，略低于江苏和浙江区域，但显著高于其他区域（见表7）。相比于2017年，以上所有区域的净利润均有较大幅度的下降。其中，中关村区域降低34.96%，降低幅度属于中等；广东、江苏、上海区域降低幅度分别为51.05%、21.00%、28.87%；降低幅度最小的是浙江地区新三板企业（见图8）。

① 深圳地区2018年净利润为39.55亿元，占广东省的47.41%，同比降低45.25%，降低幅度低于广东省整体水平。

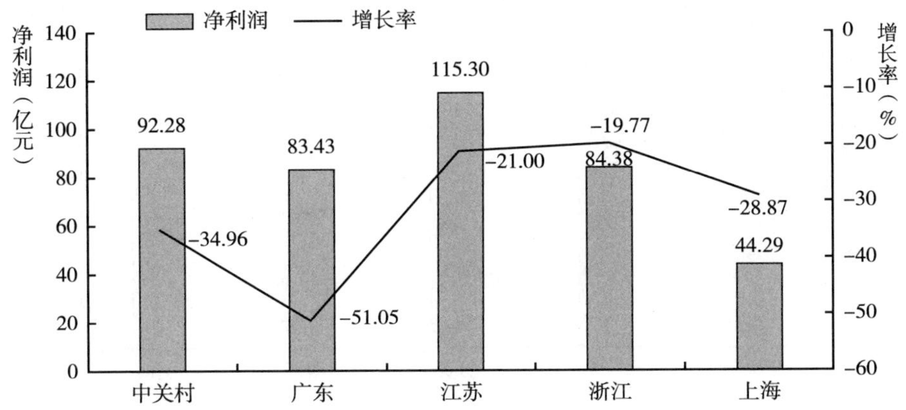

图 8　2018 年各区域新三板企业净利润状况

资料来源：Wind，中关村上市公司协会整理。

三　各区域创新情况对标分析

（一）各区域创新层企业核心指标分析

2018 年全国共有创新层新三板企业 851 家[①]。中关村共有 122 家，占全国创新层数量的 14.34%；广东[②]区域 105 家，占比为 12.34%；江苏、浙江、上海区域创新层企业分别为 65 家、54 家、57 家（见图 9）。

从创新层企业占本区域所有新三板企业的比例角度来看，中关村领先于其他区域，占比为 8.47%；其次为广东地区，占比为 7.62%；其他区域占比也均在 5% 以上（见表 8）。数据显示，中关村的创新层企业数量、占全国创新层企业百分比及占本区域新三板企业百分比均高于其他区域，新三板企业质量较高。

---

① 截止到 2019 年 4 月 30 日，已经披露年报的创新层企业数量。

② 深圳地区创新层企业有 48 家，占全国创新层企业的 5.64%，广东省创新层企业的 45.71%。

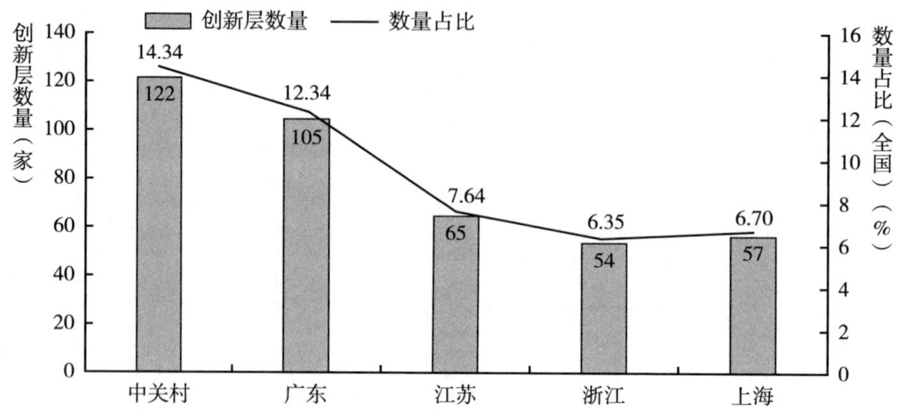

图9　2018 年各区域创新层企业数量及占比情况

资料来源：Wind，中关村上市公司协会整理。

表8　2018 年主要区域创新层企业对比分析

区域	创新层数量	数量占比（全国创新层）（%）	数量占比（本区域）（%）	总市值（亿元）	总资产（亿元）	总营收（亿元）	净利润（亿元）
中关村	122	14. 34	8. 47	1517. 85	887. 72	641. 76	20. 15
广东	105	12. 34	7. 62	823. 87	694. 35	520. 94	38. 97
江苏	65	7. 64	5. 11	469. 59	400. 16	200. 28	19. 07
浙江	54	6. 35	5. 79	364. 90	607. 45	399. 47	18. 49
上海	57	6. 70	6. 31	378. 72	340. 58	1154. 72	15. 47

资料来源：Wind，中关村上市公司协会整理。

1. 市值

2018 年中关村创新层企业市值远高于其他区域，为 1517. 85 亿元；其次为广东[①]区域的 823. 87 亿元；其他区域创新层企业总市值均在 300 亿 ~500 亿元（见表 8）。同时，中关村区域创新层企业总市值占本区域新三板总市值的 31. 68%，高于广东区域的 22. 57%；江苏、浙江区域创新层总市值均为本区域总

①　深圳地区 2018 年创新层企业总市值为 439. 42 亿元，超过了广东整体水平的 50%，占比为 53. 34%。同时，深圳地区创新层企业市值占本地区总市值的 26. 55%。

市值的18%左右，上海区域最低为16.58%（见图10）。创新层企业数量及总市值的绝对优势，也反映了中关村新三板企业质量相较于其他区域存在优势。

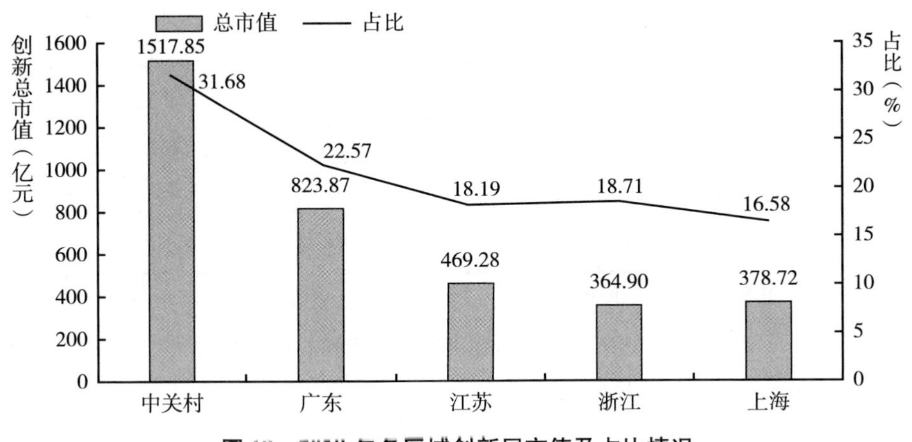

图10　2018年各区域创新层市值及占比情况

资料来源：Wind，中关村上市公司协会整理。

2. 资产和营收

中关村创新层企业总资产为887.72亿元，平均总资产低于浙江区域，高于其他区域。而广东①、江苏、浙江、上海区域创新层企业总资产依次为694.35亿元、400.16亿元、607.45亿元、340.58亿元。从营收角度来看，中关村创新层企业总营收为641.76亿元，仅次于上海（1154.72亿元），但平均总营收仅高于广东②和江苏区域，表明中关村的创新层企业体量相对较小（见图11）。

3. 净利润

从净利润角度来看，中关村创新层企业处于优势地位，为20.15亿元，仅次于广东③区域的38.97亿元，其余区域创新层净利润也均在15亿元以上。同时，中关村创新层企业有83家赢利，占比68.03%，相对其他区域，该占比较

① 深圳地区创新层企业2018年总资产为463.27亿元，占广东省创新层企业的66.72%，深圳创新层企业总资产同比降低8.54%。

② 深圳地区创新层企业2018年总营收为327.10亿元，占广东省创新层企业总营收的62.80%，深圳创新层企业总营收同比降低23.34%。

③ 深圳地区创新层企业2018年净利润达22.50亿元，占广东省创新层企业净利润的57.74%，深圳创新层企业净利润同比降低21.75%。

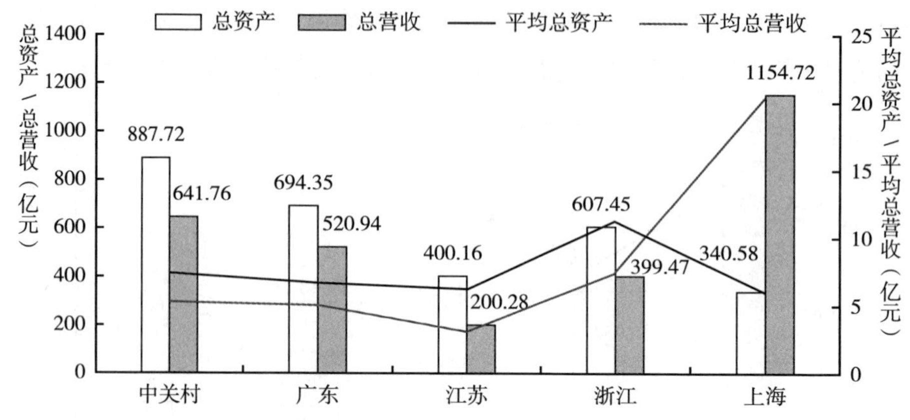

图 11　2018 年各区域创新层总资产和总营收情况

资料来源：Wind，中关村上市公司协会整理。

较低，营业企业净利润为 37.12 亿元；江苏区域创新层企业赢利家数占比最高，达95.38%，营业企业净利润处于中间位置（21.48 亿元）（见表9）。

表 9　2018 年各区域创新层企业赢利情况对比

区域	净利润（亿元）	赢利企业数量（家）	赢利企业家数占比（%）	赢利企业净利润（亿元）	亏损金额（亿元）	平均亏损（亿元）
中关村	20.15	83	68.03	37.12	16.97	0.44
广东	38.97	86	81.90	45.74	6.77	0.36
江苏	19.07	62	95.38	21.48	2.40	0.80
浙江	18.49	43	79.63	22.17	3.68	0.33
上海	15.47	49	85.96	16.36	0.89	0.11

资料来源：Wind，中关村上市公司协会整理。

虽然中关村新三板创新层企业净利润占有一定优势，但亏损企业比例较大，部分企业亏损较为严重①。

① 2018 年中关村创新层企业有 5 家亏损 1 亿元以上，其中海鑫科金亏损 2.87 亿元，广东（除深圳）、深圳、江苏地区各有一家亏损金额为 1 亿元以上，浙江、上海所有企业亏损金额均在 1 亿元以下。

（二）各区域创新能力情况分析

1. 创新资源

2018 年中关村新三板企业共有硕博 13697 人，占所有员工比例为 5.94%；其次是上海区域，硕博人数及占比分别为 7702 人、3.20%；广东、江苏、浙江区域硕博人数分别为 7093 人、5725 人、3540 人，占比依次为 1.98%、2.58%、2.61%（见图 12）。中关村的硕博人数及占比都远高于其他区域，更能吸引高素质人才，具有较高的创新潜力。

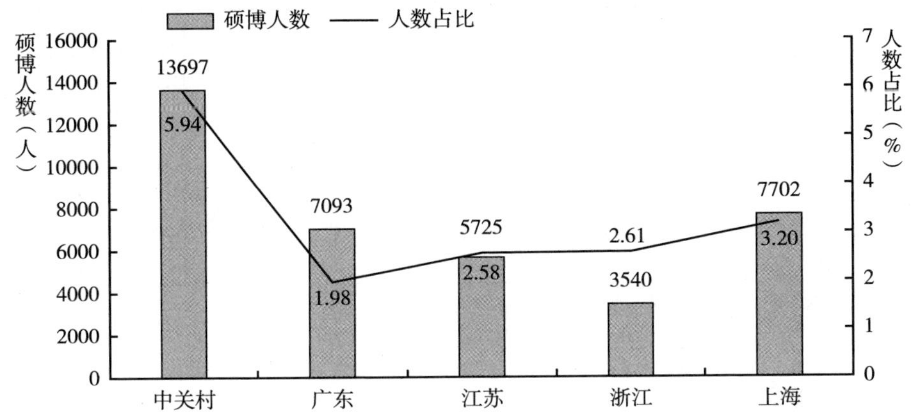

图 12　2018 年各主要区域硕博人数及占比分析

资料来源：Wind，中关村上市公司协会整理。

2. 创新制度

2018 年中关村共有 65 家企业有独立董事，占比为 5.31%，在拥有独立董事的新三板企业中，独立董事占董事会比例大于 1/3① 的企业共有 48 家，占比 73.85%。广东新三板企业有 95 家设有独立董事，占比 6.89%；独立董事占董事会比例大于 1/3 的企业有 71 家，占比 74.74%。江苏、浙江、上

① 中国证监会《关于在上市公司建立独立董事制度的指导意见》：上市公司董事会成员中应当至少包括 1/3 的独立董事。因此以此作为界限来分析。

海区域分别有65家、50家、48家设有独立董事，有独立董事的企业占比依次为5.80%、6.15%、6.28%；其中独立董事占董事会比例大于1/3的企业分别为53家、38家、35家（见表10）。数据显示，2018年主要区域有独立董事的新三板企业占比均在5%~7%，比例较低；但是在设有独立董事的企业中，70%以上的企业独立董事占董事会比例均超过了1/3。中关村设有独立董事企业占比及独立董事占董事会比例大于1/3的比例相对其他区域处于劣势，公司治理结构有待进一步完善和加强。

表10　2018年主要区域独立董事情况

区域	有独立董事企业(家)	独立董事占董事会比例大于1/3企业(家)	有独立董事家数占比(%)	独立董事占董事会比例大于1/3(%)
中关村	65	48	5.31	73.85
广东	95	71	6.89	74.74
江苏	65	53	5.80	81.54
浙江	50	38	6.15	76.00
上海	48	35	6.28	72.92

资料来源：Wind，中关村上市公司协会整理。

3. 创新驱动

2018年中关村新三板企业研发费用总计95.77亿元，平均研发费用为782.43万元，平均研发强度4.00%；广东总研发费用为103.90亿元，平均研发费用753.99万元，研发强度为4.32%；江苏、浙江、上海区域总研发费用分别为73.02亿元、57.54亿元、61.41亿元，平均研发费用为651.96万元、707.75万元、803.80万元（见图13）。中关村区域总研发费用略低于广东，但高于其他区域；平均研发费用和研发强度均处于中间水平。

4. 创新表现

2018年中关村新三板企业总无形资产为82.95亿元，平均无形资产677.70万元，无形资产平均占比为1.87%。广东、江苏、浙江、上海区域总无形资产分别为126.57亿元、89.34亿元、87.26亿元、49.00亿元；平均无形资产仅浙江区域在1000万元以上；浙江、江苏、广东区域无形资产

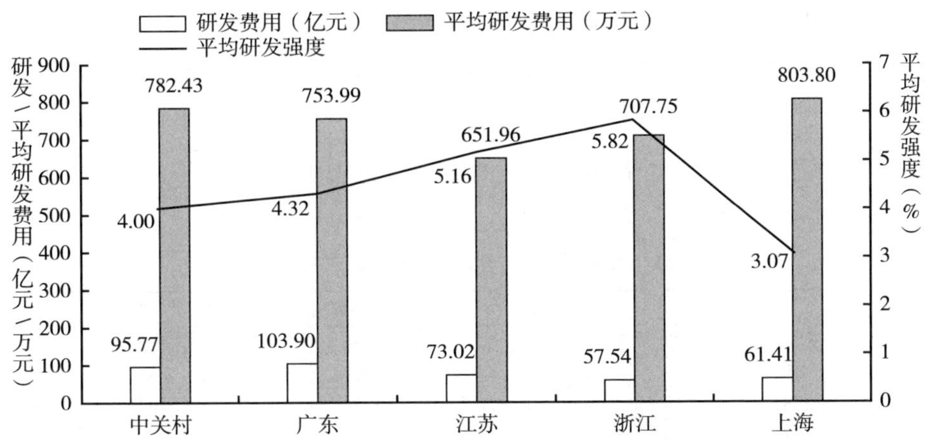

图 13　2018 年各主要区域研发费用及强度分析

资料来源：Wind，中关村上市公司协会整理。

平均占比较高，分别为 6.77%、5.11%、4.17%，上海区域无形资产平均占比仅为 1.52%（见图 14）。

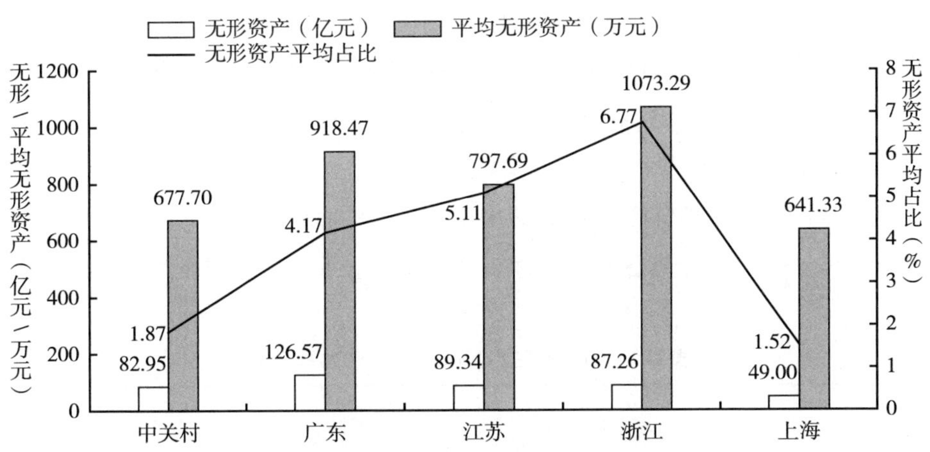

图 14　2018 年各主要区域无形/平均资产及占比

资料来源：Wind，中关村上市公司协会整理。

从无形资产占比的分布来看，中关村有 298 家企业无形资产为零或缺失，占比 24.35%；664 家企业无形资产占比 0～5%，占比 54.25%；118 家企业无形资产占比5%～10%，占比9.64%；144家无形资产占比大于10%，占比11.76%。广东、江苏、浙江、上海区域均是无形资产占比为0～5%的比例最高；广东、江苏、浙江无形资产占比10%以上的比例均超过10%，而上海区域占比10%以上的比例仅为7.59%（见表11）。

表11　2018年在主要区域无形资产占比分布

地区	0		0～5%		5%～10%		10%以上	
	数量（家）	占比（%）	数量（家）	占比（%）	数量（家）	占比（%）	数量（家）	占比（%）
中关村	298	24.35	664	54.25	118	9.64	144	11.76
广东	272	19.74	832	60.38	132	9.58	142	10.30
江苏	166	14.82	623	55.63	217	19.38	114	10.18
浙江	140	17.22	399	49.08	154	18.94	120	14.76
上海	213	27.88	408	53.40	85	11.13	58	7.59

资料来源：Wind，中关村上市公司协会整理。

2018年中关村有466家新三板企业净资产收益率为负，占比38.07%；净资产收益率为0～5%的企业有225家，占比18.38%；净资产收益率在5%～10%的有149家，占比12.17%；净资产收益率在10%～20%的企业占比为18.38%；有12.99%的企业净资产收益率在20%以上。广东区域占比较多的是净资产收益率为负和在10%～20%范围内的企业，比例分别为26.27%和23.51%。江苏区域净资产收益率在10%～20%的企业数量最多为294家，占比26.25%。浙江和上海区域均是净资产为负的企业占比相对较大（见表12）。

表12　2018年主要区域净资产收益率分布

地区	<0		0～5%		5%～10%		10%～20%		20%以上	
	数量（家）	占比（%）	数量（家）	占比（%）	数量（家）	占比（%）	数量（家）	占比（%）	数量（家）	占比（%）
中关村	466	38.07	225	18.38	149	12.17	225	18.38	159	12.99
广东	362	26.27	255	18.51	214	15.53	324	23.51	223	16.18
江苏	240	21.43	215	19.20	186	16.61	294	26.25	185	16.52
浙江	191	23.49	127	15.62	148	18.20	294	24.11	151	18.57
上海	205	26.83	127	16.62	112	14.66	161	21.07	159	20.81

资料来源：Wind，中关村上市公司协会整理。

以上数据显示，中关村新三板企业在创新资源方面具有较大优势，但在创新制度（公司治理结构）及所有者权益投资回报率（净资产收益率）等方面相对处于劣势，创新驱动（研发投入）、无形资产占比等方面居于中间位置。中关村区域新三板企业创新能力具有一定竞争力，但仍有较大提升空间。

参考文献

刘平安、段世文：《中国新三板创新与发展报告（2018）》，社会科学文献出版社，2018。

谢雪燕、朱晓阳、工连峰、彭一：《新三板分层制度对创新层企业影响的实证研究》，《中央财经大学学报》2019 年第 3 期。

专　题　篇

Special Report

B.10
中关村园区新三板企业科创潜力分析

中关村上市公司协会研究部*

摘　要：　自习近平总书记宣布设立科创板以来，科创板的相关制度和规则不断快速落地。中关村园区作为全国高新科技企业密集的“阵地”，园区新三板挂牌企业中科技创新型企业占比高，市场竞争力和发展潜力显著。本报告通过行业科创属性分析、科创竞争力分析、重点潜力企业介绍等，阐述中关村园区新三板挂牌企业的科创竞争优势。

关键词：　中关村园区　科创板　新三板市场

* 本文由中关村上市公司协会研究部完成，特别感谢中信证券投资银行管理委员会信息传媒组在分析过程中给予的大力帮助。

一　中关村新三板挂牌企业具备科创领域竞争力

中关村园区是新三板市场的发源地。截至2018年底，中关村园区共有1224家企业在新三板挂牌交易，占新三板所有挂牌企业数量的11.18%，为同类产业园区之最，是新三板市场不可或缺的重要组成部分。在宏观经济形势不确定性增加的大环境下，中关村园区新三板挂牌企业中41%实现了近两年营业收入连续增长，51%实现了近两年连续赢利。中关村园区新三板挂牌企业在科创领域具有明显的优势，2018年平均研发投入超过1000万元，平均研发强度为5.55%，远高于2018年全国新三板企业平均研发强度。除此以外，中关村园区新三板挂牌企业还具有较强的科创行业属性和科创竞争力。

（一）中关村新三板挂牌企业行业科创属性分析

中关村园区新三板挂牌企业类型较为多元，涵盖了信息技术、制造业、科技服务、文化、体育、娱乐、教育等行业。但总体而言，中关村园区高新技术产业密集，新三板挂牌企业主要属于信息技术产业、制造业、科学研究与技术服务等与科创板行业定位关系紧密的行业。

从具体行业领域来看，目前在新三板挂牌的1224家中关村园区企业中，符合科创板行业定位的共有670家，占比为54.74%。其中，明确符合“新一代信息技术、高端装备、新材料、新能源、节能环保以及生物医药等高新技术产业和战略性新兴产业”定位的共有582家企业，占比为47.55%。中关村园区信息技术产业企业较为集中，共有416家新三板企业属于“新一代信息技术领域”，体现出了中关村园区在高新信息技术产业方面的优势。

（二）中关村新三板挂牌企业科创竞争力分析

现代高新科技研发普遍具有资金投资大、研发周期长、应用潜力广等特征。为了解决研发阶段的科技创新型企业资金需求问题，引导社会资本投资推动科技研发创新，2019年上交所推出的科创板允许尚未赢利和存在未弥补

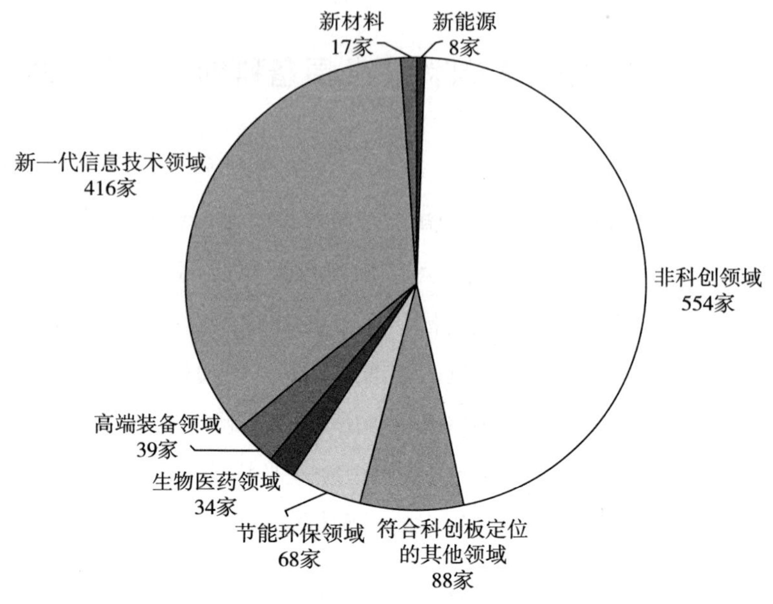

图1　中关村园区新三板挂牌企业行业分布

资料来源：Wind，中关村上市公司协会。

亏损的企业上市，为社会资本投资科技创新企业创造了条件。同时，根据科技创新型企业的特点，科创板上市财务指标主要设置“市值＋净利润”、“市值＋营业收入＋研发投入”、“市值＋营业收入＋现金流”、“市值＋营业收入”和“市值＋行业”5套标准，不再拘泥于对企业赢利能力的硬性门槛。

在上述五套标准中，预计市值是企业价值的判断基础。新三板市场有交易及定价功能，挂牌企业的市值水平可以一定程度上反映其预计市值情况。从市值指标来看，根据2018年12月31日的市值情况，目前在新三板挂牌交易的中关村园区企业以中小企业为主，1224家企业平均市值为3.91亿元。629家中关村园区新三板挂牌企业市值在1亿元以下，占比为51.39%，其中475家市值在5000万元以下；市值在1亿元～5亿元的企业为420家，占比为34.31%，其中119家企业市值在3亿元～5亿元；市值在5亿元～10亿元的企业为88家，占比为7.19%；市值在10亿元以上的企业为87家，占比为7.11%，其中市值在20亿元及以上的企业为37家。

标准一：预计市值不低于人民币10亿元，最近两年净利润均为正且累计净利润不低于人民币5000万元，或者最近一年净利润为正且营业收入不低于人民币1亿元

标准二：预计市值不低于人民币15亿元，最近一年营业收入不低于人民币2亿元，且最近三年研发投入合计占最近三年营业收入的比例不低于15%

标准三：预计市值不低于人民币20亿元，最近一年营业收入不低于人民币3亿元，且最近三年经营活动产生的现金流量净额累计不低于人民币1亿元

标准四：预计市值不低于人民币30亿元，且最近一年营业收入不低于人民币3亿元

标准五：预计市值不低于人民币40亿元，主要业务或产品需经国家有关部门批准，市场空间大，目前已取得阶段性成果。医药行业企业需至少有一项核心产品获准开展二期临床试验，其他符合科创板定位的企业需具备明显的技术优势并满足相应条件。

图 2　科创板上市财务指标

中关村园区新三板挂牌企业中，市值大于 10 亿元（含）明确符合“新一代信息技术、高端装备、新材料、新能源、节能环保以及生物医药等高新技术产业和战略性新兴产业”定位的共有 41 家企业。其中符合第一套“市值 + 净利润”指标的有 31 家企业，符合第二套“市值 + 营业收入 + 研发投入”指标的有 3 家企业，符合第三套“市值 + 营业收入 + 现金流”指标的有 6 家企业，符合第四套“市值 + 营业收入”指标的有 6 家企业，符合第五套“市值 + 行业”指标①的有 7 家企业。总体来看，符合科创板行业定位且满足五套标准其中之一的企业共有 33 家。

总体来看，符合科创板行业定位及基本市值要求的中关村园区新三板挂牌企业满足第一套标准（至少满足第一套的任一项标准）的相对较多，达到 31 家。由于后四套标准对于预计市值要求较高，在目前新三板

① 第五套标准目前仅考虑预计市值大于等于 40 亿元的条件。

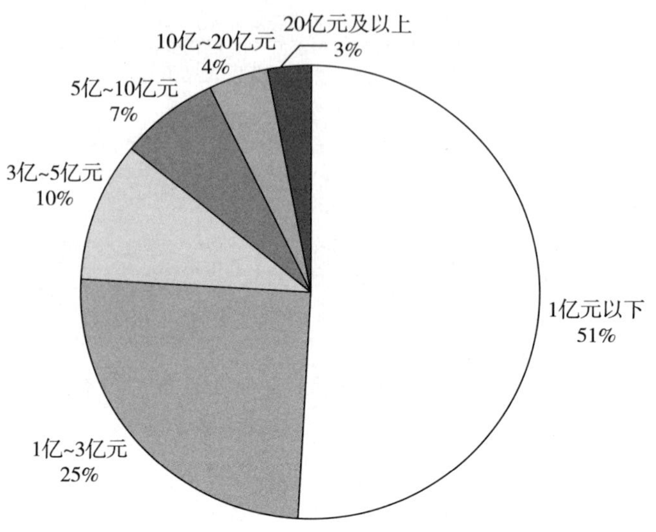

图3　中关村园区新三板挂牌企业市值分布

资料来源：Wind，中关村上市公司协会。

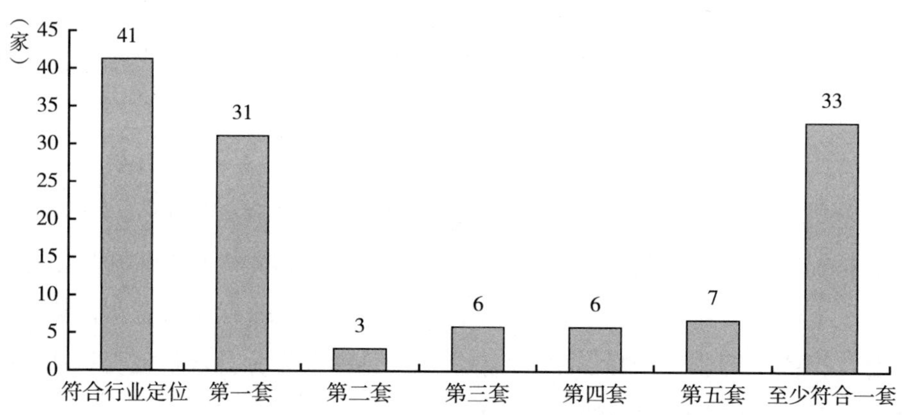

图4　中关村园区新三板挂牌企业科创板标准匹配分析

市场交易活跃度相对有限的情况下，挂牌企业达到20亿元及以上市值较为困难。符合科创板行业定位且满足五套标准之一的企业具体情况如表1所示。

表1　中关村园区科创板潜力企业情况

单位：万元

证券代码	证券简称	行业分类	科创分类	市值（2018年12月31日）	2018年营业收入	2018年净利润
430581. OC	八亿时空	半导体材料	新材料领域	145433. 07	39403. 24	11448. 91
430277. OC	圣商教育	生物肥	生物医药领域	137500. 00	52021. 43	9725. 14
430208. OC	优炫软件	行业专用软件	新一代信息技术领域	116868. 56	48651. 69	5330. 85
430071. OC	首都在线	行业专用软件	新一代信息技术领域	181380. 77	60311. 05	5772. 99
430052. OC	斯福泰克	教育培训服务、软件外包服务、专业咨询服务	新一代信息技术领域	190575. 49	21548. 81	805. 05
430011. OC	指南针	行业专用软件	新一代信息技术领域	255505. 40	57769. 57	12695. 94
430005. OC	原子高科	诊断用制剂、专用设备与零部件	生物医药领域	219519. 36	99620. 10	25364. 93
430002. OC	中科软	行业专用软件	新一代信息技术领域	597967. 20	485041. 13	32053. 63
872801. OC	智明星通	互联网服务	符合科创板定位的其他领域	350445. 54	312093. 03	75597. 14
871346. OC	宏伟超达	电气仪器仪表	新一代信息技术领域	212019. 20	13458. 75	3556. 37
870285. OC	启明股份	行业专用软件、教育培训服务	新一代信息技术领域	101042. 01	17090. 00	44. 43
839483. OC	用友金融	行业专用软件、系统集成服务	符合科创板定位的其他领域	100980. 00	34383. 43	4846. 52
838966. OC	柠檬微趣	网络游戏	符合科创板定位的其他领域	130305. 00	33241. 56	9820. 19
838006. OC	神州优车	汽车租赁	新一代信息技术领域	4520060. 31	594857. 23	27039. 13
837069. OC	华如科技	系统集成服务	新一代信息技术领域	153499. 32	24566. 69	5646. 33
836964. OC	航天华世	专用设备与零部件	高端装备领域	107618. 16	27341. 64	1291. 87
835879. OC	派尔特	医用耗材	生物医药领域	129292. 80	22832. 64	4083. 70
836801. OC	睦合达	通信终端设备	新一代信息技术领域	1892347. 43	17417. 58	10115. 21
835990. OC	随锐科技	行业专用软件	新一代信息技术领域	1001301. 90	48355. 78	3226. 53

续表

证券代码	证券简称	行业分类	科创分类	市值（2018年12月31日）	2018年营业收入	2018年净利润
835579.OC	机科股份	环保机械、专业咨询服务、专用设备与零部件	节能环保领域	175500.00	30934.98	1997.32
835123.OC	星空股份	互联网服务	新一代信息技术领域	100000.01	11547.87	4121.73
835097.OC	讯腾智科	行业专用软件、专用设备与零部件	新一代信息技术领域	101669.20	18686.54	3694.50
834608.OC	星光影视	电子设备及加工、系统集成服务、专业咨询服务	符合科创板定位的其他领域	107526.63	74721.15	4453.40
834003.OC	挖金客	互联网服务	符合科创板定位的其他领域	146268.00	21014.29	6153.96
834327.OC	车讯互联	网站	新一代信息技术领域	102600.00	23288.64	3343.12
834346.OC	亿海蓝	互联网服务	新一代信息技术领域	229252.79	103475.74	319.74
834214.OC	百合网	专业咨询服务	符合科创板定位的其他领域	488778.50	132878.69	-7974.32
834195.OC	华清飞扬	网络游戏	符合科创板定位的其他领域	218148.00	33086.36	6312.23
834218.OC	和创科技	互联网服务	新一代信息技术领域	463000.32	12837.80	-4433.51
833819.OC	颖泰生物	有机化学农药	生物医药领域	589498.00	623231.43	46087.51
833755.OC	扬德环境	发电机及附属设备	节能环保领域	120410.89	21425.48	5494.99
832340.OC	国联股份	互联网服务	新一代信息技术领域	167489.53	367360.48	10798.27
831344.OC	中际联合	专用设备与零部件	高端装备领域	131587.50	35566.75	9332.70
平均				414708.81	106668.53	10247.47

注：科创领域分类系根据挂牌公司行业分类及主营业务判断，排名以企业简称首字母为序。

上述33家企业主要属于互联网、信息技术、高端制造、生物医药等行业，截至2018年12月31日的平均市值为41.47亿元，2018年平均营业收入为10.67亿元，2018年平均净利润为1.02亿元，具有较强的科创行业属性和赢利能力，未来实现进一步发展可期。

二　重点潜力企业介绍

（一）北京智明星通科技股份有限公司

1. 公司基本信息

北京智明星通科技股份有限公司（简称“智明星通”）成立于2008年，2018年于全国中小企业股份转让系统挂牌并公开转让（股票代码：872801.OC）。截至2018年12月31日，智明星通市值35.04亿元。

公司是一家集研发、运营于一体的国际化精品移动网络游戏公司，主要从事移动网络游戏研发和运营业务，以及以导航网站为核心的互联网产品服务。产品有《开心农场》、《弹弹堂》、337游戏平台等。智明星通自主研发并运营了《开心农场》、《帝国战争》、《列王的纷争》、《女王的纷争》等一系列全球发行的移动游戏，并代理运营了《魔法英雄》、《奇迹暖暖》等精品移动游戏。

公司客户集中度很低，2018年公司前五大客户产生的销售收入占当年营业收入的比重分别为2.93%、1.56%、0.16%、0.16%、0.15%，合计4.96%，非常分散。2018年公司前两大客户为：深圳市腾讯计算机系统有限公司、北京瓦力网络科技有限公司。

2. 股东情况

截至2018年12月31日，公司股东情况如下。

表2　智明星通2018年股东情况

股东名称	股东性质	持股数量(股)	持股比例(%)
中文天地出版传媒集团股份有限公司	法人	99990000	99.99

续表

股东名称	股东性质	持股数量(股)	持股比例(%)
华章天地传媒投资控股集团有限公司	法人	10000	0.01
合　计		100000000	100.00

资料来源：Wind，中关村上市公司协会整理。

3. 财务分析

(1) 基本财务数据

表3　智明星通2016～2018年基本财务数据

单位：万元

项目	2018年/2018年末	2017年/2017年末	2016年/2016年末
总资产	347421.27	285163.12	206567.28
净资产	159663.07	134782.78	85098.81
营业收入	312093.03	397877.83	473846.02
净利润	75597.14	72435.30	61001.54

资料来源：Wind，中关村上市公司协会整理。

最近3年，公司资产和净利润逐年增长，营业收入出现下滑，主要系自研游戏进入成熟期收入下降所致。

(2) 主要财务指标

表4　智明星通2016～2018年主要财务指标

项目	2018年/2018年末	2017年/2017年末	2016年/2016年末
销售毛利率(%)	63.15	64.08	60.01
销售净利率(%)	24.22	18.21	12.87
资产负债率(%)	54.04	52.73	58.80
流动比率	1.68	1.75	1.58
速动比率	1.68	1.75	1.58
应收账款周转率	9.31	9.82	10.89

资料来源：Wind，中关村上市公司协会整理。

最近3年，公司销售净利率上升，主要原因系腾讯在公司《列王的纷争》基础上开发了《乱世王者》，给公司带来分成，相关成本为0。

（3）收入结构

最近3年，公司主营业务收入按项目分类情况如下。

表5　智明星通2016～2018年收入结构情况

单位：万元，%

项目	2018年		2017年		2016年	
	金额	比例	金额	比例	金额	比例
游戏服务收入	306473.30	98.20				
授权运营游戏收入	5224.46	1.67				
互联网产品收入	2.07	0.00			4811.64	1.02
列王的纷争收入	—	—			370390.87	78.17
魔法英雄收入	—	—			45437.46	9.59
女王的纷争收入	—	—			17556.41	3.71
帝国战争收入	—	—			19915.78	4.20
其他业务收入	393.19	0.13				
其他游戏收入	—	—			15733.87	3.32
合计	312093.02	100.00	397877.83	100.00	473846.03	100.00

资料来源：Wind，中关村上市公司协会整理。

在2018年度，游戏服务收入占公司主营业务收入的98.20%，主要为《乱世王者》的收入分成。

（二）北京圣商教育科技股份有限公司

1. 公司基本信息

北京圣商教育科技股份有限公司（简称“圣商教育”）成立于2005年，2013年于全国中小企业股份转让系统挂牌并公开转让（股票代码：430277.OC）。截至2018年12月31日，圣商教育市值13.75亿元。

公司为集科研开发、生产经营、贸易投资于一体的综合性农业高新技术企业。目前，公司凭借强大的研发能力，已经根据实验室的研究成果，成功研发出维生素预混料、高效营养补充剂、纳米级液体营养补充剂、复合预混料、新型绿色微生态制剂等产品。

公司所在的饲料行业正在经历加速洗牌，技术落后、产品安全质量标准低的中小饲料企业在竞争中将逐步淘汰。同时咨询行业在规模、理论、技术、人才等方面，面临国外同类公司的挑战。公司基于战略考虑，剥离出售了与饲料有关的资产和业务，在未来年度，公司将不再面临动物疫情风险和饲料产品安全质量风险两项风险的影响。继续升级产品和咨询服务品质，整合链接专家智库资源，提高专业化水平，强化服务意识，为客户深度赋能，为客户创造价值，从而保持和提升公司的竞争能力。

公司客户集中度不高，2018 年公司前五大客户产生的业务收入占当年营业收入的比重分别为 3.74%、0.38%、0.29%、0.28%、0.25%，合计 4.94%，较为分散。2018 年公司前五大客户为新疆天康饲料科技有限公司、聊城市双乐饲料添加剂有限公司、嘉大（天津）国际贸易有限公司、宁夏正旺科技有限公司、石家庄丰大牧业有限公司。

2. 股东情况

截至 2018 年 12 月 31 日，公司前五大股东情况如下。

表 6　圣商教育 2018 年股东情况

股东名称	股东性质	持股数量(股)	持股比例(%)
袁力	自然人	9216840	36.87
新余高新区黑马智迪投资中心(有限合伙)	合伙企业	4414000	17.66
新余圣商明月投资管理中心(有限合伙)	合伙企业	3700000	14.80
徐新颖	自然人	3515380	14.06
新余高新区光速多尔投资中心(有限合伙)	合伙企业	1072000	4.29
其他股东		3081774	12.33
合　计		24999994	100

资料来源：Wind，中关村上市公司协会整理。

3. 财务分析

（1）基本财务数据

表7 圣商教育2016～2018年基本财务数据

单位：万元

项目	2018年/2018年末	2017年/2017年末	2016年/2016年末
总资产	34200.63	17397.02	2064.91
净资产	12899.80	3174.71	533.55
营业收入	52021.43	8738.90	5000.59
净利润	9725.14	477.16	12.75

资料来源：Wind，中关村上市公司协会整理。

最近3年，公司资产、收入和利润持续大幅增加，主要系2017年公司增加管理咨询的主营业务后，采取了有效的市场激励机制和营销渠道，取得了可观的营业收入。

（2）主要财务指标

表8 圣商教育2016～2018年主要财务指标

项目	2018年/2018年末	2017年/2017年末	2016年/2016年末
销售毛利率(%)	41.60	45.56	9.40
销售净利率(%)	18.69	5.46	0.26
资产负债率(%)	62.28	81.75	74.16
流动比率	0.65	1.21	1.28
速动比率	0.65	1.18	0.70
应收账款周转率	—	12.29	7.27

资料来源：Wind，中关村上市公司协会整理。

最近3年，公司销售净利率持续上升，主要是由于管理咨询业务取得良好的发展态势，咨询业务是轻资产业务，相对收入的增幅，净利的增幅进一步放大。

（3）收入结构

最近3年，公司主营业务收入按项目分类情况如下。

表 9　圣商教育 2016～2018 年收入结构

单位：万元，%

项目	2018 年		2017 年		2016 年	
	金额	比例	金额	比例	金额	比例
咨询服务收入	47621.39	91.54	3556.39	40.70	—	—
维生素预混合饲料	4143.66	7.97	4428.55	50.68	4582.99	91.65
动物保健品	241.20	0.46	753.96	8.63	417.61	8.35
其他业务	15.18	0.03	—	—	—	—
合　计	52021.43	100.00	8738.90	100.00	5000.60	100.00

资料来源：Wind，中关村上市公司协会整理。

最近 3 年，公司主营业务收入构成发生较大变动，主要系公司剥离出售了饲料生产有关的业务后，主营业务转为管理咨询为主，公司通过采取有效的市场激励机制，管理咨询业务取得了大幅度的增加。

（三）北京优炫软件股份有限公司

1. 公司基本信息

北京优炫软件股份有限公司（简称“优炫软件”）成立于 2009 年，2013 年于全国中小企业股份转让系统挂牌并公开转让（股票代码：430208.OC）。截至 2018 年 12 月 31 日，优炫软件市值 11.69 亿元。

公司主营业务为数据信息安全软件产品的研发、生产、销售及服务，同时也为有需求的客户提供信息安全整体解决方案。主要包含：操作系统安全、运维安全、数据库安全、业务安全、可信计算五大类产品，可为各行业用户的核心数据安全提供整体解决方案。

信息安全行业规模增长快，竞争日趋激烈。其具有高细分程度的特征，使得在不同的细分市场领域均有其相应的优势专业厂商，尚未有企业能掌握信息安全领域的所有技术。公司依靠长期的技术积累，获得了大量优质客户资源。

公司客户集中度较高，2018 年公司前五大客户产生的业务收入占当年营业收入的比重分别为 13.05%、7.56%、4.46%、4.20%、2.10%，共计

31.37%，较为集中。2018年公司前五大客户为：中国电子进出口有限公司、中国普天信息产业股份有限公司、国家知识产权局专利局、某军工单位、重庆银行股份有限公司。

2. 股东情况

截至2018年12月31日，公司前五大股东情况如下。

表10 优炫软件2018年股东情况

股东名称	股东性质	持股数量(股)	持股比例(%)
梁继良	自然人	21581250	23.43
北京一扬嘉德投资管理有限公司－共青城优扬投资管理合伙企业(有限合伙)	合伙企业	7095000	7.70
陈菊梅	自然人	5500125	5.97
吴学军	自然人	5193500	5.64
北京纬世财富管理咨询有限公司－纬世财富新三板1号基金	其他	3174000	3.45
其他股东		40128043	53.81
合 计		82671918	100

资料来源：Wind，中关村上市公司协会整理。

3. 财务分析

（1）基本财务数据

表11 优炫软件2016～2018年基本财务数据

单位：万元

项目	2018年/2018年末	2017年/2017年末	2016年/2016年末
总资产	75973.93	59304.57	45459.00
净资产	54475.03	45274.28	40331.00
营业收入	48651.69	33042.72	21250.59
净利润	5330.85	5255.73	4482.06

资料来源：Wind，中关村上市公司协会整理。

最近3年，公司资产、收入和利润都得到增长，主要原因系公司成熟的营销服务体系，带来市场布局的有效性导致客户数量和收入规模的持续稳定增长。

（2）主要财务指标

表 12　优炫软件 2016～2018 年主要财务指标

项目	2018 年/2018 年末	2017 年/2017 年末	2016 年/2016 年末
销售毛利率（%）	47.11	49.97	52.68
销售净利率（%）	10.96	15.91	21.09
资产负债率（%）	28.30	23.66	11.28
流动比率	2.66	3.33	7.13
速动比率	2.52	3.05	6.70
应收账款周转率	1.88	2.06	1.74

资料来源：Wind，中关村上市公司协会整理。

最近 3 年，公司销售净利率有所下降，主要系公司报告期安全集成项目增长 37.87%，安全集成项目毛利率较低所致。

（3）收入结构

最近 3 年，公司主营业务收入按项目分类情况如下。

表 13　优炫软件 2016～2018 年收入结构

单位：万元，%

项目	2018 年		2017 年		2016 年	
	金额	比例	金额	比例	金额	比例
安全集成收入	22302.92	45.84	—	—	—	—
安全服务收入	14039.56	28.86	—	—	—	—
安全产品收入	6551.39	13.47	—	—	—	—
数据库及应用系统收入	5757.83	11.83	—	—	—	—
系统集成产品	—	—	12836.99	38.85	9605.62	45.20
技术服务	—	—	10266.13	31.07	6423.77	30.23
自主研发软件	—	—	9939.60	30.08	5221.20	24.57
合　计	48651.70	100	33042.72	100	21250.59	100

资料来源：Wind，中关村上市公司协会整理。

最近3年，安全集成收入已经逐渐成为公司主营业务收入，主要系公司为客户提供的整体解决方案而增加的安全集成项目。

（四）北京首都在线科技股份有限公司

1. 公司基本信息

北京首都在线科技股份有限公司（简称“首都在线”）成立于2005年，2010年于全国中小企业股份转让系统挂牌并公开转让（股票代码：430071. OC）。截至2018年12月31日，首都在线市值18.14亿元。

公司是IDC服务提供商，核心技术是公司的运营平台。运营平台是公司经过多年的技术研究与运营经验积累的基础上设计而成的，并根据客户的不同需求不断进行相关软件的开发和硬件的集成。

公司所从事的IDC托管服务和云计算服务的行业发展趋势向好，市场空间巨大。随着国际云服务巨头开始积极拓展国内市场，国内云计算行业竞争日益加剧。公司所属行业技术发展速度快，公司对技术和产品发展趋势有正确的判断，使研发技术和产品处于先进水平。

公司客户集中度较高，2018年公司前五大客户产生的业务收入占当年营业收入的比重分别为17.97%、9.22%、5.65%、2.02%、1.99%，合计36.85%，较为集中。2018年公司前五大客户为：广州唯品会电子商务有限公司、北京达佳互联信息技术有限公司、北京金迅瑞博网络技术有限公司、上海中清龙图网络科技有限公司、香港绿洲游戏网络科技有限公司。

2. 股东情况

截至2018年12月31日，公司前五大股东情况如下。

表14　首都在线2018年股东情况

股东名称	股东性质	持股数量(股)	持股比例(%)
曲宁	自然人	119907917	33.19
赵永志	自然人	30732776	8.51
闽清县合众投资管理中心(有限合伙)	合伙企业	24163276	6.69
毕名武	自然人	23789364	6.58
北京基石创业投资基金(有限合伙)	合伙企业	21735000	6.02

续表

股东名称	股东性质	持股数量(股)	持股比例(%)
其他股东		140924877	39.01
合　计		361253210	100.00

资料来源：Wind，中关村上市公司协会整理。

3. 财务分析

（1）基本财务数据

表15　首都在线2016～2018年基本财务数据

单位：万元

项目	2018年/2018年末	2017年/2017年末	2016年/2016年末
总资产	63472.41	62819.80	35445.47
净资产	54867.01	52806.56	24754.91
营业收入	60311.05	48150.01	36194.61
净利润	5772.99	4050.14	3192.63

资料来源：Wind，中关村上市公司协会整理。

最近3年，公司资产、收入和利润逐年增长，主要系互联网行业发展迅猛，市场对IDC及云计算的需求增加，公司对IDC及云计算业务销售收入保持了增长。

（2）主要财务指标

表16　首都在线2016～2018年主要财务指标

项目	2018年/2018年末	2017年/2017年末	2016年/2016年末
销售毛利率(%)	31.94	35.62	40.70
销售净利率(%)	9.57	8.41	8.82
资产负债率(%)	13.56	15.94	30.16
流动比率	5.07	5.32	1.59
速动比率	5.07	5.32	1.59
应收账款周转率	6.73	6.67	7.50

资料来源：Wind，中关村上市公司协会整理。

最近 3 年，公司销售净利率较低，主要系市场竞争加剧，公司不得已降低产品售价所致。

（3）收入结构

最近 3 年，公司主营业务收入按项目分类情况如下。

表 17　首都在线 2016 ~ 2018 年收入结构

单位：万元

项目	2018 年		2017 年		2016 年	
	金额	比例(%)	金额	比例(%)	金额	比例(%)
IDC 服务	37132.30	61.57	30784.84	63.94	22868.48	63.18
云计算服务收入	22408.67	37.16	17014.09	35.34	13137.52	36.30
其他主营业务	770.07	1.28	351.08	0.73	188.62	0.52
合　计	60311.04	100.00	48150.01	100.00	36194.62	100.00

资料来源：Wind，中关村上市公司协会整理。

最近 3 年，IDC 服务占公司主营业务收入比重较高。云计算是公司未来主要的发展战略方向，公司整体收入增长结构符合公司业务发展战略方向。

（五）北京斯福泰克科技股份有限公司

1. 公司基本信息

北京斯福泰克科技股份有限公司（简称“斯福泰克”）成立于 2004 年，2009 年于全国中小企业股份转让系统挂牌并公开转让（股票代码：430052. OC）。截至 2018 年 12 月 31 日，斯福泰克市值 19.06 亿元。

公司主营业务是为金融、政府、电信、制造、航空、医疗、社保等多个领域的客户提供信息化项目全程顾问、CMMI 咨询服务、培训与评估、软件过程管理服务、甲方项目管理服务、基于多核技术的并行计算、大数据应用服务等多元化信息咨询服务及解决方案。

国内网络游戏行业发展迅速，行业产值屡创新高，不断有新的经营者通过新设或并购的途径涉足网络游戏行业，并涉猎海外发行市场。公司游戏发行业务目前主要通过香港子公司在境外经营和拓展业务领域，具有较强的竞争力。

公司客户集中度不高，2018 年公司前五大客户产生的业务收入占当年营业收入的比重分别为 5.71%、4.90%、3.43%、2.22%、1.62%，共计 17.88%，较为分散。2018 年公司前五大客户为：上海紫舜信息技术有限公司、香港紫龙互娱有限公司、北京金刚互娱科技有限公司、广州新游网络科技有限公司、JOYEA 株式会社。

2. 股东情况

截至 2018 年 12 月 31 日，公司前五大股东情况如下。

表 18　斯福泰克 2018 年股东情况

股东名称	股东性质	持股数量(股)	持股比例(%)
罗灿	自然人	5861000	32.99
深圳灿和星团投资咨询合伙企业(有限合伙)	合伙企业	4999500	28.14
深圳灿和超维网络科技合伙企业(有限合伙)	合伙企业	2000000	11.26
李玉	自然人	1064213	5.99
西藏达孜灿和星盟投资咨询合伙企业(有限合伙)	合伙企业	1000000	5.63
其他股东		2840688	15.99
合　计		17765401	100.00

资料来源：Wind，中关村上市公司协会整理。

3. 财务分析

（1）基本财务数据

表 19　斯福泰克 2016～2018 年基本财务数据

单位：万元

项目	2018 年/2018 年末	2017 年/2017 年末	2016 年/2016 年末
总资产	28329.39	29100.26	25558.52
净资产	23974.02	22715.04	19847.33
营业收入	21548.81	23999.83	25685.41
净利润	805.05	-1218.30	676.85

资料来源：Wind，中关村上市公司协会整理。

公司收入和利润在 2017 年有所下滑，主要系游戏行业整体出现网页游戏向移动游戏的转移，公司网页游戏收入较上年同期有所下降，但与此同时公司本年度重点投入的移动游戏（手游）业务处于初期投入阶段，收入还暂未形成规模型增长。

（2）主要财务指标

表 20　斯福泰克 2016～2018 年主要财务指标

项目	2018 年/2018 年末	2017 年/2017 年末	2016 年/2016 年末
销售毛利率(%)	56.96	53.45	52.10
销售净利率(%)	3.74	-5.08	2.64
资产负债率(%)	15.37	21.94	22.35
流动比率	4.48	3.09	4.11
速动比率	4.48	3.09	4.11
应收账款周转率	4.05	7.15	64.09

资料来源：Wind，中关村上市公司协会整理。

最近 3 年，公司销售净利率在 2018 年实现较大增长，主要系股份支付大幅减少，同时奇迹时代合并利润增加。

（3）收入结构

最近 3 年，公司主营业务收入按项目分类情况如下。

表 21　斯福泰克 2016～2018 年收入结构

单位：万元

项目	2018 年		2017 年		2016 年	
	金额	比例(%)	金额	比例(%)	金额	比例(%)
游戏收入	21434.37	99.47	23924.11	99.75	25413.04	98.94
咨询培训服务	114.43	0.53	61.08	0.25	272.37	1.06
合　计	21548.80	100	23985.19	100	25685.41	100

资料来源：Wind，中关村上市公司协会整理。

最近3年，游戏收入都是公司主营业务收入的最重要的来源，占据约99%的份额。

（六）北京指南针科技发展股份有限公司

1. 公司基本信息

北京指南针科技发展股份有限公司（简称“指南针”）成立于2001年，2007年于全国中小企业股份转让系统挂牌并公开转让（股票代码：430011. OC）。截至2018年12月31日，指南针市值25.55亿元。

公司基于对金融数据的深度挖掘与分析，运用市场领先的投资理念与方法，为个人投资者提供先进的投资工具及解决方案。公司业务涵盖证券、期货、外汇、基金四大领域。形成了自己的研究与发明体系，并以强大的技术实力成为中国证券投资领域的佼佼者。公司提供包括技术分析、及时行情、TopView数据、Level-2行情、多维技术指标类，以及基于TopView和Level-2数据的衍生产品服务。公司主力雷达系列产品、新赢富XBRL投资辅助决策系统，及交易所数据增值信息服务等产品，代表国内证券分析研究的尖端成果。

由于互联网技术、金融产品的创新速度较快，国内外企业都在加大资金和技术的投入，互联网金融信息服务行业的市场竞争日趋激烈。同时投资者对金融信息的需求不断增加，对相关产品的数据处理能力、安全性、系统可扩展性的要求不断提高。公司经过多年的研发和经营，已形成技术、产品、用户、服务及平台等多方面的竞争优势，具备一定的市场竞争实力。

公司客户集中度不高，2018年公司前五大客户产生的业务收入占当年营业收入的比重分别为6.58%、0.93%、0.44%、0.27%、0.01%，合计8.23%，较为分散。2018年公司前四大客户为：第一创业证券股份有限公司、华夏人寿保险股份有限公司北京分公司、长江证券股份有限公司、泰康人寿保险有限责任公司北京分公司。

2. 股东情况

截至2018年12月31日，公司前五大股东情况如下。

表22　指南针2018年股东情况

股东名称	股东性质	持股数量(股)	持股比例(%)
广州展新通信科技有限公司	法人	165626536	47.58
陈宽余	自然人	13723963	3.94
任民	自然人	12815480	3.68
隋雅丽	自然人	12318376	3.54
鞠建国	自然人	10104813	2.90
其他股东		133543811	38.36
合　计		348132979	100.00

资料来源：Wind，中关村上市公司协会整理。

3. 财务分析

（1）基本财务数据

表23　指南针2016～2018年基本财务数据

单位：万元

项目	2018年/2018年末	2017年/2017年末	2016年/2016年末
总资产	112324.15	97701.71	78769.94
净资产	66938.45	54069.24	38659.97
营业收入	57769.57	66909.87	57126.53
净利润	12695.94	15339.28	14351.80

资料来源：Wind，中关村上市公司协会整理。

最近3年，公司资产稳步增加，但在2018年营业收入和利润出现下降，主要系贸易摩擦导致证券市场总体呈下跌趋势，投资者情绪处于相对低迷状态所致。

(2) 主要财务指标

表 24　指南针 2016～2018 年主要财务指标

项目	2018 年/2018 年末	2017 年/2017 年末	2016 年/2016 年末
销售毛利率(%)	85.45	88.35	88.79
销售净利率(%)	21.98	22.93	25.12
资产负债率(%)	40.41	44.66	50.92
流动比率	1.64	1.28	1.42
速动比率	1.64	1.28	1.42
应收账款周转率	192.47	211.96	128.46

资料来源：Wind，中关村上市公司协会整理。

最近 3 年，公司销售毛利率较高，主要原因系金融资讯服务属于轻资产行业，成本较低，但是销售费用较高，广告投放规模较大。

(3) 收入结构

最近 3 年，公司主营业务收入按项目分类情况如下。

表 25　指南针 2016～2018 年收入结构

单位：万元

项目	2018 年		2017 年		2016 年	
	金额	比例(%)	金额	比例(%)	金额	比例(%)
金融信息服务	53014.45	91.77	60755.02	90.80	48604.21	85.08
广告费收入	4056.85	7.02	4608.56	6.89	5721.66	10.02
保险经纪	697.17	1.21	1527.20	2.28	2799.65	4.90
其他主营业务	1.10	0.00	19.09	0.03	1.01	0.00
合　计	57769.57	100.00	66909.87	100.00	57126.53	100.00

资料来源：Wind，中关村上市公司协会整理。

最近 3 年，公司的主营业务收入主要由金融信息服务、广告服务业务和保险经纪收入构成。其中金融信息服务业务收入是公司最主要的收入来源。公司根据证券市场活跃程度调整了相关业务的投入。

（七）原子高科股份有限公司

1. 公司基本信息

原子高科股份有限公司（简称“原子高科”）成立于2001年，2006年于全国中小企业股份转让系统挂牌并公开转让（股票代码：430005. OC）。截至2018年12月31日，原子高科市值21.95亿元。

公司是我国放射性同位素制品最大的科研、生产、供应基地。在放射性同位素技术应用方面，拥有我国目前规模最大、产品覆盖面最广的放射性同位素综合性研制、生产基地以及国家科技部批准的“国家同位素工程技术研究中心”。批量生产体内诊断和治疗用放射性药物、体外免疫分析试剂盒、各种放射源、放射性医疗器械、放射性标记化合物及示踪剂、放射性参考标准物质等共70余种核素、300多个品种的产品。在辐射技术应用方面，拥有自屏蔽电子束灭菌加速器系统、高能大功率辐照加速器、无损检测用直线电子加速器、60Co源辐照装置以及集装箱检查系统的核心技术和专业化设计与制造能力，可为用户定制各种产品，提供完整解决方案并承担配套工程。

国家的健康中国战略，改善国民健康政策，为核医学发展提供了广阔空间；支持社会办医，发展健康产业，为核医学服务业务推广提供了契机。公司作为中国同辐的核心企业，多年来建立起了与同行业相比明显的人才优势、市场优势、设备设施优势、研发优势和安全质量文化优势。世界一流的放射性药物研发、生产基地正加紧建设，全国性的产业布局即将形成。

公司客户集中度不高，2018年公司前五大客户产生的业务收入占当年营业收入的比重分别为2.74%、1.87%、1.75%、1.58%、1.11%，合计9.05%，非常分散。2018年公司前五大客户为：成都中核高通同位素股份有限公司、中山大学附属肿瘤医院、北京市雷克机电工程技术有限公司、云南无线电有限公司、郑州大学第一附属医院。

2. 股东情况

截至2018年12月31日，公司前五大股东情况如下。

表 26　原子高科 2018 年股东情况

股东名称	股东性质	持股数量(股)	持股比例(%)
中国同辐股份有限公司	法人	90517600	68.28
中核第四研究设计工程有限公司	法人	4000000	3.02
谢秋春	自然人	3000000	2.26
郑兰英	自然人	2900000	2.19
郑海若	自然人	1870750	1.41
其他股东		30276134	22.84
合　计		132564484	100.00

资料来源：Wind，中关村上市公司协会整理。

3. 财务分析

（1）基本财务数据

表 27　原子高科 2016～2018 年基本财务数据

单位：万元

项目	2018 年/2018 年末	2017 年/2017 年末	2016 年/2016 年末
总资产	166155.16	135779.59	116041.51
净资产	111101.08	89698.02	74909.99
营业收入	99620.10	85725.99	75789.37
净利润	25364.93	21618.38	19150.53

资料来源：Wind，中关村上市公司协会整理。

最近 3 年，公司资产、收入和利润都逐步增长，主要原因系公司继续积极拓展销售业务，放射性药物及放射源产品销售量的增长致使业务得到增长。

（2）主要财务指标

表 28　原子高科 2016～2018 年主要财务指标

项目	2018 年/2018 年末	2017 年/2017 年末	2016 年/2016 年末
销售毛利率(%)	64.55	64.06	61.43
销售净利率(%)	25.46	25.22	25.27
资产负债率(%)	33.13	33.94	35.45
流动比率	2.08	2.24	2.18
速动比率	1.79	1.98	1.92
应收账款周转率	2.48	2.49	2.55

资料来源：Wind，中关村上市公司协会整理。

最近3年，公司销售净利率和流动比率、速动比率没有明显变动。

（3）收入结构

最近3年，公司主营业务收入按项目分类情况如下。

表29　原子高科2016～2018年收入结构

单位：万元

项目	2018年		2017年		2016年	
	金额	比例(%)	金额	比例(%)	金额	比例(%)
放射性药物产品及服务	84507.00	84.83	74498.11	86.90	63948.46	84.38
放射源收入	14366.41	14.42	9449.72	11.02	10821.04	14.28
辐照收入	746.68	0.75	1778.16	2.07	1019.86	1.35
合　计	99620.09	100	85725.99	1.00	75789.36	100

资料来源：Wind，中关村上市公司协会整理。

最近3年，公司收入结构没有发生大的变化，收入构成没有发生明显的变动。

（八）中科软科技股份有限公司

1. 公司基本信息

中科软科技股份有限公司（简称“中科软”）成立于1996年，2006年于全国中小企业股份转让系统挂牌并公开转让（股票代码：430002.OC）。截至2018年12月31日，中科软市值59.80亿元。

公司是一家集行业解决方案设计、自主软件产品研发、大型行业应用软件开发、系统集成与服务、技术支持和培训于一体的综合性高科技企业。公司拥有多项自主研发的核心产品，其中“保险核心业务处理系统”一直在国内保险行业的信息建设中处于领先地位，并在保险行业IT应用解决方案国内市场排名第一，目前已成为Oracle、IBM、HP、Microsoft、BEA、Borland、BakBone、BMC及NEC等众多IT厂商的合作伙伴。

我国软件与信息技术服务业开放程度较高，市场需求持续增长，来自国内、外同行业企业的竞争愈发激烈。公司的竞争对手多为国内外大型集团或上市公司，整体规模和综合实力较高。公司掌握行业内先进、主流的软件开发技术、软件设计思想，具备丰富的开发应用经验，是资深的行业应用软件及解决方案提供商。公司凭借专业的产品和服务，在保险、政务、医疗卫生等诸多领域吸引和积累了一大批优质、稳定和可靠的客户资源。同时公司行业相关的管理体系建设较为完善，拥有多项重要的行业经营资质，能够为公司业务发展提供良好支撑。公司具备较强的行业竞争能力。

公司客户集中度不高，2018 年公司前五大客户产生的业务收入占当年营业收入的比重分别为 6.8%、2.49%、2.13%、1.85%、1.76%，合计 15.03%，较为分散。2018 年公司前五大客户为：中国人民保险集团股份有限公司、泰康保险集团股份有限公司、国家开发银行、中国保险保障基金有限责任公司、中国人寿保险（集团）公司。

2. 股东情况

截至 2018 年 12 月 31 日，公司前五大股东情况如下。

表 30　中科软 2018 年股东情况

股东名称	股东性质	持股数量(股)	持股比例(%)
中国科学院软件研究所	其他	99411840	26.05
北京市海淀区国有资产投资经营有限公司	法人	63653040	16.68
郭丹	自然人	20160000	5.28
孙朋	自然人	13767600	3.61
杨舒涵	自然人	10809504	2.83
其他股东		174159288	45.55
合计		381961272	100.00

资料来源：Wind，中关村上市公司协会整理。

3. 财务分析

（1）基本财务数据

表 31　中科软 2016～2018 年基本财务数据

单位：万元

项目	2018 年/2018 年末	2017 年/2017 年末	2016 年/2016 年末
总资产	420290.53	388297.88	366321.73
净资产	119112.04	100320.57	88364.88
营业收入	485041.13	430756.02	390830.83
净利润	32053.63	23491.47	19723.81

资料来源：Wind，中关村上市公司协会整理。

最近 3 年，公司资产、收入和利润都逐年增长，主要原因是得益于公司业绩增长、回款较好以及研究开发费加计扣除的纳税影响。

（2）主要财务指标

表 32　中科软 2016～2018 年主要财务指标

项目	2018 年/2018 年末	2017 年/2017 年末	2016 年/2016 年末
销售毛利率(%)	23.01	23.18	21.65
销售净利率(%)	6.61	5.45	5.05
资产负债率(%)	71.66	74.16	75.88
流动比率	1.33	1.28	1.27
速动比率	1.19	1.17	1.11
应收账款周转率	3.52	3.44	3.65

资料来源：Wind，中关村上市公司协会整理。

最近 3 年，公司各项指标未发生重大变化，偿债能力良好。

（3）收入结构

最近 3 年，公司主营业务收入按项目分类情况如下。

表33 中科软2016～2018年收入结构

单位：万元

项目	2018年		2017年		2016年	
	金额	比例(%)	金额	比例(%)	金额	比例(%)
系统集成业务	483380.54	99.66	428590.03	99.50	389017.54	99.54
其他业务	1660.59	0.34	2165.99	0.50	1813.29	0.46
合　计	485041.13	100	430756.02	100	390830.83	100

资料来源：Wind，中关村上市公司协会整理。

最近3年，系统集成业务是公司主营业务的最主要的来源，占比99%以上。

（九）北京宏伟超达科技股份有限公司

1. 公司基本信息

北京宏伟超达科技股份有限公司（简称“宏伟超达”）成立于2003年，2017年于全国中小企业股份转让系统挂牌并公开转让（股票代码：871346.OC）。截至2018年12月31日，宏伟超达市值21.20亿元。

公司主营业务为智能热量表、智能水表、智能燃气表等的研发、生产、销售及安装服务。公司自设立以来一直专注于智能计量仪表制造行业，拥有专业的产品研发、维护服务团队，产品涵盖超声波水表、智能阶梯水表、超声波热量表、散热器恒温阀等计量仪器仪表产品，并提供智能水务、供热服务应用系统及节能环保燃气供热管理方案、远程数据采集、抄表、控制、水库大坝安全自动监测、防洪预警系统等解决方案。

应用仪器仪表行业广阔的市场前景吸引和集聚了众多企业，特别是智能计量仪表仪器受到“十三五”期间节能减排政策的推动，市场规模发展较快，行业竞争渐趋激烈。公司一方面抓住国家阶梯水价政策的推行和智慧城市建设的契机，采用创新的商业模式，重点突破智能仪器仪表的销售，实现公司产品结构大的转型，提高销售收入和收益；另一方面加大数据采集及数据处理管理软件等核心技术的研发力度，为客户的运营管理提供系统化解决方案与大数据增值服务，提升服务品质，转变服务方式，积极探求新的赢利模式和利润增长点，确保公司具有较强的竞争力。

公司客户集中度较高，2018 年公司前五大客户产生的业务收入占当年营业收入的比重分别为 18.49%、16.14%、15.42%、11.28%、9.53%，合计 70.86%，较为集中。2018 年公司前五大客户为：石家庄双达阀门机电有限公司、四川亨力中耀建设工程有限公司、北京嘉洁能科技股份有限公司、天津智慧华通能源科技有限公司、克里特集团有限公司天津分公司。

2. 股东情况

截至 2018 年 12 月 31 日，公司前五大股东情况如下。

表 34　宏伟超达 2018 年股东情况

股东名称	股东性质	持股数量(股)	持股比例(%)
石伟胜	自然人	67750000	81.80
包头市百金商贸有限公司	法人	3047000	3.68
钟黄慷	自然人	1905000	2.30
罗尚鹏	自然人	1563000	1.89
黄卿龙	自然人	1550000	1.87
其他股东		7072701	8.46
合　计		82887701	100.00

资料来源：Wind，中关村上市公司协会整理。

3. 财务分析

（1）基本财务数据

表 35　宏伟超达 2016～2018 年基本财务情况

单位：万元

项目	2018 年/2018 年末	2017 年/2017 年末	2016 年/2016 年末
总资产	33291.05	19806.26	18354.79
净资产	16592.35	12988.62	10749.35

续表

项目	2018 年/2018 年末	2017 年/2017 年末	2016 年/2016 年末
营业收入	13458.75	6401.60	3915.36
净利润	3556.37	2239.27	397.49

资料来源：Wind，中关村上市公司协会整理。

最近 3 年，资产、营业收入、利润逐年增加，主要原因系公司加大研发投入，开发出物联网等新通断装置产品，扩大了公司的客户范围，同时公司不断开发新客户。

（2）主要财务指标

表 36　宏伟超达 2016～2018 年主要财务指标

项目	2018 年/2018 年末	2017 年/2017 年末	2016 年/2016 年末
销售毛利率(%)	52.11	64.45	47.45
销售净利率(%)	26.42	34.98	10.15
资产负债率(%)	50.16	34.42	41.44
流动比率	1.44	2.12	1.58
速动比率	1.16	1.87	1.34
应收账款周转率	1.26	1.06	0.92

资料来源：Wind，中关村上市公司协会整理。

最近 3 年，公司毛利率较高，主要系公司的检测服务收费大幅增加，此部分的毛利率较高，带来的净利润较大。

（3）收入结构

最近 3 年，公司主营业务收入按项目分类情况如下。

表 37　宏伟超达 2016～2018 年收入结构

单位：万元

项目	2018 年		2017 年		2016 年	
	金额	比例(%)	金额	比例(%)	金额	比例(%)
通断时间面积法热计量装置	4946.28	36.75	850.27	13.28	1358.12	34.69
检测费收入	4082.71	30.33	1173.50	18.33	339.62	8.67

续表

项目	2018 年		2017 年		2016 年	
	金额	比例(%)	金额	比例(%)	金额	比例(%)
热量表	2489.11	18.49	1063.28	16.61	586.45	14.98
燃气表	1282.64	9.53	856.82	13.38	414.91	10.60
热分配	430.79	3.20	204.99	3.20	270.49	6.91
BOT 供暖收入	134.65	1.00	174.50	2.73	52.25	1.33
水表	92.56	0.69	60.87	0.95	20.12	0.51
技术服务费	—	—	1806.74	28.22	830.86	21.22
产成品热量表 DN25	—	—	210.63	3.29	—	—
产成品热量表 DN20	—	—	—	—	42.53	1.09
合　计	13458.74	100.00	6401.60	100.00	3915.36	100.00

资料来源：Wind，中关村上市公司协会整理。

最近 3 年，公司主营业务收入各项业务发展比较均衡，同时公司能根据市场及时调整产品的布局，实现营业收入的增长。

（十）北京华融启明风险管理技术股份有限公司

1. 公司基本信息

北京华融启明风险管理技术股份有限公司（简称“启明股份”）成立于2013 年，2017 年于全国中小企业股份转让系统挂牌并公开转让（股票代码：870285. OC）。截至 2018 年 12 月 31 日，启明股份市值 10. 10 亿元。

公司主营业务是为企业提供大宗商品价格风险管理整体解决方案。具体由培训、咨询和软件系统三部分组成，培训咨询服务包括：价格风险管理咨询培训；软件系统产品分为应用软件和平台软件，具体包括大宗商品交易和风险管理系统、价格风险管理系统、大宗商品业务管理系统、价格风险管理决策支持系统。

公司主要是为中国大宗商品企业提供整体风险管理及解决方案，解决方案覆盖钢铁、有色、能源、农产品等主要大宗商品领域。公司密切关注政策动向，研究相关政策变化可能对公司带来的影响；积极开拓市场，扩大产品应用领域；加强产品研发力度，不断完善产品功能，提升产品的核心竞争力，以优质的产品和完善的服务增强客户的数量和黏性。

公司客户集中度较高，2018 年公司前五大客户产生的业务收入占当年营业收入的比重分别为 15.30%、15.11%、13.37%、11.03%、10.76%，合计 65.57%，较为集中。2018 年公司前五大客户为：上海物空商业服务有限公司、中浪集团有限公司、上海仁通实业有限公司、上海善然贸易有限公司、杭州正才控股集团有限公司。

2. 股东情况

截至 2018 年 12 月 31 日，公司前五大股东情况如下。

表 38　启明股份 2018 年股东情况

股东名称	股东性质	持股数量(股)	持股比例(%)
安勇	自然人	15160789	18.01
上海丰珏投资中心(有限合伙)	合伙企业	14435152	17.14
王革新	自然人	10933790	12.99
杭锦国际贸易有限公司	法人	9243663	10.98
西藏天宇投资有限公司	法人	6705448	7.96
其他股东		77533848	32.92
合　计		134012690	100.00

资料来源：Wind，中关村上市公司协会整理。

3. 财务分析

（1）基本财务数据

表 39　启明股份 2016～2018 年基本财务数据

单位：万元

项目	2018 年/2018 年末	2017 年/2017 年末	2016 年/2016 年末
总资产	13330.24	13062.91	9014.69
净资产	11806.14	9066.58	8824.57
营业收入	17090.00	16173.18	1642.13
净利润	44.43	242.01	182.73

资料来源：Wind，中关村上市公司协会整理。

最近3年，净利润处于较低水平，主要系管理人员成本普遍增加；公司加大对CTRM自主研发项目的投入，调配大量技术开发人员投入启明股份核心产品研发，研发费用增加较多。

（2）主要财务指标

表40 启明股份2016～2018年主要财务指标

项目	2018年/2018年末	2017年/2017年末	2016年/2016年末
销售毛利率(%)	10.80	9.65	72.31
销售净利率(%)	0.26	1.50	11.13
资产负债率(%)	11.43	30.59	2.11
流动比率	2.99	1.74	29.46
速动比率	2.99	1.10	29.46
应收账款周转率	9.24	17.90	2.44

资料来源：Wind，中关村上市公司协会整理。

最近3年，公司销售净利率处于较低水平，主要系公司管理费用和财务费用较高。

（3）收入结构

最近3年，公司主营业务收入按项目分类情况如下。

表41 启明股份2016～2018年收入结构

单位：万元

项目	2018年		2017年		2016年	
	金额	比例(%)	金额	比例(%)	金额	比例(%)
电子商务贸易	14206.51	83.13	13723.67	85.05	—	—
软件术服务收入	2875.10	16.82	2412.15	14.95	1601.83	100
其他业务	8.40	0.05	—	—	—	—
合　计	17090.01	100.00	16135.82	100.00	1601.83	100.00

资料来源：Wind，中关村上市公司协会整理。

最近3年，电子商务贸易和软件技术服务收入占据主要营业收入的绝大部分。

（十一）用友金融信息技术股份有限公司

1. 公司基本信息

用友金融信息技术股份有限公司（简称“用友金融”）成立于2004年，2016年于全国中小企业股份转让系统挂牌并公开转让（股票代码：839483. OC）。截至2018年12月31日，公司市值10.10亿元。

公司以业务咨询与信息技术手段相结合，面向银行、证券、保险、信托、基金、期货、租赁等金融企业提供咨询、软件、行业解决方案与专业服务。产品涵盖金融企业经营管理、业务交易、营销服务、商业分析等领域，同时提供培训、运维、数据、外包服务。公司始终走在科技发展前沿，建有中国最庞大的金融行业技术和产品研发中心。

我国的金融IT企业规模普遍较小，市场集中度分散，行业领军企业优势仅仅局限于某一个或某几个细分领域。但因金融IT行业本身并未有明显的无法逾越的行业壁垒，而随着金融科技的快速发展，对于金融科技新兴技术的应用及与金融行业业务和管理的创新与变革相融合，对于金融IT企业来说既是新的发展机遇，又是一次新的挑战。金融科技企业规模将快速扩张，行业竞争加剧。对此，公司根据实际经营情况，适时地提出了聚焦关键产品的创新与发展策略，以保持公司在部分细分领域的市场优势，并不断拓展新的业务领域。

公司客户集中度不高，2018年公司前五大客户产生的业务收入占当年营业收入的比重分别为2.82%、2.23%、1.89%、1.61%、1.54%，合计10.09%，较为分散。2018年公司前五大客户为：中国进出口银行、中国长城资产管理股份有限公司、南洋商业银行（中国）有限公司、中国光大银行股份有限公司、建信养老金管理有限责任公司。

2. 股东情况

截至2018年12月31日，公司前五大股东情况如下。

表 42　用友金融 2018 年股东情况

股东名称	股东性质	持股数量(股)	持股比例(%)
用友网络科技股份有限公司	法人	80000000	78.43
北京友融利亨投资管理中心(有限合伙)	合伙企业	11237360	11.02
北京友融利丰投资管理中心(有限合伙)	合伙企业	6720640	6.59
国信证券股份有限公司	法人	2485000	2.44
中国国际金融股份有限公司	法人	498000	0.49
其他股东		1066374	1.04
合　计		102007374	100.00

资料来源：Wind，中关村上市公司协会整理。

3. 财务分析

（1）基本财务数据

表 43　用友金融 2016～2018 年基本财务数据

单位：万元

项目	2018 年/2018 年末	2017 年/2017 年末	2016 年/2016 年末
总资产	30251.03	25519.98	31929.60
净资产	22022.31	16699.21	18139.33
营业收入	34383.43	33310.01	37267.90
净利润	4846.52	2083.87	6114.12

资料来源：Wind，中关村上市公司协会整理。

最近 3 年，营业收入和利润在 2017 年出现大幅下滑，主要系研发投入增加导致管理费用大幅增长。2018 年营业成本、费用得到有效控制，同时对符合条件的部分研发费用进行了资本化处理致使计入当期损益的研发投入减少。

（2）主要财务指标

表 44　用友金融 2016～2018 年主要财务指标

项目	2018 年/2018 年末	2017 年/2017 年末	2016 年/2016 年末
销售毛利率(%)	60.58	56.12	57.88
销售净利率(%)	14.10	6.26	16.41

续表

项目	2018 年/2018 年末	2017 年/2017 年末	2016 年/2016 年末
资产负债率(%)	27.20	34.56	43.19
流动比率	2.59	2.34	2.27
速动比率	2.59	2.34	2.27
应收账款周转率	3.00	3.32	5.33

资料来源：Wind，中关村上市公司协会整理。

最近 3 年，公司销售净利率较低，主要系人力成本高导致。

（3）收入结构

最近 3 年，公司主营业务收入按项目分类情况如下。

表 45　用友金融 2016～2018 年收入结构

单位：万元

项目	2018 年		2017 年		2016 年	
	金额	比例(%)	金额	比例(%)	金额	比例(%)
银行	16946.44	49.29	14256.62	42.80	18029.88	48.38
证券、基金、期货	6264.67	18.22	6985.12	20.97	10113.10	27.14
保险业务	3031.95	8.82	2652.09	7.96	3254.53	8.73
租赁	2263.23	6.58	3577.18	10.74	2863.73	7.68
信托	1125.71	3.27	1322.23	3.97	1267.35	3.40
其他金融行业	4751.44	13.82	4501.69	13.51	1625.29	4.36
其他业务	—	—	15.09	0.05	114.02	0.31
合　计	34383.43	100.00	33310.01	100.00	37267.90	100.00

资料来源：Wind，中关村上市公司协会整理。

最近 3 年，公司主营业务收入构成比较均衡，分布在银行、证券、基金、期货、保险、租赁、信托等各个金融子行业，显示了公司均衡强大的布局能力。

（十二）北京柠檬微趣科技股份有限公司

1. 公司基本信息

北京柠檬微趣科技股份有限公司（简称“柠檬微趣”）成立于 2008 年，2016 年于全国中小企业股份转让系统挂牌并公开转让（股票代码：

838966. OC)。截至 2018 年 12 月 31 日，柠檬微趣市值 13. 03 亿元。

公司专注研发休闲类精品手机游戏，致力于打造全球领先的手游品牌。先后推出《时尚人生》、《超级名模》、《梦幻精灵谷》、《梦幻蛋糕店》、《冰雪奇缘：冰纷乐》以及《宾果消消消》（曾用名《糖果萌萌消》）等多款手游排行榜冠军作品。公司专注于移动休闲类游戏产品市场，目前有多款游戏处于研发测试阶段。公司运营方式以联合运营为主，联合运营商或渠道商主要为 Apple、Google、OPPO、vivo、腾讯、华为等知名企业。

公司主要从事移动终端游戏的研发、销售及更新维护，核心竞争优势来自较强的休闲游戏研发和运营能力。近年来，随着硬件技术与操作系统的不断升级、智能手机终端的不断普及，我国移动终端游戏行业发展较为迅速，在快速发展过程中，行业竞争也变得异常激烈。随着人们生活节奏不断加快以及游戏产品的不断丰富，游戏玩家兴趣转变也越来越快。公司不断加强对产品研发的重视，不断引入优秀的研发人员，以降低产品开发风险。

公司客户集中度较高，2018 年公司前五大客户产生的业务收入占当年营业收入的比重分别为45. 36%、11. 20%、8. 59%、8. 20%、5. 06%，合计 78. 41%，较为集中。2018 年公司前五大客户为：苹果、谷歌、东莞市讯怡电子科技有限公司、华为软件技术有限公司、广东天宸网络科技有限公司。

2. 股东情况

截至 2018 年 12 月 31 日，公司前五大股东情况如下。

表 46　柠檬微趣 2018 年股东情况

股东名称	股东性质	持股数量(股)	持股比例(%)
齐伟	自然人	18744000	36. 75
北京柠檬君科技合伙企业(有限合伙)	法人	5386400	10. 56
天津英诺创业投资合伙企业(有限合伙)	法人	4272000	8. 38
北京红杉盛德股权投资中心(有限合伙)	法人	4080000	8. 00
文明	自然人	3854400	7. 56
其他股东		14647327	28. 75
合　计		50984127	100. 00

资料来源：Wind，中关村上市公司协会整理。

3. 财务分析

（1）基本财务数据

表 47 柠檬微趣 2016～2018 年基本财务数据

单位：万元

项目	2018 年/2018 年末	2017 年/2017 年末	2016 年/2016 年末
总资产	38767.91	32240.42	14485.24
净资产	36856.13	28560.7	13183.89
营业收入	33241.56	38762.06	19366.79
净利润	9820.19	8997.32	6091.48

资料来源：Wind，中关村上市公司协会整理。

最近 3 年，公司资产逐步上升，但是 2018 年营业收入有所下降，主要系公司对两款主打游戏《宾果消消消》与《怪兽消消消》均进行了较大的玩法更新，在更新完成前公司暂时主动减少了游戏的推广投入。

（2）主要财务指标

表 48 柠檬微趣 2016～2018 年主要财务指标

项目	2018 年/2018 年末	2017 年/2017 年末	2016 年/2016 年末
销售毛利率(%)	95.95	96.41	97.71
销售净利率(%)	29.54	23.21	31.45
资产负债率(%)	4.93	11.41	8.98
流动比率	38.37	10.58	10.89
速动比率	38.37	10.58	10.89
应收账款周转率	5.92	6.47	6.71

资料来源：Wind，中关村上市公司协会整理。

最近 3 年，公司销售毛利率很高，主要系游戏业务为轻资产。同时，公司收入主要来自游戏分成收入，渠道结算周期较短，故公司现金流情况良好，导致资产负债率低，流动比率和速动比率较高。

（3）收入结构

最近 3 年，公司主营业务收入按项目分类情况如下。

表 49 柠檬微趣 2016～2018 年收入结构

单位：万元

项目	2018 年		2017 年		2016 年	
	金额	比例(%)	金额	比例(%)	金额	比例(%)
宾果消消消	24742.20	74.43	37380.93	96.49	19302.08	99.67
怪兽消消消	8422.55	25.34	1333.51	3.44	—	—
梦幻蛋糕店	70.94	0.21	—	—	—	—
冰雪奇缘:冰纷乐	5.88	0.02	27.76	0.07	23.08	0.12
其他主营业务	—	—	—	—	41.63	0.21
合　计	33241.56	100.00	38742.20	100.00	19366.79	100.00

资料来源：Wind，中关村上市公司协会整理。

2018 年度，公司对《宾果消消消》进行了较大规模的游戏升级，添加了更多的游戏元素，在升级改版完成前暂时主动缩减了《宾果消消消》的市场推广力度，因此 2018 年度来自《宾果消消消》的收入较上一年度有所下降。2018 年度，公司对《怪兽消消消》更新后展开推广，取得了较好的市场表现，因此收入同比有所增长。

（十三）北京华如科技股份有限公司

1. 公司基本信息

北京华如科技股份有限公司（简称“华如科技”）成立于 2011 年，2016 年于全国中小企业股份转让系统挂牌并公开转让（股票代码：837069. OC）。截至 2018 年 12 月 31 日，华如科技市值 15. 35 亿元。

公司的业务收入主要来源于军用仿真行业。公司致力于军用仿真、虚拟现实和数据应用技术研发与产品推广，为政府、军队、教育和科研部门，以及国防工业、交通物流、应急安全、能源化工等行业企业提供优质的仿真产品和技术服务。在作战实验、装备论证、模拟训练、联合试验等仿真应用领域积累了丰富的项目实施经验和一系列完整的解决方案。公司打造了国内领先，具有自主知识产权的 XSimStudio 可扩展仿真平台系列产品、LORIS 联合试验训练支撑平台、数据应用支撑平台及一系列专业领域的仿真应用系统。

公司客户集中度较高，2018 年公司前五大客户产生的业务收入占当年营业收入的比重分别为 17.30%、10.86%、5.44%、4.61% 及 3.66%，合计 41.87%，较为集中。

2. 股东情况

截至 2018 年 12 月 31 日，公司前五大股东情况如下。

表 50　华如科技 2018 年股东情况

股东名称	股东性质	持股数量(股)	持股比例(%)
李杰	自然人	15500000	22.84
韩超	自然人	15000000	22.10
北京华如志远管理咨询中心(有限合伙)	合伙企业	13440000	19.81
刘旭凌	自然人	6750000	9.95
宁波梅山保税港区道泓投资合伙企业(有限合伙)	合伙企业	3180000	4.69
其他股东		13933838	20.61
合　计		67803838	100.00

资料来源：Wind，中关村上市公司协会整理。

3. 财务分析

（1）基本财务数据

表 51　华如科技 2016～2018 年基本财务数据

单位：万元

项目	2018 年/2018 年末	2017 年/2017 年末	2016 年/2016 年末
总资产	44086.83	21529.00	13150.67
净资产	37759.52	18627.06	11198.50
营业收入	24566.69	17734.69	12085.03
净利润	5646.33	4781.49	3304.59

资料来源：Wind，中关村上市公司协会整理。

最近3年，公司资产、营业收入和利润保持快速增长趋势，主要原因系公司依托自主研发的仿真建模、仿真引擎、数据管理和分析评估等技术优势，不断完善软件产品功能，开发新的软件产品，逐步拓展客户规模，拓宽仿真技术开发服务领域，军工业务规模大幅增长。

（2）主要财务指标

表52　华如科技2016～2018年主要财务指标

项目	2018年/2018年末	2017年/2017年末	2016年/2016年末
销售毛利率(%)	73.27	76.98	76.06
销售净利率(%)	22.98	26.96	27.34
资产负债率(%)	14.35	13.48	14.84
流动比率	6.75	7.03	6.27
速动比率	6.38	6.67	5.89
应收账款周转率	1.34	1.92	2.78

资料来源：Wind，中关村上市公司协会整理。

最近3年，公司销售净利率有所下降，主要原因系毛利率较高的软件产品销售收入下降，同时毛利率较低的商品销售收入占比增加，硬件采购成本增加。

（3）收入结构

最近3年，公司主营业务收入按项目分类情况如下。

表53　华如科技2016～2018年收入结构

单位：万元

项目	2018年		2017年		2016年	
	金额	比例(%)	金额	比例(%)	金额	比例(%)
技术开发	21049.05	85.68	13508.78	76.17	7162.75	59.27
软件产品	1932.36	7.87	3607.95	20.34	4593.68	38.01
商品销售	1152.87	4.69	110.66	0.62	167.01	1.38
技术服务	432.40	1.76	507.31	2.86	161.60	1.34
合　计	24566.69	100.00	17734.69	100.00	12085.03	100.00

资料来源：Wind，中关村上市公司协会整理。

最近 3 年，公司依托自主研发技术优势，加大技术研发力度，拓展客户规模和仿真技术开发服务领域，军工业务规模大幅增长，技术开发收入和商品销售收入大幅增加。

（十四）北京航天华世科技股份有限公司

1. 公司基本信息

北京航天华世科技股份有限公司（简称“航天华世”）成立于 2009 年，2016 年于全国中小企业股份转让系统挂牌并公开转让（股票代码：836964. OC）。截至 2018 年 12 月 31 日，航天华世市值 10. 76 亿元。

公司主营业务为精密机械零部件加工。公司使用的主要生产技术有车削加工技术、铣削加工技术和磨削加工技术，属于通用工艺技术，公司目前不涉及技术的研发。公司主要为客户提供个性化定制加工，需严格按照客户的图纸来设计工艺流程，以保证产品规格和质量符合客户的要求，公司选择现行通用工艺技术的最优级别，通过先进的数控加工设备来实施加工操作。

公司所处行业为通用设备制造业，公司在多年技术积累的基础上，针对不同客户需求不断改进工艺技术，逐步完善精密机械加工件产品系列，以满足汽车、航空航天、国防等领域企业的需求，拥有较强的市场竞争力。

公司客户集中度较高，2018 年公司前五大客户产生的业务收入占当年营业收入的比重分别为 41. 90%、13. 63%、8. 47%、5. 18%、5. 13%，合计 74. 31%，较为集中。2018 年公司前五大客户为：北京星航机电装备有限公司、北京永兴源聚贤工贸有限公司、无锡嘉限克机械设备有限公司、北京华航无线电测量研究所、苏州聚昶精密五金机械有限公司。

2. 股东情况

截至 2018 年 12 月 31 日，公司前五大股东情况如下。

表 54　航天华世 2018 年股东情况

股东名称	股东性质	持股数量(股)	持股比例(%)
张锦峥	自然人	34668800	41.88
北京航天宇业创业投资中心(有限合伙)	合伙企业	8011000	9.68
北京中创鸿星投资管理有限公司－北京中创红星设计创业投资中心(有限合伙)	合伙企业	4387000	5.30
马琳娜	自然人	4100000	4.95
东电创新(北京)投资有限公司	法人	3601000	4.35
其他股东		28013809	33.84
合　计		82781609	100.00

资料来源：Wind，中关村上市公司协会整理。

3. 财务分析

（1）基本财务数据

表 55　航天华世 2016～2018 年基本财务数据

单位：万元

项目	2018 年/2018 年末	2017 年/2017 年末	2016 年/2016 年末
总资产	31603.17	26253.74	20763.74
净资产	14841.39	13463.53	12169.74
营业收入	27341.64	22405.70	19459.39
净利润	1291.87	2121.61	952.81

资料来源：Wind，中关村上市公司协会整理。

最近 3 年，公司资产和收入持续增长，主要系公司及旗下子公司大力开拓业务所致。营业利润在 2018 年有所下降，主要系公司发出商品中价值与毛利较高的军工级产品处于客户延期验收状态及计提坏账准备金所致。

（2）主要财务指标

表 56　航天华世 2016～2018 年主要财务指标

项目	2018 年/2018 年末	2017 年/2017 年末	2016 年/2016 年末
销售毛利率(%)	17.22	20.60	13.49
销售净利率(%)	4.72	9.47	4.90

续表

项目	2018 年/2018 年末	2017 年/2017 年末	2016 年/2016 年末
资产负债率(%)	53.04	48.72	41.39
流动比率	1.60	1.79	2.04
速动比率	1.07	1.17	1.23
应收账款周转率	16.08	18.09	28.78

资料来源：Wind，中关村上市公司协会整理。

最近 3 年，公司销售毛利率较低，主要系机械加工属于重资产行业。

（3）收入结构

最近 3 年，公司主营业务收入按项目分类情况如下。

表 57 航天华世 2016～2018 年收入结构

单位：万元

项目	2018 年		2017 年		2016 年	
	金额	比例(%)	金额	比例(%)	金额	比例(%)
高端精密零部件加工定做收入	17695.62	64.72	17273.80	77.10	19459.39	100.00
平台业务收入	9646.03	35.28	5131.90	22.90	—	—
合 计	27341.64	100.00	22405.70	100.00	19459.39	100.00

资料来源：Wind，中关村上市公司协会整理。

最近 3 年，平台业务收入占据主营业务收入的比重不断提高，主要系公司把“火花 2025 云定制平台”的发展作为公司的重点。

（十五）北京派尔特医疗科技股份有限公司

1. 公司基本信息

北京派尔特医疗科技股份有限公司（简称“派尔特”）成立于 2002 年，2016 年于全国中小企业股份转让系统挂牌并公开转让（股票代码：835879.OC）。截至 2018 年 12 月 31 日，派尔特市值 12.93 亿元。

公司为行业内领先的外科手术整体解决方案提供商，致力于通过对外科手术需求的精准掌握，向市场提供外科手术器械产品及相关配套服务。经过十余年的发展，公司形成以吻合器产品为核心，其他手术器械全面发展的综合业务体系，并成为具备吻合器设计开发及精密装配、国际先进品牌代理、定制外科手术培训、差异需求营销服务等全产业服务能力，有效实现外科手术器械领域资源的全面整合。

政府扶持力度随政策支持逐渐加大，我国医疗器械行业尤其是手术器械行业迎来了快速发展的机遇。公司处于上行行业周期，市场前景广阔。公司将紧跟我国外科手术医疗器械市场动向，在巩固原有吻合器市场地位的基础上，深度挖掘微创外科手术器械市场，继续整合吻合器行业内优质的高端产品资源，逐步替代进口产品，降低使用成本，提升国产化率。为各类医院及其他外科手术企业搭建外科手术器械业务平台，并帮助各级医院建立现代化的外科手术室，满足更多患者的外科手术需求。

公司客户集中度不高，2018 年公司前五大客户产生的业务收入占当年营业收入的比重分别为 4.28%、4.16%、4.03%、3.94%、2.99%，合计 19.40%，较为分散。2018 年公司前五大客户为：Purple Surgical International Ltd.、上海帛璨医疗器械有限公司、河南御仁鸿合医疗器械有限公司、MED CARE COMERCIAL LTDA、Sabatajhiz Iranian Co., Ltd.。

2. 股东情况

截至 2018 年 12 月 31 日，公司前五大股东情况如下。

表 58　派尔特 2018 年股东情况

股东名称	股东性质	持股数量(股)	持股比例(%)
刘青	自然人	17346000	27.80
SBCVC Fund III Company Limited	法人	13198000	21.15
曲超	自然人	8496000	13.61
宁波淳元弘达股权投资合伙企业(有限合伙)	合伙企业	8110000	13.00
伟伦投资香港有限公司	法人	3600000	5.77
其他股东		11641681	18.67
合　计		62391681	100.00

资料来源：Wind，中关村上市公司协会整理。

3. 财务分析

（1）基本财务数据

表 59　派尔特 2016～2018 年基本财务数据

单位：万元

项目	2018 年/2018 年末	2017 年/2017 年末	2016 年/2016 年末
总资产	26938. 68	22675. 05	15415. 21
净资产	21204. 62	17954. 67	10664. 72
营业收入	22832. 64	20382. 04	18873. 18
净利润	4083. 70	3362. 93	2636. 97

资料来源：Wind，中关村上市公司协会整理。

最近 3 年，公司资产、收入和利润持续增长，主要系公司大力拓展业务、推出更优质服务和产品、获得更多客户所致。

（2）主要财务指标

表 60　派尔特 2016～2018 年主要财务指标

项目	2018 年/2018 年末	2017 年/2017 年末	2016 年/2016 年末
销售毛利率(%)	66. 16	70. 69	66. 06
销售净利率(%)	17. 89	16. 50	13. 97
资产负债率(%)	21. 29	20. 82	30. 82
流动比率	4. 21	4. 44	2. 84
速动比率	3. 04	3. 22	1. 92
应收账款周转率	18. 02	21. 51	23. 54

资料来源：Wind，中关村上市公司协会整理。

最近 3 年，公司销售毛利率出现一定波动，主要系吻合器受到产品单价降价因素的影响，相应的主营业收入的增长幅度低于营业成本增长幅度。

（3）收入结构

最近 3 年，公司主营业务收入按项目分类情况如下。

表61　派尔特2016～2018年收入结构

单位：万元

项目	2018年		2017年		2016年	
	金额	比例(%)	金额	比例(%)	金额	比例(%)
吻合器	20490.00	89.74	18301.58	89.79	15637.95	82.86
缝线	1193.11	5.23	1118.31	5.49	1138.07	6.03
补片	451.73	1.98	474.59	2.33	617.46	3.27
康美产品	256.17	1.12	320.09	1.57	353.35	1.87
其他外科产品	441.63	1.93	167.47	0.82	1126.01	5.97
合　计	22832.64	100.00	20382.04	100.00	18872.84	100.00

资料来源：Wind，中关村上市公司协会整理。

最近3年，公司在吻合器行业中有较高的品牌美誉度，且有核心竞争力，因此获得了较多的市场份额，增长较快。

（十六）北京睦合达信息技术股份有限公司

1. 公司基本信息

北京睦合达信息技术股份有限公司（简称“睦合达”）成立于2008年，2016年于全国中小企业股份转让系统挂牌并公开转让（股票代码：836801. OC）。截至2018年12月31日，睦合达市值189.23亿元。

公司是国家高新技术企业，主要提供基于大数据、云计算、区块链等创新技术的服务。公司以技术研发与不断创新为核心，在过去三年的发展中，通过智能化升级方案设计、定制化软件的研发、升级与维护、数据的可视化服务等积累了一定的用户与数据，发展到对数据资产进行确权、估值、量化并管理数据资产，建立一体化的数据资产服务平台。

我国的大数据行业目前已进入一个快速发展期，但目前国内数据行业的发展遇到明显的瓶颈，就是在数据安全与数据获取的合法合规上。而睦合达的数据账户服务，从源头上解决了数据的权属问题，也进一步提升了数据使用的安全性，这是未来数据产业快速发展的根基，这也使公司在大数据行业具有较强的竞争力。

公司客户集中度较高，2018 年公司前五大客户产生的业务收入占当年营业收入的比重分别为 29.78%、18.19%、13.22%、4.7%、3.0%，合计 68.89%，较为集中。2018 年公司前五大客户为：北京车行通科技服务有限公司、沈阳瑞通汽车科技有限公司、沈阳车汇通科技有限公司、锦州善行通贸易有限公司、北京国车运通科技有限公司。

2. 股东情况

截至 2018 年 12 月 31 日，公司前五大股东情况如下。

表 62　睦合达 2018 年股东情况

股东名称	股东性质	持股数量(股)	持股比例(%)
赵清洁	自然人	38852796	37.98
池天宇	自然人	12585600	12.30
北京点通宝科技有限公司	法人	10553550	10.32
王硕	自然人	10488000	10.25
沈阳盈泰万通汽车贸易有限公司	法人	10126360	9.90
其他股东		19680159	19.25
合　计		102286465	100

资料来源：Wind，中关村上市公司协会整理。

3. 财务分析

（1）基本财务数据

表 63　睦合达 2016～2018 年基本财务数据

单位：万元

项目	2018 年/2018 年末	2017 年/2017 年末	2016 年/2016 年末
总资产	28089.92	18127.43	7379.21
净资产	21992.57	12668.78	5278.87
营业收入	17417.58	9800.91	4916.77
净利润	10115.21	6699.34	3726.79

资料来源：Wind，中关村上市公司协会整理。

最近3年，公司资产、收入和利润持续增长，主要系公司主营业务增长所致。

（2）主要财务指标

表64　睦合达2016～2018年主要财务指标

项目	2018年/2018年末	2017年/2017年末	2016年/2016年末
销售毛利率(%)	92.50	93.55	98.21
销售净利率(%)	58.07	68.35	75.80
资产负债率(%)	21.71	30.11	28.46
流动比率	4.04	3.24	3.41
速动比率	4.03	3.18	3.39
应收账款周转率	5.80	2.96	1.77

资料来源：Wind，中关村上市公司协会整理。

最近3年，公司销售毛利率较高，主要系公司在安全领域有定价优势，但是管理费和销售费用较高，同时资产负债结构良好。

（3）收入结构

最近3年，公司主营业务收入按项目分类情况如下。

表65　睦合达2016～2017年收入结构

单位：万元

项目	2018年		2017年		2016年	
	金额	比例(%)	金额	比例(%)	金额	比例(%)
智能安全行车数据服务费	9868.15	56.66	1166.90	13.41	126.72	2.58
IDSW系列智能安全行车类技术转让	5733.49	32.92	7502.09	86.24	3489.27	70.97
智能空气检测器技术转让	—	—	21.20	0.24	91.71	1.87
智能桌面空气净化器技术转让	—	—	6.36	0.07	16.95	0.34
智能插座技术转让	—	—	2.97	0.03	2.02	0.04
智能空气净化器技术转让	—	—	—	—	1160.74	23.61

续表

项目	2018年		2017年		2016年	
	金额	比例(%)	金额	比例(%)	金额	比例(%)
智能骑行自行车技术转让	—		—	—	29.04	0.59
其他业务	1815.95	10.43	—	—	—	—
合　计	17417.58	100.00	8699.52	100.00	4916.45	100.00

资料来源：Wind，中关村上市公司协会整理。

最近3年，公司基于已有的用户和数据，大力推广数据资产价值管理与服务平台，降低了IDSW系列产品的研发投入。同时，公司将打造的数据资产价值管理与服务平台推向市场，赢得了消费者的认可，吸引越来越多的服务商、经销商加入。

（十七）随锐科技股份有限公司

1. 公司基本信息

随锐科技股份有限公司（简称“随锐科技”）成立于2006年，2016年于全国中小企业股份转让系统挂牌并公开转让（股票代码：835990.OC）。截至2018年12月31日，随锐科技市值100.13亿元。

公司的主营业务是基于企业互联网平台，通过发展具有自主知识产权和自主品牌的视频通信云产品，为政府、企业、事业单位等提供可靠、安全、易用的视频通信云服务。

公司归属于企业互联网领域视频通信云的高科技行业，行业目前处于高速成长与发展期，各种产品迭代与技术改进周期的更新速度快，客户与市场的持续创新要求较高。新产品、新技术的开发与应用，是公司所处行业内企业核心竞争力的关键因素。

公司客户集中度较高，2018年公司前五大客户产生的业务收入占当年营业收入的比重分别为24.77%、11.10%、7.84%、5.83%、5.15%，合计54.69%，较为集中。2018年公司前五大客户为：四川长虹教育科技有限公司、陕西公众信息产业有限公司、城云科技（中国）有限公司、浙江鑫网能源工程有限公司、深圳亿维锐创科技股份有限公司。

2. 股东情况

截至 2018 年 12 月 31 日，公司前五大股东情况如下。

表 66　随锐科技 2018 年股东情况

股东名称	股东性质	持股数量(股)	持股比例(%)
舒骋	自然人	43440873	24.73
共青城东方维港创新投资中心(有限合伙)	合伙企业	19806335	11.27
北京用友创新投资中心(有限合伙)	合伙企业	14287317	8.13
北京融通高科资本管理中心(有限合伙)	合伙企业	13989813	7.96
共青城天元启迪创新投资中心(有限合伙)	合伙企业	13078258	7.44
其他股东		71064747	40.45
合　计		175667343	100.00

资料来源：Wind，中关村上市公司协会整理。

3. 财务分析

（1）基本财务数据

表 67　随锐科技 2016～2018 年基本财务数据

单位：万元

项目	2018 年/2018 年末	2017 年/2017 年末	2016 年/2016 年末
总资产	83451.73	47906.67	43108.43
净资产	65510.63	37438.75	30178.20
营业收入	48355.78	32104.55	30305.82
净利润	3226.53	2355.12	3253.63

资料来源：Wind，中关村上市公司协会整理。

最近 3 年，营业资产、收入和利润大幅增长，主要系公司近年来布局的以云硬件占领视频通信云产品和服务市场、快速扩大客户群体、增加客户黏性的策略初见成效。

（2）主要财务指标

表 68　随锐科技 2016～2018 年主要财务指标

项目	2018 年/2018 年末	2017 年/2017 年末	2016 年/2016 年末
销售毛利率(%)	29.51	31.42	38.48
销售净利率(%)	6.67	7.34	10.74
资产负债率(%)	21.50	21.85	29.99
流动比率	3.92	3.88	3.53
速动比率	3.52	3.59	3.44
应收账款周转率	2.00	1.66	2.64

资料来源：Wind，中关村上市公司协会整理。

最近 3 年，销售毛利率处于较高水平，资产负债结构比较合理。

（3）收入结构

最近 3 年，公司主营业务收入按项目分类情况如下。

表 69　随锐科技 2016～2018 年收入结构

单位：万元

项目	2018 年		2017 年		2016 年	
	金额	比例(%)	金额	比例(%)	金额	比例(%)
视频云通信服务	21704.64	44.89	18325.30	57.08	9405.74	31.04
视频通信行业解决方案	19107.32	39.51	8201.77	25.55	15343.91	50.63
智慧城市视频融合业务	4611.91	9.54	5377.47	16.75	5556.17	18.33
智能机器人业务	—	—	200.00	0.62	—	—
其他业务	2931.90	6.06	—	—	—	—
合　计	48355.78	100.00	32104.55	100.00	30305.82	100.00

资料来源：Wind，中关村上市公司协会整理。

最近 3 年，公司报告期视频通信云服务类收入增长较快，主要系公司成功推动了运营商和系统集成商对公司云硬件产品的较大规模集中采购，从而带动了该类收入的增长。

（十八）机科发展科技股份有限公司

1. 公司基本信息

机科发展科技股份有限公司（简称“机科股份”）成立于2002年，2016年于全国中小企业股份转让系统挂牌并公开转让（股票代码：835579.OC）。截至2018年12月31日，机科股份市值17.55亿元。

公司是一家专业提供智能高端制造装备及系统集成和环保设备及工程的高科技企业，主要技术和产品为机器人及相关设备、自动化成套装备、产品定制与服务、固废处置设备及工程、水处理设备及工程等，主要技术和产品服务于环保、汽车、智能制造、物流、工程机械、冶金、印刷和国防等国民经济的核心领域。

随着行业的不断成熟，越来越多的企业将摆脱低质量、低价格的经营模式，形成更多依靠技术进步和品牌优势经营的规模企业，市场竞争将日趋激烈。另外，国外竞争者在国内设立合资企业，在推动行业发展的同时，也加剧了行业竞争。公司多年来专注于智能高端制造装备及智能环保装备的设计、研发和销售，具有深厚的人才和技术储备，形成了严格的质量管理体系和稳定的供应链运营模式，在行业内拥有一定的市场地位和竞争优势。

公司客户集中度较高，2018年公司前五大客户产生的业务收入占当年营业收入的比重分别为15.22%、11.83%、5.65%、5.25%、4.25%，合计42.20%，较为集中。

2. 股东情况

截至2018年12月31日，公司前五大股东情况如下。

表70　机科股份2018年股东情况

股东名称	股东性质	持股数量(股)	持股比例(%)
机械科学研究总院集团有限公司	法人	53455580	59.40
北京机科汇众智能技术股份有限公司	法人	27850000	30.94
北京机床研究所有限公司	法人	2134050	2.37
中银国际证券股份有限公司做市专用证券账户	其他	1795000	1.99

续表

股东名称	股东性质	持股数量(股)	持股比例(%)
新疆天业(集团)有限公司	法人	1422700	1.58
其他股东		3386974	3.72
合　计		90044304	100.00

资料来源：Wind，中关村上市公司协会整理。

3. 财务分析

（1）基本财务数据

表 71　机科股份 2016～2018 年基本财务数据

单位：万元

项目	2018 年/2018 年末	2017 年/2017 年末	2016 年/2016 年末
总资产	47227.39	49276.53	41613.87
净资产	17419.22	16285.97	14343.80
营业收入	30934.98	26717.05	25016.48
净利润	1997.32	1671.45	1505.05

资料来源：Wind，中关村上市公司协会整理。

最近 3 年，公司净资产、收入和利润实现小幅度增长，主要系公司业务增长所致。

（2）主要财务指标

表 72　机科股份 2016～2018 年主要财务指标

项目	2018 年/2018 年末	2017 年/2017 年末	2016 年/2016 年末
销售毛利率(%)	23.96	25.36	21.03
销售净利率(%)	6.46	6.26	6.02
资产负债率(%)	63.12	66.95	65.53
流动比率	1.73	1.53	1.56
速动比率	1.58	1.23	1.35
应收账款周转率	2.16	2.09	1.98

资料来源：Wind，中关村上市公司协会整理。

最近3年，公司销售毛利率和销售净利率较低，主要系公司制造成本高。

(3) 收入结构

最近3年，公司主营业务收入按项目分类情况如下。

表73 机科股份2016～2018年收入结构

单位：万元

项目	2018年		2017年		2016年	
	金额	比例(%)	金额	比例(%)	金额	比例(%)
智能高端制造装备	26463.31	85.54	—	—	—	—
智能环保装备	4468.59	14.45	—	—	—	—
自动化成套装备	—	—	6945.29	26.00	8414.42	33.64
机器人及装备	—	—	10867.54	40.68	10460.00	41.81
产品定制与服务	—	—	2730.23	10.22	2088.41	8.35
水处理设备及工程	—	—	5747.49	21.51	2061.30	8.24
固废处理设备	—	—	182.29	0.68	1986.74	7.94
其他业务	3.09	0.01	244.21	0.91	5.62	0.02
合　计	30934.98	100.00	26717.05	100.00	25016.48	100.00

资料来源：Wind，中关村上市公司协会整理。

最近3年，智能高端制造装备收入增幅较大，主要系公司针对智能高端装备制造领域研判市场需求，调整市场方向，在继续做好原有智能高端制造装备的同时进行内部资源的协调和共享，降低了项目的实施周期，提高了项目的赢利能力和市场影响力，同时进一步挖掘客户的需求，优化技术和工艺，使得该类业务同比上升。

（十九）星空电讯科技(北京)股份有限公司

1. 公司基本信息

星空电讯科技（北京）股份有限公司（简称“星空股份”）成立于2004年，2016年于全国中小企业股份转让系统挂牌并公开转让（股票代码：

835123. OC)。截至2018年12月31日，星空股份市值10亿元。

公司致力于打造国内领先的互联网数字化产品流通平台，为大型集团企业及个人终端客户提供全方位、个性化的数字化产品交易及服务解决方案，并充分利用公司在互联网数字化产品流通领域的平台优势开发并提供多种形式的增值服务。公司是具有一定特点和规模的移动互联网内容与平台运营商，其运营的移动互联网内容涵盖虚拟商品、电子信息、O2O业务。在该主运营平台基础上，公司自主开发了专门面向集团客户的“星空商务平台”和专门面向终端消费者的“逛逛生活”移动互联网平台两个子平台，相关的商品与服务可以在各子平台融合运营。

公司的专业研发团队凭借多年积累的互联网技术，使得公司的运营平台体现安全稳定，到达率准确高效，响应速度及时，数据传输安全可靠，用户体验较好等特点，在目前同行业中具有较为突出的竞争优势。

公司客户集中度较高，2018年公司前五大客户产生的业务收入占当年营业收入的比重分别为22.43%、11.56%、8.63%、7.78%、7.51%，合计57.91%，较为集中。2018年公司前五大客户为：浙江中誉（控股）集团有限公司、中国建设银行股份有限公司信用卡中心、金华市华鹊工具有限公司、昊森实业有限公司、台州弘涛置业有限公司。

2. 股东情况

截至2018年12月31日，公司前五大股东情况如下。

表74 星空股份2018年股东情况

股东名称	股东性质	持股数量(股)	持股比例(%)
孙月焕	自然人	12719400	24.94
杨楠	自然人	6864600	13.46
北京中关村创业投资发展有限公司	法人	5242800	10.28
张颜	自然人	4783800	9.38
肖华	自然人	3539400	6.94
其他股东		17850000	35
合　计		51000000	100

资料来源：Wind，中关村上市公司协会整理。

3. 财务分析

（1）基本财务数据

表 75　星空股份 2016～2018 年基本财务数据

单位：万元

项目	2018 年/2018 年末	2017 年/2017 年末	2016 年/2016 年末
总资产	33660.88	29503.29	23450.58
净资产	30762.89	26641.17	22366.73
营业收入	11547.87	12214.45	16379.46
净利润	4121.73	4469.43	3932.84

资料来源：Wind，中关村上市公司协会整理。

最近 3 年，公司的资产逐步增加，但在 2018 年营业收入和利润有所下降，主要系技术服务收入减少所致。

（2）主要财务指标

表 76　星空股份 2016～2018 年主要财务指标

项目	2018 年/2018 年末	2017 年/2017 年末	2016 年/2016 年末
销售毛利率(%)	64.90	66.48	44.41
销售净利率(%)	35.69	36.59	24.01
资产负债率(%)	8.61	9.70	4.62
流动比率	8.88	8.74	20.35
速动比率	5.14	4.72	9.57
应收账款周转率	2.73	10.71	4.92

资料来源：Wind，中关村上市公司协会整理。

最近 3 年，公司资产负债率很低，偿债能力良好，销售毛利率维持在较高水平。

（3）收入结构

最近 3 年，公司主营业务收入按项目分类情况如下。

表 77　星空股份 2016～2018 年收入结构

单位：万元

项目	2018 年		2017 年		2016 年	
	金额	比例(%)	金额	比例(%)	金额	比例(%)
银商传媒平台	6848.88	59.31	6987.90	57.21	3575.47	21.83
无线业务 + ECP 平台	4419.73	38.27	4155.79	34.02	12568.14	76.73
技术服务	279.26	2.42	1070.75	8.77	—	—
SMCS 项目	—	—	—	—	235.85	1.44
合　计	11547.87	100.00	12214.45	100.00	16379.46	100.00

资料来源：Wind，中关村上市公司协会整理。

最近 3 年，公司在星空商务平台及星空互动传媒平台业务上积极整合，在客户原有合作基础上，增加新的合作项目，并增加了中国移动、国家电网、中石化、中供销集团等十几家重要企业客户的合作新项目。技术服务是公司在支持并满足自身业务开展的前提下对外提供的服务，该业务在公司营业收入中占比较小，不构成公司主营业务的营运方向。

（二十）北京讯腾智慧科技股份有限公司

1. 公司基本信息

北京讯腾智慧科技股份有限公司（简称“讯腾智科”）成立于 2004 年，2015 年于全国中小企业股份转让系统挂牌并公开转让（股票代码：835097.OC）。截至 2018 年 12 月 31 日，讯腾智科市值 10.16 亿元。

公司主要从事为城镇燃气供应企业、市政管理部门提供管网安全、计量、运行的智能化运营解决方案以及城镇燃气使用单位的信息化服务，是一家智慧燃气领域的专业服务商。公司依托核心技术团队多年燃气行业服务经验，研发出可提供从燃气门站到用户端的全流程服务的智能燃气网平台。公司所提供服务可以满足燃气企业对高精准位置服务的需求，公司将北斗技术应用于智能管网领域，形成的精准位置数据具有极强应用价值，为公司智慧燃气业务的迅速发展和扩大全国市场，建立了充足的基础设施储备，也将是智慧城市基础设施物联网的重要支撑。

公司客户集中度很高，2018 年公司前五大客户产生的业务收入占当年营业收入的比重分别为67.37%、11.67%、7.46%、2.08%、1.94%，合计90.52%，非常集中。2018 年公司前五大客户为：北京市燃气集团有限责任公司、北京云族科技有限公司、北京控股集团有限公司、龙感湖明鸿科技有限公司、上海铁路北斗测量工程技术有限公司。

2. 股东情况

截至 2018 年 12 月 31 日，公司前五大股东情况如下。

表 78　讯腾智科 2018 年股东情况

股东名称	股东性质	持股数量(股)	持股比例(%)
秦炜	自然人	31928940	31.06
刘向升	自然人	31896940	31.03
北京智城资本投资管理中心(有限合伙)	合伙企业	9372851	9.12
北京北控智慧城市科技发展有限公司	法人	5139787	5.00
海通兴泰(安徽)新兴产业投资基金(有限合伙)	合伙企业	3200000	3.11
其他股东		21355373	20.68
合　计		102893891	100

资料来源：Wind，中关村上市公司协会整理。

3. 财务分析

（1）基本财务数据

表 79　讯腾智科 2016～2018 年基本财务数据

单位：万元

项目	2018 年/2018 年末	2017 年/2017 年末	2016 年/2016 年末
总资产	28126.74	16045.53	9203.71
净资产	20998.73	10583.08	7168.99
营业收入	18686.54	13689.27	9762.22
净利润	3694.50	3369.09	2149.96

资料来源：Wind，中关村上市公司协会整理。

最近3年，公司资产、营业收入和利润都稳步增长，主要系公司加强主营业务的全国市场推广和销售力度，北斗应用业务和行业物联业务均取得增长。

（2）主要财务指标

表80　讯腾智科2016～2018年主要财务指标

项目	2018年/2018年末	2017年/2017年末	2016年/2016年末
销售毛利率(%)	43.67	50.89	47.33
销售净利率(%)	19.77	24.61	22.02
资产负债率(%)	25.34	34.04	22.11
流动比率	2.62	2.02	3.44
速动比率	2.52	1.98	3.23
应收账款周转率	2.79	4.16	5.93

资料来源：Wind，中关村上市公司协会整理。

最近3年，公司销售毛利率较高，主要系公司在智能管网领域具有价格优势，使得公司资产负债率处于较好水平。

（3）收入结构

最近3年，公司主营业务收入按项目分类情况如下。

表81　讯腾智科2016～2018年收入结构

单位：万元

项目	2018年		2017年		2016年	
	金额	比例(%)	金额	比例(%)	金额	比例(%)
商品销售	10369.04	55.49	6466.85	47.24	5778.47	59.19
系统服务	4603.43	24.64	3867.92	28.26	2091.85	21.43
技术开发	2355.18	12.60	2139.34	15.63	1072.56	10.99
系统集成设备	1130.79	6.05	984.14	7.19	687.47	7.04
设备维修	228.09	1.22	231.02	1.69	130.20	1.33
其他业务	—	—	—	—	1.68	0.02
合　计	18686.54	100.00	13689.27	100.00	9762.22	100.00

资料来源：Wind，中关村上市公司协会整理。

最近3年，公司主营业务占比未发生重大变化，主要系各业务都发展良好，取得较好的市场认可度。

（二十一）神州优车股份有限公司

1. 公司基本信息

神州优车股份有限公司（简称“神州优车”）成立于2002年，2016年于全国中小企业股份转让系统挂牌并公开转让（股票代码：838006. OC）。截至2018年12月31日，神州优车市值450亿元。

公司是国内领先的租车连锁企业神州租车联合第三方公司优车科技推出的互联网出行品牌。神州专车采用“专业车辆，专业司机”的B2C运营模式。神州优车目前的主营业务包括专车业务，神州专车是中国领先的基于新一代技术革命的汽车共享和大数据平台，通过“神州专车”品牌开展高品质专车业务。

互联网出行行业竞争非常激烈，公司作为行业的先行者和深耕者，充分利用领先的行业地位、丰富的行业经验及资源，发挥业务板块的协同效应，引领行业变革，致力建设一个全新的人车生态圈。公司发挥现有出行板块业务的领先优势，打造中国最大的汽车和出行共享平台，联手合作伙伴，构建中国最大的汽车新零售平台，充分发挥独特优势，打造全新的一站式汽车金融服务平台。

2018年公司前五大客户产生的业务收入占当年营业收入的比重分别为1. 39%、0. 78%、0. 44%、0. 34%、0. 26，合计3. 21%，较为分散。

2. 股东情况

截至2018年12月31日，公司前五大股东情况如下。

表82　神州优车2018年股东情况

股东名称	股东性质	持股数量（股）	持股比例（%）
陆正耀	自然人	270000000	10. 05
Star Vantage（China）Limited	法人	199080000	7. 41

续表

股东名称	股东性质	持股数量(股)	持股比例(%)
Golden Ares Limited	法人	177840000	6.62
China Auto Rental Limited	法人	168300000	6.27
Gingko Avenue Limited	法人	156060000	5.81
其他股东		1714778520	63.84
合　计		2686058520	100

资料来源：Wind，中关村上市公司协会整理。

3. 财务分析

（1）基本财务数据

表 83　神州优车 2016～2018 年基本财务数据

单位：万元

项目	2018 年/2018 年末	2017 年/2017 年末	2016 年/2016 年末
总资产	1710782.59	1538681.33	677998.70
净资产	1008463.34	1020275.05	352870.82
营业收入	594857.23	985638.80	584548.04
净利润	27039.13	-30147.89	-367204.28

资料来源：Wind，中关村上市公司协会整理。

最近 3 年，2016 年和 2017 年公司处于亏损状态，主要系行业竞争激烈，2018 年实现扭亏为盈，主要系公司各业务发展良好，专车和车闪贷业务继续保持赢利态势，为公司带来较多利润，买买车亏损逐渐收窄。

（2）主要财务指标

表 84　神州优车 2016～2018 年主要财务指标

项目	2018 年/2018 年末	2017 年/2017 年末	2016 年/2016 年末
销售毛利率(%)	25.64	12.82	-26.28
销售净利率(%)	4.55	-3.06	-62.82
资产负债率(%)	41.05	33.69	47.95
流动比率	1.36	1.65	1.76
速动比率	1.33	1.47	1.42
应收账款周转率	68.11	371.37	540.19

资料来源：Wind，中关村上市公司协会整理。

最近3年，公司应收账款周转率处于较高水平，主要系公司回款速度快。同时在2016年和2017年其销售净利润为负值，主要系其净利润为负值。

（3）收入结构

最近3年，公司主营业务收入按项目分类情况如下。

表85　神州优车2016～2018年收入结构

单位：万元

项目	2018年		2017年		2016年	
	金额	比例(%)	金额	比例(%)	金额	比例(%)
专车	346059.67	58.18	566660.85	57.49	505799.81	86.53
买卖二手车和其他	129347.87	21.74	346450.60	35.15	78748.23	13.47
闪贷服务及其他	119449.69	20.08	72527.35	7.36	—	—
合　计	594857.23	100.00	985638.80	100.00	584548.04	100.00

资料来源：Wind，中关村上市公司协会整理。

最近3年，公司主营业务收入主要来自专车服务收入，其收入占比最大；买卖二手车收入占比有浮动，主要系公司不断调整优化业务的销售模式，同时，闪贷服务及其他收入占比增加，主要系车闪贷业务的本期业绩增长较为显著。

（二十二）北京星光影视设备科技股份有限公司

1. 公司基本信息

北京星光影视设备科技股份有限公司（简称“星光影视”）成立于2000年，2015年于全国中小企业股份转让系统挂牌并公开转让（股票代码：834608）。截至2018年12月31日，星光影视市值10.75亿元。

星光影视主营业务为影视文化照明设备制造、租赁及系统集成服务，广播影视制作设备、播出设备、传输设备的视音频系统集成服务。公司专业承接国内外各种类型的电视演播室、大型舞台、剧场、体育场馆、户外建筑照明及各类大型演出活动的灯光、音视频、舞台机械系统的策划、设计、制造、施工及服务工程。

星光影视是国内少数几家拥有广播影视文化系统集成全套业务资质的企业，行业地位领先。

星光影视客户集中度较低，2018 年公司前五大客户产生的业务收入占当年营业收入的比重分别为 6.69%、6.66%、5.68%、3.48% 和 3.00%，较为分散。2018 年公司前五大客户为：丽江玉龙花园投资有限公司、无锡万达城投资有限公司、重庆奉节生态旅游开发有限公司（原重庆奉节旅游开发有限公司）、中央电视台和中船第九设计研究院工程有限公司。

2. 股东情况

截至 2018 年 12 月 31 日，公司前五大股东情况如下。

表 86　星光影视 2018 年股东情况

股东名称	股东性质	持股数量(股)	持股比例(%)
北京市大兴星光影视器材设备厂	其他	56505326	38.73
赵铭	自然人	11900420	8.16
宁波拓诚影世投资有限公司	法人	11829000	8.11
陈瑞福	自然人	11800420	8.09
李泽青	自然人	10089770	6.92
其他股东		43772792	29.99
合　计		145897728	100.00

资料来源：Wind，中关村上市公司协会整理。

3. 财务分析

（1）基本财务数据

表 87　星光影视 2016～2018 年基本财务数据

单位：万元

项目	2018 年/2018 年末	2017 年/2017 年末	2016 年/2016 年末
总资产	243521.40	256672.03	243378.00
净资产	98558.77	90922.46	83274.37
营业收入	74721.15	82983.00	86125.62
净利润	4453.40	6940.40	9670.63

资料来源：Wind，中关村上市公司协会整理。

最近3年，公司总资产规模保持稳定，营业收入和净利润呈下降趋势，净利润下降主要由于营业利润下降所致。

（2）主要财务指标

表88　星光影视2016～2018年主要财务指标

项目	2018年/2018年末	2017年/2017年末	2016年/2016年末
销售毛利率(%)	27.40	27.58	31.11
销售净利率(%)	5.96	8.36	11.23
资产负债率(%)	59.53	64.58	65.78
流动比率	1.04	1.13	1.31
速动比率	0.90	0.99	1.16
应收账款周转率	1.08	1.17	1.39

资料来源：Wind，中关村上市公司协会整理。

最近3年，公司销售毛利率维持稳定，净利率略有下降。长期负债能力向好，资产负债率下降，短期偿债能力方面，速动比率及流动比率略有下降。营运能力方面，公司应收账款周转率呈现微幅下降趋势。

（3）收入结构

最近3年，公司主营业务收入按项目分类情况如下。

表89　星光影视2016～2018年收入结构

单位：万元

项目	2018年		2017年		2016年	
	金额	比例(%)	金额	比例(%)	金额	比例(%)
文化产业装备系统集成	63239.12	91.02	71378.37	90.61	72808.02	87.58
文化产业综合配套服务	5261.40	7.57	4807.61	6.10	8008.74	9.63
影视文化照明设备销售	975.26	1.40	2586.68	3.28	2319.03	2.79
合　计	69475.78	100.00	78772.66	100.00	83135.79	100.00

资料来源：Wind，中关村上市公司协会整理。

最近3年，文化产业装备系统集成收入占主营业务收入的比重分别为87.58%、90.61%及91.02%，为公司传统优势业务。最近3年，公司主营业务收入呈下降趋势，主要由于宏观环境的影响和公司更严格的应收账款管理措施，减少项目前期大量垫付资金和回款不及时所带来的风险。

（二十三）北京挖金客信息科技股份有限公司

1. 公司基本信息

北京挖金客信息科技股份有限公司（简称“挖金客”）成立于2011年，2015年于全国中小企业股份转让系统挂牌并公开转让（股票代码：834003）。截至2018年12月31日，挖金客市值14.63亿元。

挖金客主营业务是为语音杂志、游戏、动漫、阅读等移动数字娱乐产品提供内容整合发行、渠道营销推广和产品支付计费等一站式服务。

挖金客客户集中度较高，2018年公司前五大客户产生的业务收入占当年营业收入的比重分别为86.81%、4.92%、1.76%、1.63%和1.52%，较为集中。2018年公司前五大客户为：中国移动通信集团公司、霍尔果斯美推网络科技有限公司、百度时代网络技术（北京）有限公司、北京轩翔思悦传媒广告有限公司和上海赫程国际旅行社有限公司。

2. 股东情况

截至2018年12月31日，公司前五大股东情况如下。

表90　挖金客2018年股东情况

股东名称	股东性质	持股数量(股)	持股比例(%)
李征	自然人	18587568	36.45
陈坤	自然人	14373465	28.18
新余永奥投资管理中心(有限合伙)	合伙企业	6435474	12.62
刘湘之	自然人	2457003	4.82
共青城互兴芊芊年投资合伙企业(有限合伙)	合伙企业	2401204	4.71
其他股东		6745286	13.22
合　计		51000000	100.00

资料来源：Wind，中关村上市公司协会整理。

3. 财务分析

（1）基本财务数据

表 91　挖金客 2016～2018 年基本财务数据

单位：万元

项目	2018 年/2018 年末	2017 年/2017 年末	2016 年/2016 年末
总资产	18761. 71	17487. 91	14009. 35
净资产	17200. 50	15636. 54	13252. 67
营业收入	21014. 29	21002. 23	14016. 59
净利润	6153. 96	5902. 87	4091. 35

资料来源：Wind，中关村上市公司协会整理。

最近 3 年，公司总资产规模持续扩大，营业收入和净利润稳步上升。

（2）主要财务指标

表 92　挖金客 2016～2018 年主要财务指标

项目	2018 年/2018 年末	2017 年/2017 年末	2016 年/2016 年末
销售毛利率(%)	38. 17	36. 42	40. 60
销售净利率(%)	29. 28	28. 11	29. 19
资产负债率(%)	8. 32	10. 59	5. 40
流动比率	9. 81	7. 54	15. 22
速动比率	9. 81	7. 54	15. 22
应收账款周转率	10. 82	11. 56	7. 01

资料来源：Wind，中关村上市公司协会整理。

最近 3 年，公司偿债能力较强，债务违约风险低，短期偿债比率和长期负债率都维持在较好的水平。公司销售毛利率和净利率均保持稳定，应收账款周转率提升，体现公司较强的赢利能力与营运能力。

（3）收入结构

最近 3 年，公司主营业务收入按项目分类情况如下。

表 93　挖金客 2016～2018 年收入结构

单位：万元

项目	2018 年		2017 年		2016 年	
	金额	比例(%)	金额	比例(%)	金额	比例(%)
移动增值业务	18305.91	87.11	16264.21	77.44	12000.80	85.62
移动营销业务	2248.68	10.70	1978.60	9.42	1660.62	11.85
移动信息化服务	459.70	2.19	2759.42	13.14	355.17	2.53
合　计	21014.29	100.00	21002.23	100.00	14016.59	100.00

资料来源：Wind，中关村上市公司协会整理。

最近 3 年，公司主营业务收入中，移动增值业务占比分别为 85.62%、77.44%和 87.11%，主营业务突出。公司营业收入呈上升态势，体现公司经营业绩稳定发展。

（二十四）北京车讯互联网股份有限公司

1. 公司基本信息

北京车讯互联网股份有限公司（简称“车讯互联”）成立于 2008 年，2015 年于全国中小企业股份转让系统挂牌并公开转让（股票代码：834327）。截至 2018 年 12 月 31 日，车讯互联市值 10.26 亿元。

车讯互联深耕汽车互联网领域 10 年，是一家以汽车原创 IP 内容为核心、覆盖汽车消费全链条的汽车互联网服务平台，主要通过自有网站“车讯网”及合作的其他电商平台、自有手机 App 以及微信公众号、微博平台等信息服务载体，为互联网用户提供多终端综合汽车信息服务；为汽车厂商、销售商提供互联网广告信息服务；并在互联网汽车电商领域开展 O2O 汽车销售业务。

车讯互联客户集中度较高，2018 年公司前五大客户产生的业务收入占当年营业收入的比重分别为 25.16%、9.08%、4.92%、4.53%和 4.37%，较为集中。2018 年公司前五大客户为：天津乐湛科技有限公司、江西荣耀传媒广告有限公司、深圳饭鱼互动信息有限公司、北京林克艾普科技有限公司和上海瀚天星海广告有限公司。

2. 股东情况

截至 2018 年 12 月 31 日，公司前五大股东情况如下。

表 94　车讯互联 2018 年股东情况

股东名称	股东性质	持股数量(股)	持股比例(%)
綦琳	自然人	40303328	70.71
马琳娜	自然人	3958000	6.94
北京金科联投资管理中心(有限合伙)	合伙企业	3725033	6.53
文轩恒信(深圳)股权投资基金合伙企业(有限合伙)	合伙企业	2272727	3.99
北京飞龙元系投资管理中心(有限合伙)	合伙企业	2012987	3.53
其他股东		4727925	8.30
合　计		57000000	100.00

资料来源：Wind，中关村上市公司协会整理。

3. 财务分析

（1）基本财务数据

表 95　车讯互联 2016～2018 年基本财务数据

单位：万元

项目	2018 年/2018 年末	2017 年/2017 年末	2016 年/2016 年末
总资产	22053.15	18004.61	12139.47
净资产	16847.52	13843.09	11635.25
营业收入	23288.64	14694.97	9209.58
净利润	3343.12	2207.84	1106.30

资料来源：Wind，中关村上市公司协会整理。

最近 3 年，车讯互联规模持续扩大，总资产和净资产均显著增长。营业收入和净利润增长较快，主要由于公司大力扩展客户，整合内部团队，不断巩固自身行业领先地位。

（2）主要财务指标

表 96　车讯互联 2016～2018 年主要财务指标

项目	2018 年/2018 年末	2017 年/2017 年末	2016 年/2016 年末
销售毛利率(%)	36.29	44.08	50.47
销售净利率(%)	14.36	15.02	12.01
资产负债率(%)	23.60	23.11	4.15
流动比率	4.09	4.15	23.11
速动比率	4.09	4.01	23.07
应收账款周转率	1.66	1.52	1.49

资料来源：Wind，中关村上市公司协会整理。

最近 3 年，公司销售毛利率有所下降，销售净利率稳中有升。资产负债率有显著上升，偿债能力下滑，但债务风险仍相对较低。营运能力方面，公司应收账款周转率稳中有升，体现公司营运能力改善。

（3）收入结构

最近 3 年，公司主营业务收入按项目分类情况如下。

表 97　车讯互联 2016～2018 年收入结构

单位：万元

项目	2018 年		2017 年		2016 年	
	金额	比例(%)	金额	比例(%)	金额	比例(%)
广告发布收入	23046.57	100.00	14587.07	99.27	5441.04	59.08
会员和代理服务收入	—	—	86.93	0.59	1756.90	19.08
电商收入	—	—	20.96	0.14	2011.63	21.84
合　计	23046.57	100.00	14694.96	100.00	9209.58	100.00

资料来源：Wind，中关村上市公司协会整理。

最近 3 年，广告发布收入于主营业务收入中，占比分别为 59.08%、99.27%和 100.00%，占比不断上升，主要是业务结构优化使原属其他两个板块的业务收入转变为广告发布收入。

（二十五）亿海蓝（北京）数据技术股份公司

1. 公司基本信息

亿海蓝（北京）数据技术股份公司（简称“亿海蓝”）成立于2015年，2015年于全国中小企业股份转让系统挂牌并公开转让（股票代码：834346）。截至2018年12月31日，亿海蓝市值22.93亿元。

亿海蓝是航运大数据供应商及航运物流电商协同平台服务商，专注于电子海图系统研发和应用。亿海蓝拥有自主知识产权的电子海图平台（ECDIS SDK），并发展了桌面、嵌入式、Web、3D等专题应用，形成了完整的电子海图技术体系。是国内少数几个拥有国际标准电子海图平台的公司之一，基于该平台开发了导航、监控和海图制作等系列应用软件产品。

亿海蓝客户集中度较低，2018年公司前五大客户产生的业务收入占当年营业收入的比重分别为4.00%、2.77%、2.30%、2.24%和2.07%，较为分散。2018年公司前五大客户为：长航货运有限公司、江西互联物流有限公司、江苏鑫恒物流有限公司、HONGYI INTERNATIONAL TRADE HK CO.，LIMITED和荆州市凯安物流服务有限公司。

2. 股东情况

截至2018年12月31日，公司前五大股东情况如下。

表98　亿海蓝2016~2018年股东情况

股东名称	股东性质	持股数量(股)	持股比例(%)
韩斌	自然人	33720000	46.33
深圳市富德信息产业投资有限公司	法人	10397712	14.29
王竹雯	自然人	6336000	8.71
刘启国	自然人	2502000	3.44
关军	自然人	2500000	3.44
其他股东		17322952	23.80
合　计		72778664	100.00

资料来源：Wind，中关村上市公司协会整理。

3. 财务分析

（1）基本财务数据

表 99　亿海蓝 2016～2018 年基本财务数据

单位：万元

项目	2018 年/2018 年末	2017 年/2017 年末	2016 年/2016 年末
总资产	34048. 22	27489. 22	27760. 79
净资产	23632. 45	23166. 72	23267. 44
营业收入	103475. 74	37242. 78	21489. 29
净利润	319. 74	－100. 72	－3207. 80

资料来源：Wind，中关村上市公司协会整理。

最近 3 年，公司总资产规模持续扩大，营业收入和净利润显著增长，主要是公司平台业务规模持续扩大。

（2）主要财务指标

表 100　亿海蓝 2016～2018 年主要财务指标

项目	2018 年/2018 年末	2017 年/2017 年末	2016 年/2016 年末
销售毛利率(%)	5. 47	15. 03	10. 27
销售净利率(%)	0. 31	－0. 27	－14. 93
资产负债率(%)	30. 59	15. 72	16. 19
流动比率	2. 77	5. 55	6. 65
速动比率	2. 72	5. 55	6. 65
应收账款周转率	32. 61	20. 51	15. 71

资料来源：Wind，中关村上市公司协会整理。

最近 3 年，公司销售毛利率有所下降，是因为扩大销售规模采取低毛利销售策略。公司净利率向好，扭亏为盈，主要是费用控制较为严格。负债率提高，速动比率及流动比率略有下降，但流动性风险总体较低。营运能力方面，公司应收账款周转率上升，使得营业收入增长较快。

（3）收入结构

最近 3 年，公司主营业务收入按项目分类情况如下。

表 101　亿海蓝 2016～2018 年收入结构

单位：万元

项目	2018 年		2017 年		2016 年	
	金额	比例(%)	金额	比例(%)	金额	比例(%)
平台服务	99033.55	95.71	33390.16	89.66	19220.42	89.44
数据服务	3082.08	2.98	2701.71	7.25	1656.72	7.71
软件服务	1360.11	1.31	1150.92	3.09	612.14	2.85
合　计	103475.74	100.00	37242.78	100.00	21489.29	100.00

资料来源：Wind，中关村上市公司协会整理。

最近 3 年，平台服务收入占主营业务收入占比分别为 89.44%、89.66% 及 95.71%。最近 3 年，主营业务收入的快速增长主要来自平台服务。

（二十六）百合佳缘网络集团股份有限公司

1. 公司基本信息

百合佳缘网络集团股份有限公司（简称“百合网”）成立于 2004 年，2015 年于全国中小企业股份转让系统挂牌并公开转让（股票代码：834214）。截至 2018 年 12 月 31 日，百合网市值 48.88 亿元。

百合网的核心业务是基于“心灵匹配”的婚恋服务。2005 年 5 月，百合网正式发布，在中国首家推出了“心灵匹配，成就幸福婚姻”的独特婚恋服务模式。目前，从用户数量，活跃用户比例，对用户婚恋过程的介入程度等等各个指标来看，百合网已经成为中国最大的婚恋网站。

百合网客户集中度很低，2018 年公司前五大客户产生的业务收入占当年营业收入的比重分别为 1.46%、1.15%、0.68%、0.59% 和 0.51%，较为分散。2018 年公司前五大客户为：咪咕互动娱乐有限公司、深圳市喜合文化传播有限公司、苏州馨恋缘信息咨询有限公司、上海藤蔓互联网金融信息服务有限公司和咪咕音乐有限公司。

2. 股东情况

截至 2018 年 12 月 31 日，公司前五大股东情况如下。

表 102 百合网 2018 年股东情况

股东名称	股东性质	持股数量(股)	持股比例(%)
宁波梅山保税港区缘宏投资有限公司	法人	869238996	69.18
钱克佳	自然人	77953889	6.20
广东宝丽华新能源股份有限公司	法人	63142105	5.03
广东宝新资产管理有限公司	法人	36857895	2.93
盛达矿业股份有限公司	法人	33164634	2.64
其他股东		176142481	14.02
合 计		1256500000	100.00

资料来源：Wind，中关村上市公司协会整理。

3. 财务分析

（1）基本财务数据

表 103 百合网 2016～2018 年基本财务数据

单位：万元

项目	2018 年/2018 年末	2017 年/2017 年末	2016 年/2016 年末
总资产	340875.20	333933.32	263781.42
净资产	255337.47	258345.25	252267.79
营业收入	132878.69	67085.92	18745.68
净利润	-7974.32	6548.09	-11387.82

资料来源：Wind，中关村上市公司协会整理。

最近 3 年，公司总资产规模持续扩大，营业收入增长，净利润波动，主要是公司收购导致的合并范围变化。

（2）主要财务指标

表 104 百合网 2016～2018 年主要财务指标

项目	2018 年/2018 年末	2017 年/2017 年末	2016 年/2016 年末
销售毛利率(%)	38.33	41.39	30.68
销售净利率(%)	-6.00	9.76	-60.75
资产负债率(%)	25.09	22.64	4.36
流动比率	2.27	2.48	21.48
速动比率	2.27	2.48	21.48
应收账款周转率	15.48	12.45	11.94

资料来源：Wind，中关村上市公司协会整理。

最近3年，公司销售毛利率、净利率波动，负债率提高，速动比率及流动比率略有下降，但流动性风险总体较低。营运能力方面，公司应收账款周转率上升，营运能力不断增强。

（3）收入结构

最近3年，公司主营业务收入按项目分类情况如下。

表105　百合网2016～2018年收入结构

单位：万元

项目	2018年		2017年		2016年	
	金额	比例(%)	金额	比例(%)	金额	比例(%)
婚恋业务收入	114601.41	86.71	55546.59	83.71	—	—
婚礼业务收入	12460.07	9.43	6579.52	9.92	51.01	0.27
广告销售收入	4025.04	3.05	2753.69	4.15	1326.73	7.11
情感咨询收入	954.59	0.72	1187.99	1.79	390.43	2.09
在线服务收入	—	—	—	—	5620.51	30.11
加盟商特许经营收入	—	—	—	—	7497.35	40.16
直营VIP服务收入	—	—	—	—	3778.80	20.24
约会吧收入	—	—	—	—	—	—
其他服务	128.56	0.10	288.90	0.44	2.92	0.02
合　计	132169.67	100.00	66356.69	100.00	18667.76	100.00

资料来源：Wind，中关村上市公司协会整理。

最近2年，婚恋业务收入占主营业务收入占比分别为83.71%和86.71%。产品分类的变化导致分产品的三年可比数据难以获得。

（二十七）北京华清飞扬网络股份有限公司

1. 公司基本信息

北京华清飞扬网络股份有限公司（简称“华清飞扬”）成立于2007年，2015年于全国中小企业股份转让系统挂牌并公开转让（股票代码：834195）。截至2018年12月31日，华清飞扬市值21.81亿元。

华清飞扬是一家以互联网游戏社区为发展起点，现已成为集合了手机游戏（Mobile game）、网页游戏（Web game）以及社区社交游戏（Sns game）多元化的综合性数字互动娱乐高新技术企业。2008年至今，公司成功开发并运营《QQ 超市》、《红警大战》、《海底世界》、《帝国与文明》等多款 DAU 过百万的网页游戏产品。

华清飞扬客户集中度较高，2018 年公司前五大客户产生的业务收入占当年营业收入的比重分别为 23.05%、18.57%、11.53%、8.60% 和 7.11%，较为集中。2018 年公司前五大客户为：QIKU TECHNOLOGY（HONGKONG）CO.，LIMITED 及其关联方、APPLE INC、深圳市腾讯计算机系统有限公司、华为软件技术有限公司和 Sincetimes Co.，Ltd。

2. 股东情况

截至 2018 年 12 月 31 日，公司前五大股东情况如下。

表 106　华清飞扬 2018 年股东情况

股东名称	股东性质	持股数量(股)	持股比例(%)
由艳丽	自然人	56080500	50.39
深圳市利通产业投资基金有限公司	法人	19687500	17.69
北京华清众诚企业管理中心(有限合伙)	合伙企业	4232000	3.80
深圳市世纪凯华投资基金有限公司	法人	2625000	2.36
宁波华清众诚投资管理中心(有限合伙)	合伙企业	2595000	2.33
其他股东		26080000	23.43
合　计		111300000	100.00

资料来源：Wind，中关村上市公司协会整理。

3. 财务分析

（1）基本财务数据

表 107　华清飞扬 2016～2018 年基本财务数据

单位：万元

项目	2018 年/2018 年末	2017 年/2017 年末	2016 年/2016 年末
总资产	61908.56	55920.21	48061.26
净资产	58378.42	52196.13	42828.05
营业收入	33086.36	43729.58	41937.74
净利润	6312.23	11027.95	2514.52

资料来源：Wind，中关村上市公司协会整理。

最近3年，公司总资产规模持续扩大，2018年营业收入和净利润下滑，主要由于公司主要游戏产品已进入成熟期，玩家活跃度和付费规模出现下滑。

（2）主要财务指标

表108　华清飞扬2016～2018年主要财务指标

项目	2018年/2018年末	2017年/2017年末	2016年/2016年末
销售毛利率(%)	95.71	94.51	94.96
销售净利率(%)	19.08	25.22	6.00
资产负债率(%)	5.70	6.66	10.89
流动比率	15.22	12.23	7.14
速动比率	15.22	12.23	7.14
应收账款周转率	4.30	4.24	4.52

资料来源：Wind，中关村上市公司协会整理。

最近3年，公司销售毛利率稳定在较高水平，净利率波动，体现公司控制费用能力较强。负债率下降，速动比率及流动比率显著上升，偿债能力显著提升。公司应收账款周转率保持稳定。

（3）收入结构

最近3年，公司主营业务收入按项目分类情况如下。

表109　华清飞扬2016～2018年收入结构

单位：万元

项目	2018年		2017年		2016年	
	金额	比例(%)	金额	比例(%)	金额	比例(%)
移动游戏	29709.53	89.79	39375.82	90.04	37077.19	88.41
网络游戏收入	3376.83	10.21	4353.76	9.96	4860.55	11.59
合　计	33086.36	100.00	43729.58	100.00	41937.74	100.00

资料来源：Wind，中关村上市公司协会整理。

最近 3 年，移动游戏收入占主营业务收入占比分别为 88.41%、90.04% 和 89.79%，由于产品成熟而收入有所下滑。

（二十八）和创（北京）科技股份有限公司

1. 公司基本信息

和创（北京）科技股份有限公司（简称“和创科技”）成立于2009 年，2015 年于全国中小企业股份转让系统挂牌并公开转让（股票代码：834218. OC）。截至 2018 年 12 月 31 日，和创科技市值 46.30 亿元。

和创科技是一家高新技术企业，主营业务是为企业提供基于 SaaS 和云模式的移动营销管理服务。通过 SaaS 模式，依靠自主研发的应用软件系统，向中国中小企业客户提供一揽子软件应用及服务，相关应用软件的研发涉及操作系统、数据库、网络平台、系统集成等多种技术。目前，公司业务已经覆盖企业客户管理、销售协同执行、销售流程管理、数据智能分析等多项移动营销管理业务，主要产品为公司独立研发的红圈系列产品，包括“红圈通”、“红圈营销”、“红圈外勤”、“红圈 OMS”和“红圈 CRM”等产品线，其企业级移动销售云服务平台覆盖面广，能全面满足客户管理需求。

SaaS 服务模式是对过往企业软件服务模式的革新和颠覆，到 2018 年，中国经济发展进入高质量发展的新阶段，国家战略性新兴产业之一软件和信息技术服务业稳步增长，中国已成为全球 SaaS 市场发展最受瞩目的地区。和创科技 2015 年挂牌新三板，是中国企业级移动营销管理领域第一股；也是首个推出移动 SaaS CRM 服务模式的厂商。目前其产品已覆盖超过 42 个行业逾 4 万家销售型企业，在行业居于领先地位。

和创科技客户集中度较低，2018 年公司前五大客户产生的业务收入占当年营业收入的比重分别为 6.62%、1.38%、1.14%、1.03% 和 0.94%，较为分散。2018 年公司前五大客户为：北京京东叁佰陆拾度电子商务有限公司、杭州臻至科技有限公司、武汉东博软件有限公司、新希望六和股份有限公司和上海外高桥集团股份有限公司。

2. 股东情况

截至 2018 年 12 月 31 日，公司前五大股东情况如下。

表 110　和创科技 2018 年股东情况

股东名称	股东性质	持股数量(股)	持股比例(%)
苏州图搜众成投资管理合伙企业(有限合伙)	合伙企业	25670941	22.18
刘学臣	自然人	20335572	17.57
亚东北辰投资管理有限公司	法人	18927430	16.35
扬州市富海永成股权投资合伙企业(有限合伙)	合伙企业	5375714	4.64
珠海富海铧创信息技术创业投资基金(有限合伙)	合伙企业	4425468	3.82
其他股东		41014956	35.44
合　计	—	115750081	100.00

资料来源：Wind，中关村上市公司协会整理。

3. 财务分析

（1）基本财务数据

表 111　和创科技 2016～2018 年基本财务数据

单位：万元

项目	2018 年/2018 年末	2017 年/2017 年末	2016 年/2016 年末
总资产	33597.14	33660.98	42014.58
净资产	25513.13	21613.82	27291.30
营业收入	12837.80	10300.44	11231.10
净利润	-4433.51	-6663.05	-9975.32

资料来源：Wind，中关村上市公司协会整理。

最近 3 年，公司资产规模略有下降，主要原因系公司实施轻资产运营模式。公司营业收入稳步增长，净利润为负数但亏损逐年减少，主要是公司所处 SaaS 行业的特点和成本费用当期确认、收入分期确认的商业模式，使得处于成长期的企业赢利较为困难。

（2）主要财务指标

表 112　和创科技 2016～2018 年主要财务指标

项目	2018 年/2018 年末	2017 年/2017 年末	2016 年/2016 年末
销售毛利率(%)	62.45	74.32	80.96
销售净利率(%)	-34.53	-64.69	-88.82
资产负债率(%)	24.06	35.79	35.04
流动比率	2.77	1.90	2.49
速动比率	2.73	1.84	2.48
应收账款周转率	18.99	30.12	161.89

资料来源：Wind，中关村上市公司协会整理。

最近 3 年，公司销售毛利率极高，销售净利率持续为负，赢利为负，主要原因是研发费用和销售费用的大量投入。公司资产负债率较低，偿债能力较强，资产结构良好；应收账款周转率高，回款能力强，资金流动性好。

（3）收入结构

最近 3 年，公司主营业务收入按项目分类情况如下。

表 113　和创科技 2016～2018 年收入结构

单位：万元

项目	2018 年		2017 年		2016 年	
	金额	比例(%)	金额	比例(%)	金额	比例(%)
服务费收入	—	—	—	—	11194.23	99.70
红圈 CRM	1192.19	9.29	764.86	8.26	—	—
红圈 CRM +	228.20	1.78	—	—	—	—
红圈 OMS	178.46	1.39	52.16	0.56	—	—
红圈钉钉	203.62	1.59	709.56	7.67	—	—
红圈管理	277.81	2.16	372.48	4.02	—	—
红圈通	5860.51	45.65	3923.65	42.39	—	—
红圈外勤	138.38	1.08	18.77	0.20	—	—
红圈营销	1930.72	15.04	3414.48	36.89	—	—
终端收入	—	—	—	—	33.61	0.30
其他业务	2827.90	22.03	—	—	—	—
合　计	12837.80	100.00	9255.96	100.00	11227.84	100.00

资料来源：Wind，中关村上市公司协会整理。

最近3年，公司主要收入来源为其红圈系列产品（2016年未分类表示），其中，“红圈通”和“红圈营销”收入占营业总收入的比重最大。

（二十九）北京颖泰嘉和生物科技股份有限公司

1. 公司基本信息

北京颖泰嘉和生物科技股份有限公司（简称“颖泰生物”）成立于2005年，2015年于全国中小企业股份转让系统挂牌并公开转让（股票代码：833819. OC）。截至2018年12月31日，颖泰生物市值为58.95亿元。

颖泰生物是处于农药化工行业（精细化工领域）的以研发为基础、市场需求为先导的农化产品供应商，主营业务为高品质及技术先进的农药中间体、原药及制剂的研发、生产、销售和技术服务，目前除制剂外已形成近百种原药产品供应能力，包括除草剂、杀菌剂、杀虫剂三大类产品。

目前农药行业进入景气周期，农药市场开始复苏；随着环保政策趋严和监管力度的加大，行业将整体向环保、绿色和高效转型。公司持续多年进行安全环保建设，严格监控产品生产的稳定、安全和环境友好，一直处于国内农化企业前列，在行业中拥有有力竞争优势。

颖泰生物客户集中度较高，2018年公司前五大客户产生的业务收入占当年营业收入的比重分别为14.35%、13.76%、4.52%、3.71%和3.26%，其中前两大客户总比重在25%以上。2018年公司第二大客户为Albaugh, LLC及其子公司。

2. 股东情况

截至2018年12月31日，公司前五大股东情况如下。

表114　颖泰生物2018年股东情况

股东名称	股东性质	持股数量(股)	持股比例(%)
华邦生命健康股份有限公司	法人	780407000	70.56
北京鸿泰嘉业咨询中心(有限合伙)	合伙企业	69330000	6.27
华邦汇医投资有限公司	法人	30485000	2.76
北京盛旭嘉瑞咨询中心(有限合伙)	合伙企业	26900000	2.43

续表

股东名称	股东性质	持股数量(股)	持股比例(%)
北京和睿嘉业投资中心(有限合伙)	合伙企业	23960000	2.17
其他股东		174918000	15.81
合　计	—	1106000000	100.00

资料来源：Wind，中关村上市公司协会整理。

3. 财务分析

（1）基本财务数据

表 115　颖泰生物 2016～2018 年基本财务数据

单位：万元

项目	2018 年/2018 年末	2017 年/2017 年末	2016 年/2016 年末
总资产	1187121.97	1376790.44	1168144.51
净资产	401939.94	441406.08	390380.12
营业收入	623231.43	613966.87	455783.17
净利润	46087.51	29682.66	19329.44

资料来源：Wind，中关村上市公司协会整理。

最近 3 年，公司资产较为稳定，其中总资产和净资产先上升后下降，主要原因系公司 2017 年将江西禾益和江苏常隆纳入合并报表范围，2018 年用现金归还大量银行贷款。公司营业收入和净利润稳步增长，主要原因系农化行业回暖，市场需求旺盛，销售价格上涨及公司将子公司并入报表。

（2）主要财务指标

表 116　颖泰生物 2016～2018 年主要财务指标

项目	2018 年/2018 年末	2017 年/2017 年末	2016 年/2016 年末
销售毛利率(%)	23.10	16.40	17.82
销售净利率(%)	7.39	4.83	4.24
资产负债率(%)	66.14	67.94	66.58
流动比率	1.03	1.15	0.87

续表

项目	2018 年/2018 年末	2017 年/2017 年末	2016 年/2016 年末
速动比率	0.75	0.93	0.72
应收账款周转率	3.46	3.25	3.23

资料来源：Wind，中关村上市公司协会整理。

最近 3 年，公司销售毛利率和销售净利率不断上升，赢利能力不断增强。公司资产负债率较高，流动比率和速动比率较低，财务风险相对较高。公司应收账款周转率维持在 3 以上，回款能力较强。

（3）收入结构

最近 3 年，公司主营业务收入按项目分类情况如下。

表 117　颖泰生物 2016～2018 年收入结构

单位：万元

项目	2018 年		2017 年		2016 年	
	金额	比例(%)	金额	比例(%)	金额	比例(%)
技术咨询服务	1618.23	0.26	3878.59	0.63	4132.93	0.90
贸易农化产品	149848.17	24.21	294706.90	48.14	216629.36	47.53
自产农化产品	467516.40	75.53	313608.82	51.23	234146.76	51.37
合　计	618982.80	100	612194.31	100	454909.05	99.80

资料来源：Wind，中关村上市公司协会整理。

最近 3 年，公司主营业务收入最重要的项目来源是“贸易农化产品”和“自产农化产品”，其中，2018 年，“自产农化产品”收入占比迅速上升，2018 年已超过 75%。

（三十）北京扬德环境科技股份有限公司

1. 公司基本信息

北京扬德环境科技股份有限公司（简称“扬德环境”）成立于 2007 年，2015 年于全国中小企业股份转让系统挂牌并公开转让（股票代码：

833755. OC)。截至 2018 年 12 月 31 日，扬德环境市值 12.04 亿元。

扬德环境致力于节能减排的项目投资、建设、运营和工程技术服务、技术研发，立足于发展成为一家财务健康、技术先进、管理规范、可持续发展的科技环保型产业公司。公司主营业务为煤矿瓦斯发电、沼气发电、垃圾焚烧发电等环保、新能源业务，覆盖低浓度瓦斯发电、分布式光伏电站、分布式天然气项目和分散式风电业务等多个领域，初步实现向分布式能源综合服务商的战略转型。

扬德环境所属行业为分布式能源行业，目前国家对环保新能源行业日益重视，大力支持清洁能源的发展，公司目前所覆盖领域均属于清洁能源领域，符合国家的政策导向，具有广阔的发展前景；且公司已经通过多年积累建立了品牌、技术、效率等优势，具有较强的竞争力。

扬德环境客户集中度高，2018 年公司前五大客户产生的业务收入占当年营业收入的比重分别为 38.44%、9.92%、4.94%、4.71% 和 3.95%，较为集中。2018 年公司前五大客户为：国网山西省电力公司阳泉供电公司、华晋煤层气综合利用有限责任公司、国网山西省电力公司长治供电公司、西山煤电（集团）有限责任公司和连云港市云海电源有限公司。

2. 股东情况

截至 2018 年 12 月 31 日，公司前五大股东情况如下。

表 118　扬德环境 2018 年股东情况

股东名称	股东性质	持股数量(股)	持股比例(%)
北京扬德生态科技集团有限公司	法人	98046119	27.44
光大创业投资江阴有限公司	法人	34920155	9.77
中日节能环保创业投资有限公司	法人	18750000	5.25
林咸顶	自然人	17486440	4.89
黄朝华	自然人	13303418	3.72
其他股东		175686199	48.93
合　计	—	358192331	100.00

资料来源：Wind，中关村上市公司协会整理。

3. 财务分析

（1）基本财务数据

表 119　扬德环境 2016～2018 年基本财务数据

单位：万元

项目	2018 年/2018 年末	2017 年/2017 年末	2016 年/2016 年末
总资产	123588.64	106205.90	64376.87
净资产	65706.23	58959.46	34375.30
营业收入	21425.48	15982.55	11353.54
净利润	5494.99	5187.27	4101.91

资料来源：Wind，中关村上市公司协会整理。

最近 3 年，公司总资产和净资产规模迅速增长；营业收入和净利润持续增长，主要原因系公司新建项目陆续投产，整体营运收入有所增长。

（2）主要财务指标

表 120　扬德环境 2016～2018 年主要财务指标

项目	2018 年/2018 年末	2017 年/2017 年末	2016 年/2016 年末
销售毛利率(%)	47.17	44.95	39.97
销售净利率(%)	25.65	32.46	36.13
资产负债率(%)	46.83	44.49	46.6
流动比率	1.58	1.61	0.72
速动比率	1.44	1.53	0.66
应收账款周转率	2.18	2.46	3.01

资料来源：Wind，中关村上市公司协会整理。

最近 3 年，公司销售毛利率和销售净利率维持在较高水平，其中毛利率逐年增长，主要原因系部分产品项目成本控制加强；而净利率有所下降，主要原因系管理费用和财务费用有所增加。公司资产负债率维持在安全范围内，偿债能力有所提升。应收账款周转率有所下降，总体不会对公司整体现金流造成压力。

（3）收入结构

最近3年，公司主营业务收入按项目分类情况如下。

表121　扬德环境2016～2018年收入结构

单位：万元

项目	2018年		2017年		2016年	
	金额	比例(%)	金额	比例(%)	金额	比例(%)
瓦斯发电收入	16194.01	75.58	13067.92	81.76	10434.19	91.90
光伏发电收入	3184.74	14.86	1542.05	9.65	—	—
天然气蒸汽收入	1105.04	5.16	483.94	3.03	—	—
销售设备收入	221.96	1.04	212.08	1.33	907.61	7.99
其他业务收入	719.73	3.36	676.56	4.23	11.75	0.10
合　计	21425.48	100.00	15982.55	100.00	11353.54	100.00

资料来源：Wind，中关村上市公司协会整理。

最近3年，公司主营业务收入主要来自发电收入，其中瓦斯发电收入占比逐年下降，光伏发电收入占比逐渐上升，整体收入结构没有明显变化。

（三十一）北京国联视讯信息技术股份有限公司

1. 公司基本信息

北京国联视讯信息技术股份有限公司（简称“国联股份”）成立于2002年，2015年于全国中小企业股份转让系统挂牌并公开转让（股票代码：832340. OC）。截至2018年12月31日，国联股份市值16.75亿元。

国联股份是国内较早采用垂直行业集群模式的第三方B2B电子商务平台运营服务公司，以工业电子商务为基础，以互联网数据为支撑，为相关行业客户提供工业品和原材料的网上商品交易、商业信息服务和互联网技术服务。公司主营业务为会员服务、会展服务、行业资讯服务、代理业务以及金融服务业务。

国联股份所属行业为B2B电子商务交易市场，近年来交易规模一直持续增长；在我国转型升级重要时期，运用“互联网+”改进传统企业趋势明显。公司凭借其内部协同优势、技术优势以及资源优势，在行业中具有强大的核心竞争力。

国联股份客户集中度相对较低，2018 年公司前五大客户产生的业务收入占当年营业收入的比重分别为 8.22%、6.04%、4.63%、3.16% 和 2.99%，较为分散。2018 年公司前五大客户为：厦门中核商贸有限公司、仙桃市中星电子材料有限公司、张家港保税区凯文贸易有限公司、武汉圣世联盟纸业有限公司和遵义钛业股份有限公司。

2. 股东情况

截至 2018 年 12 月 31 日，公司前五大股东情况如下。

表 122　国联股份 2018 年股东情况

股东名称	股东性质	持股数量(股)	持股比例(%)
钱晓钧	自然人	28032500	26.54
刘泉	自然人	27747500	26.27
中小企业发展基金(江苏有限合伙)	合伙企业	7150000	6.77
东证周德(上海)投资中心(有限合伙)	合伙企业	5800000	5.49
南通金轮企业投资有限公司	法人	5000000	4.73
其他股东		31875000	30.20
合　计	—	105605000	100.00

资料来源：Wind，中关村上市公司协会整理。

3. 财务分析

（1）基本财务数据

表 123　国联股份 2016～2018 年基本财务数据

单位：万元

项目	2018 年/2018 年末	2017 年/2017 年末	2016 年/2016 年末
总资产	84025.83	62145.65	44969.53
净资产	46362.04	35563.76	14863.07
营业收入	367360.48	199977.35	90942.74
净利润	10798.27	6217.92	2422.76

资料来源：Wind，中关村上市公司协会整理。

最近 3 年，公司总资产和净资产规模持续增长，公司发展较为迅速；营业收入和净利润也大幅增长，主要原因系随着公司商品交易业务量的快速发展，公司的营业收入也迅速增长。

（2）主要财务指标

表 124　国联股份 2016～2018 年主要财务指标

项目	2018 年/2018 年末	2017 年/2017 年末	2016 年/2016 年末
销售毛利率(%)	8.30	9.97	13.32
销售净利率(%)	2.94	3.11	2.66
资产负债率(%)	44.82	42.77	66.95
流动比率	2.14	2.22	1.37
速动比率	2.07	2.14	1.36
应收账款周转率	31.71	26.63	28.31

资料来源：Wind，中关村上市公司协会整理。

最近 3 年，公司销售毛利率略有下降，销售净利率较为稳定，主要原因系随着公司网上商品交易业务的快速发展，商品采购成本逐渐成为公司营业成本的主要构成部分，营业成本增幅较大。公司资产负债率 2017 年大幅下降，目前资产结构较为合理，偿债能力较强。应收账款周转率水平很高，资金流动性好。

（3）收入结构

最近 3 年，公司主营业务收入按项目分类情况如下。

表 125　国联股份 2016～2018 年收入结构

单位：万元

项目	2018 年		2017 年		2016 年	
	金额	比例(%)	金额	比例(%)	金额	比例(%)
网站会员服务	4725.02	1.29	5265.49	2.63	4445.94	4.89
会展服务	4078.79	1.11	4011.07	2.01	3557.44	3.91
行业资讯服务	925.13	0.25	830.10	0.42	1616.53	1.78
代理服务	1554.36	0.42	1828.50	0.91	1644.27	1.81
网上商品交易	351158.58	95.59	185039.24	92.53	78396.67	86.20
互联网应用服务	4918.60	1.34	3002.96	1.50	1281.88	1.41
合　计	367360.48	100.00	199977.35	100.00	90942.74	100.00

资料来源：Wind，中关村上市公司协会整理。

最近3年，网上商品交易收入是公司主营业务收入的最主要来源，收入占比在90%以上且不断增长，公司收入结构无明显变化。

（三十二）中际联合(北京)科技股份有限公司

1. 公司基本信息

中际联合（北京）科技股份有限公司（简称“中际联合”）成立于2005年，2014年于全国中小企业股份转让系统挂牌并公开转让（股票代码：831344. OC）。截至2018年12月31日，中际联合市值13.16亿元。

中际联合主营业务为专用高空安全升降设备、安全防护设备的研发、生产及销售，并提供高空安全作业服务。公司是全球较早投入研发、制造专用高空安全作业设备的专业机构之一。公司长期致力于为风电业主和风机制造厂商提供专业化、全系列的高品质3S Lift塔筒升降机、助爬器、铝合金爬梯及生命线系统，并以自主研发达到世界先进水平的全方位检修平台（SOFIT系列）为基础，专门为风电场运维提供叶片和塔筒维护检修工程服务。公司主营产品在风电、火电、桥梁、电网等不同领域的工程项目得以成功应用，具有强劲的在不同行业、不同领域中为客户提供专业的高空安全作业整体解决方案的能力。

中际联合相关业务及客户主要集中在清洁能源领域的风力发电行业，目前我国持续推进能源发展战略，推动可再生能源的可持续健康发展，风电行业的发展受国家政策的不断支持与推动。目前公司各项业务顺利开展，订单实现稳步增长，国际市场持续开展，公司产品在风力发电领域继续保持领先地位。

中际联合有一定的客户集中度，2018年公司前五大客户产生的业务收入占当年营业收入的比重分别为21.31%、13.67%、7.53%、5.88%和4.36%。2018年公司前五大客户为：新疆金风科技股份有限公司及其子公司、国家能源投资集团有限责任公司下属子公司、远景能源（江苏）有限公司及其子公司、Siemens Gamesa Renewable Energy下属子公司和中国华能集团有限公司下属子公司。

2. 股东情况

截至2018年12月31日，公司前五大股东情况如下。

表126　中际联合2018年股东情况

股东名称	股东性质	持股数量(股)	持股比例(%)
刘志欣	自然人	26737260	32.41
世创(北京)科技发展有限公司	法人	6262740	7.59
中日节能环保创业投资有限公司	法人	6250000	7.58
马东升	自然人	4050000	4.91
上海赛领并购投资基金合伙企业(有限合伙)	法人	3500000	4.24
其他股东		35700000	43.27
合　计	—	82500000	100.00

资料来源：Wind，中关村上市公司协会整理。

3. 财务分析

（1）基本财务数据

表127　中际联合2016～2018年基本财务数据

单位：万元

项目	2018年/2018年末	2017年/2017年末	2016年/2016年末
总资产	82438.90	67813.65	41495.03
净资产	66069.37	58403.29	33129.36
营业收入	35566.75	28938.10	22503.04
净利润	9332.70	7169.22	5887.50

资料来源：Wind，中关村上市公司协会整理。

最近3年，公司总资产和净资产规模迅速增长，营业收入和净利润也实现大幅增长。随着公司产品推广力度的加大，主营产品及新产品的市场渗透率不断提高，客户对产品需求也在不断上升，带动了公司营业收入与净利润的增长。

（2）主要财务指标

表128 中际联合2016～2018年主要财务指标

项目	2018年/2018年末	2017年/2017年末	2016年/2016年末
销售毛利率(%)	54.89	54.65	54.26
销售净利率(%)	26.24	24.77	26.16
资产负债率(%)	19.86	13.88	20.16
流动比率	4.68	7.06	4.74
速动比率	4.23	6.62	4.47
应收账款周转率	1.48	1.60	1.48

资料来源：Wind，中关村上市公司协会整理。

最近3年，公司销售毛利率和净利率维持在较高水平，赢利能力较强。应收账款周转率较高，回款能力强，资金具有较高的流动性。公司的偿债能力较强，具有良好的偿债能力，流动比率和速动比率均维持在较高水平，资产负债率很低。

（3）收入结构

最近3年，公司主营业务收入按项目分类情况如下。

表129 中际联合2016～2018年收入结构

单位：万元

项目	2018年		2017年		2016年	
	金额	比例(%)	金额	比例(%)	金额	比例(%)
废品收入	96.08	0.27	78.05	0.27	30.52	0.14
高空安全作业服务	625.44	1.76	552.64	1.91	190.70	0.85
专用高空安全作业设备	34845.23	97.97	28305.83	97.82	22281.82	99.02
租赁收入	—	—	1.59	0.01	—	—
合计	35566.75	100.00	28938.10	100.00	22503.04	100.00

资料来源：Wind，中关村上市公司协会整理。

最近3年，“专用高空安全作业设备”是公司主营业务收入的最主要来源，占比在95%以上，且无较大变动。

（三十三）北京八亿时空液晶科技股份有限公司

1. 公司基本信息

北京八亿时空液晶科技股份有限公司（简称“八亿时空”）成立于2004年，2014年于全国中小企业股份转让系统挂牌并公开转让（股票代码：430581.OC）。截至2018年12月31日，八亿时空市值14.54亿元。

八亿时空是一家从事液晶材料生产的高新技术企业，主要服务于下游液晶显示面板生产企业，主营业务为TN、STN、TFT型液晶显示材料以及PDLC智能薄膜、OLED液晶显示材料以及特殊用途液晶材料的研发、生产和销售，产品包括制TN、STN、TFT等多种混合液晶材料及液晶单体。

公司瞄准国家在核心显示材料领域的短缺与空白，深入打造以研发创新为基础的核心竞争力，抓住机遇，加快新品推出与产业化的步伐，构建并强化自主知识产权体系，谋求成为国际显示材料领域强有力的竞争者。

八亿时空客户集中度高，2018年公司前五大客户产生的业务收入占当年营业收入的比重分别为75.51%、3.36%、2.73%、2.71%和2.36%，依赖第一大客户。2018年公司前五大客户为：京东方科技集团股份有限公司、Innolux Corporation、Daily Polymer Corporation、With EL Chemicals Co.，Ltd. 和黑龙江天有为电子有限责任公司。

2. 股东情况

截至2018年12月31日，公司前五大股东情况如下。

表130　八亿时空2018年股东情况

股东名称	股东性质	持股数量(股)	持股比例(%)
赵雷	自然人	19657052	27.17
北京服务新首钢股权创业投资企业(有限合伙)	合伙企业	10470310	14.47
刘彦兰	自然人	4700000	6.50
上海檀英投资合伙企业(有限合伙)	合伙企业	4290000	5.93
红星美凯龙家居商场管理有限公司	法人	3220000	4.45
其他股东		30017398	41.48
合　计	—	72354760	100.00

资料来源：Wind，中关村上市公司协会整理。

3. 财务分析

（1）基本财务数据

表 131 八亿时空 2016～2018 年基本财务数据

单位：万元

项目	2018 年/2018 年末	2017 年/2017 年末	2016 年/2016 年末
总资产	67623.02	58920.35	37926.43
净资产	53613.06	42164.15	17473.82
营业收入	39403.24	23075.39	13250.87
净利润	11448.91	5334.39	1680.83

资料来源：Wind，中关村上市公司协会整理。

最近 3 年，公司总资产和净资产规模迅速增长，公司持续扩张；营业收入和净利润大幅增长，整体业绩向好。

（2）主要财务指标

表 132 八亿时空 2016～2018 年主要财务指标

项目	2018 年/2018 年末	2017 年/2017 年末	2016 年/2016 年末
销售毛利率(%)	55.16	50.89	35.95
销售净利率(%)	29.06	23.12	12.68
资产负债率(%)	20.72	28.44	53.93
流动比率	3.09	2.08	1.03
速动比率	2.00	1.46	0.54
应收账款周转率	3.85	3.23	3.82

资料来源：Wind，中关村上市公司协会整理。

最近 3 年，公司销售毛利率和净利率水平较高，且逐年增长，主要原因系产品工艺优化及高附加值、高技术含量的 TFT 混晶规模效益影响。公司 2017 年资产负债率大幅下降，之后维持在较低水平，资产结构合理，偿债能力较强。公司应收账款周转率维持在 3 以上，回款能力较强，资金流动性好。

（3）收入结构

最近 3 年，公司主营业务收入按项目分类情况如下。

表 133 八亿时空 2016～2018 年收入结构

单位：万元

项目	2018 年		2017 年		2016 年	
	金额	比例(%)	金额	比例(%)	金额	比例(%)
混合液晶	35858.47	91.33	20580.53	89.49	9189.43	72.53
液晶单体	1814.76	4.62	2000.56	8.70	3305.44	26.09
其他	1588.07	4.04	415.53	1.81	174.81	1.38
合　计	39261.3	100.00	22996.62	100.00	12669.68	100.00

资料来源：Wind，中关村上市公司协会整理。

最近 3 年，公司主营业务收入最主要的来源是“混合液晶”，且收入占比不断提升，主要为京东方业务增长混晶销量同比增长所致；“液晶单体”收入占比则逐步下降。

三 科创板的主要规则介绍

2018 年 11 月 5 日，习近平主席出席首届中国国际进口博览会开幕式并发表主旨演讲，强调共建创新包容的开放型世界经济，宣布中国扩大开放新举措，同时宣布了增设中国上海自由贸易试验区新片区，在上海证券交易所设立科创板并试点注册制。

2019 年 1 月，中央全面深化改革委员会第六次会议指出，上海证券交易所设立科创板并试点注册制是实施创新驱动发展战略、深化资本市场改革的重要举措。要增强资本市场对科技创新企业的包容性，着力支持关键核心技术创新，提高服务实体经济能力。要稳步试点注册制，统筹推进发行、上市、信息披露、交易、退市等基础制度改革，建立健全以信息披露为中心的股票发行上市制度。

（一）科创板推出的重要意义

一是有助于推进我国经济发展向科技研发驱动转型。科技创新是我国经济继续平稳发展的“新引擎”。而科技创新型企业聚集着高素质人才、高新技术和产业资本，代表着我国经济未来的发展方向。科创板将资本与科技研发进行直接对接，借助资本力量进一步推进科技进步，从而推动经济转型升级。

二是完善多层次的资本市场体系。科创板将与主板、中小板、创业板和新三板等形成有机整体，极大提升资本市场的融资效率，尤其是针对科技创新型企业的融资效率，解决当前企业“融资难”、“融资贵”的问题。

三是有助于完善资本市场的定价功能。长久以来，我国的资本市场存在着对于IPO发行价格和融资规模的行政管制，一定程度上造成了资本市场定价的扭曲。科创板发行将试行注册制，IPO发行定价将完全市场供需关系决定，促进资本市场合理估值水平的回归。

四是有助于国内投资者分享新经济发展的红利。目前，全球市值最大的前十名公司中有九家是科技类企业，这些企业给投资人带来了巨大的回报。科技创新型企业到境内资本市场融资，将积极引导我国投资者更加关注上市公司业绩和未来赢利能力，树立价值投资理念，分享新经济发展的巨大红利。

（二）科创板上市的相关条件

1. 科创板的行业定位

根据中国证监会《关于在上海证券交易所设立科创板并试点注册制的实施意见》的精神，科创板坚持面向世界科技前沿、面向经济主战场、面向国家重大需求，主要服务于符合国家战略、突破关键核心技术、市场认可度高的科技创新企业。重点支持新一代信息技术、高端装备、新材料、新能源、节能环保以及生物医药等高新技术产业和战略性新兴产业，推动互联网、大数据、云计算、人工智能和制造业深度融合。

2. 科创板的“五套上市标准”

根据科技创新型企业的特点，科创板上市财务指标主要设置“市值+净利润”、“市值+营业收入+研发投入”、“市值+营业收入+现金流”、

“市值+营业收入”和“市值+行业”5套标准，具体情况如下。

标准一：预计市值不低于人民币10亿元，最近两年净利润均为正且累计净利润不低于人民币5000万元，或者最近一年净利润为正且营业收入不低于人民币1亿元；

标准二：预计市值不低于人民币15亿元，最近一年营业收入不低于人民币2亿元，且最近三年研发投入合计占最近三年营业收入的比例不低于15%；

标准三：预计市值不低于人民币20亿元，最近一年营业收入不低于人民币3亿元，且最近三年经营活动产生的现金流量净额累计不低于人民币1亿元；

标准四：预计市值不低于人民币30亿元，且最近一年营业收入不低于人民币3亿元；

标准五：预计市值不低于人民币40亿元，主要业务或产品需经国家有关部门批准，市场空间大，目前已取得阶段性成果。医药行业企业需至少有一项核心产品获准开展二期临床试验，其他符合科创板定位的企业需具备明显的技术优势并满足相应条件。

发行人只要满足五套标准中的其中之一即可向上交所提交申请。

（三）科创板其他规则介绍

2019年3月以来，科创板相关制度正式颁布实施。这些制度及规章体现了我国证券发行审核体制改革的发展方向，具有诸多创新性、前瞻性的设计，具体表现如下。

1. 科创板上市标准

科创板上市标准充分考虑了科创企业的特点，充分体现以信息披露为中心的注册制改革理念，取消了先行发行条件中关于赢利业绩、不存在未弥补亏损、无形资产占比限制等方面的要求。科创板上市标准大幅提升了上市条件的包容度和适应性，可以满足在关键领域通过持续研发投入已突破核心技术或取得阶段性成果、拥有良好发展前景，但财务表现不一的各类科创企业上市需求。

2. 试点注册制、审核权力下放至交易所

《关于在上海证券交易所设立科创板并试点注册制的实施意见》明确，在科创板试点注册制，上交所负责科创板发行上市审核，中国证监会负责科创板股票发行注册。中国证监会将加强对上交所审核工作的监督，并强化新股发行上市事前事中事后全过程监管。

3. 加速审核流程

目前，IPO 属于中国证监会行政许可事项，提交申请后由证监会排队审核，含答复反馈等工作，一般需一年以上。上交所自受理之日起 3 个月内决策（科创板上市委员会审核 + 科技创新咨询委员会提供咨询意见，不含发行人准备反馈意见回复所需时间），总体审核时间不超过 6 个月，审核流程大大加速。

4. IPO 发行市场化询价、定价和配售

科创板采取市场化的发行定价方式，不再有 23 倍市盈率的限制。发行价格、规模、节奏市场化决定，询价、定价、配售等环节更充分发挥机构投资者作用。引入和优化了一系列市场化机制，如网下初始配售比例、网下网上回拨机制、战略配售、超额配售选择权等。

此外，为了进一步发挥券商在发行承销中的作用，增强保荐机构的资本约束并强化其履职担责，科创板制度明确保荐机构或其子公司作为战略投资者参与股票配售，并设置一定的锁定期。

5. 允许特殊股权结构企业和红筹企业上市

科创板尊重科技创新型企业公司治理的实践选择，允许设置差异化表决权的企业上市，也允许符合规定的红筹企业申请发行股票或存托凭证并在科创板上市。为了平衡利害关系，科创板上市规则对于合理设置差异化表决权，进行了必要的规范。

6. 创新二级市场交易机制

科技创新型企业具有投入大、迭代快等固有特点，股票价格容易发生较大波动。在总结现有股票交易涨跌幅制度实施中的利弊得失基础上，将科创板股票的涨跌幅限制放宽至 20%。此外，为尽快形成合理价格，新股上市

后的前 5 个交易日不设涨跌幅限制。

7. 严格退市制度

在重大违法类强制退市方面，科创板制度吸收了最新退市制度改革成果，明确了信息披露重大违法和公共安全重大违法等重大违法类退市情形。在市场指标类退市方面，构建成交量、股票价格、股东人数和市值四类退市标准，指标体系更加丰富完整。同时，简化退市环节，取消暂停上市和恢复上市程序，对应当退市的企业直接终止上市，避免重大违法类、主业“空心化”的企业长期滞留市场。

8. 放开员工持股计划、股权激励计划限制

员工持股计划遵循“闭环原则”，并承诺自上市之日起至少 36 个月的锁定；或未遵循“闭环原则”，但已经在基金业协会依法依规备案员工持股计划符合上述要求之一的，在计算公司股东人数时，按一名股东计算。

放开单独或合计持有公司 5% 以上股份的股东或实际控制人及其配偶、父母、子女的激励限制放开限制性股票定价，低于市场参考价 50% 的应说明定价依据及方式，上市公司全部在有效期内的股权激励计划所涉及的标的股票总数，累计不得超过公司股本总额的 20% 。

科创板的制度设计体现了证券监管部门对于发行审核改革的推进方向，即淡化对拟上市主体赢利能力的判断，进一步强化信息披露，强调健全公司治理结构，提高发行审核透明度，落实发行定价市场化机制。未来，证券发行将朝着市场化、透明化、注册制的大方向不断发展前进。

附　　录

Appendixes

B.11

附录一　2018年中关村新三板市场摘牌情况统计

序号	代码	名称	挂牌日期	摘牌日期	所属行业	终止上市原因
1	872889. OC	鸿坤物业	2018－08－01	2018－12－19	房地产业	其他不符合挂牌的情形
2	872561. OC	智云创新	2018－01－31	2018－08－27	软件和信息技术服务业	其他不符合挂牌的情形
3	872382. OC	瑞智华胜	2017－12－01	2018－11－02	互联网和相关服务	生产经营调整
4	872353. OC	基恒通信	2017－11－28	2018－12－19	互联网和相关服务	其他不符合挂牌的情形
5	872075. OC	德利中天	2017－08－16	2018－10－15	房地产业	其他不符合挂牌的情形
6	871924. OC	睿意德	2017－08－16	2018－04－27	商务服务业	生产经营调整
7	872053. OC	光耀电力	2017－08－10	2018－09－27	软件和信息技术服务业	生产经营调整

续表

序号	代码	名称	挂牌日期	摘牌日期	所属行业	终止上市原因
8	871570.OC	易联金控	2017-07-08	2018-05-24	其他金融业	其他不符合挂牌的情形
9	871496.OC	明大启微	2017-06-09	2018-11-02	软件和信息技术服务业	生产经营调整
10	871116.OC	晓清环保	2017-06-02	2018-09-13	水的生产和供应业	暂停上市后未披露定期报告
11	871333.OC	微格互动	2017-04-21	2018-03-23	计算机、通信和其他电子设备制造业	其他不符合挂牌的情形
12	871319.OC	金宝威	2017-04-19	2018-09-05	教育	其他不符合挂牌的情形
13	839896.OC	新东方网	2017-03-21	2018-02-14	互联网和相关服务	其他不符合挂牌的情形
14	871058.OC	掌上维度	2017-03-17	2018-07-05	互联网和相关服务	其他不符合挂牌的情形
15	871156.OC	豆盟科技	2017-03-17	2018-03-08	互联网和相关服务	其他不符合挂牌的情形
16	871038.OC	博汇科技	2017-03-17	2018-01-25	软件和信息技术服务业	其他不符合挂牌的情形
17	870782.OC	首影传媒	2017-03-04	2018-04-27	商务服务业	其他不符合挂牌的情形
18	870715.OC	嘉利智联	2017-02-22	2018-11-14	商务服务业	生产经营调整
19	870941.OC	零点有数	2017-02-15	2018-12-13	商务服务业	其他不符合挂牌的情形
20	870767.OC	晶众股份	2017-01-27	2018-01-19	商务服务业	其他不符合挂牌的情形
21	870672.OC	维旺明	2017-01-26	2018-08-02	互联网和相关服务	其他不符合挂牌的情形
22	870639.OC	环球艺盟	2017-01-25	2018-11-13	教育	生产经营调整
23	839978.OC	众联科技	2017-01-25	2018-11-05	软件和信息技术服务业	暂停上市后未披露定期报告
24	870279.OC	普罗格	2017-01-12	2018-06-15	软件和信息技术服务业	生产经营调整
25	839889.OC	华谊保险	2016-12-31	2018-07-09	保险业	暂停上市后未披露定期报告
26	870076.OC	美之旅	2016-12-27	2018-07-09	商务服务业	暂停上市后未披露定期报告
27	870103.OC	迈基诺	2016-12-22	2018-07-20	卫生	生产经营调整
28	870063.OC	英夫美迪	2016-12-21	2018-01-29	软件和信息技术服务业	其他不符合挂牌的情形
29	870155.OC	高思教育	2016-12-20	2018-07-20	教育	生产经营调整

续表

序号	代码	名称	挂牌日期	摘牌日期	所属行业	终止上市原因
30	870077. OC	小狗电器	2016-12-06	2018-10-12	电气机械及器材制造业	转板上市
31	839876. OC	德威新能	2016-11-18	2018-02-02	汽车制造业	其他不符合挂牌的情形
32	839617. OC	喜铺婚礼	2016-11-12	2018-08-01	居民服务业	其他不符合挂牌的情形
33	839541. OC	众信博睿	2016-11-12	2018-03-15	商务服务业	其他不符合挂牌的情形
34	839727. OC	瑞芬生物	2016-11-11	2018-08-22	医药制造业	其他不符合挂牌的情形
35	839256. OC	多米股份	2016-10-29	2018-05-30	互联网和相关服务	其他不符合挂牌的情形
36	839460. OC	乐享互动	2016-10-28	2018-11-16	互联网和相关服务	生产经营调整
37	839467. OC	易第优	2016-10-26	2018-04-25	教育	其他不符合挂牌的情形
38	839352. OC	百利时	2016-10-22	2018-04-02	开采辅助活动	其他不符合挂牌的情形
39	837923. OC	南格科技	2016-10-22	2018-04-27	专用设备制造业	生产经营调整
40	839293. OC	绿畅科技	2016-09-27	2018-03-21	软件和信息技术服务业	其他不符合挂牌的情形
41	838713. OC	链酒科技	2016-09-10	2018-05-25	批发业	生产经营调整
42	839108. OC	凯奇谷	2016-09-06	2018-08-31	软件和信息技术服务业	其他不符合挂牌的情形
43	838579. OC	任意球	2016-08-31	2018-07-09	零售业	暂停上市后未披露定期报告
44	838127. OC	田园婆婆	2016-08-20	2018-11-07	农副食品加工业	生产经营调整
45	839094. OC	中城数据	2016-08-20	2018-07-09	软件和信息技术服务业	暂停上市后未披露定期报告
46	838567. OC	明通四季	2016-08-20	2018-02-14	零售业	其他不符合挂牌的情形
47	838851. OC	先通医药	2016-08-19	2018-04-26	医药制造业	生产经营调整
48	839095. OC	有明云	2016-08-16	2018-08-10	软件和信息技术服务业	其他不符合挂牌的情形
49	839126. OC	东方久瑞	2016-08-13	2018-01-24	计算机、通信和其他电子设备制造业	其他不符合挂牌的情形
50	838679. OC	聚禾影画	2016-08-12	2018-04-16	广播、电视、电影和影视录音制作业	生产经营调整
51	839104. OC	嘉芸汇	2016-08-12	2018-08-28	商务服务业	其他不符合挂牌的情形

续表

序号	代码	名称	挂牌日期	摘牌日期	所属行业	终止上市原因
52	839106. OC	七麦科技	2016 - 08 - 12	2018 - 11 - 07	互联网和相关服务	生产经营调整
53	838237. OC	大账房	2016 - 08 - 11	2018 - 04 - 04	软件和信息技术服务业	其他不符合挂牌的情形
54	838827. OC	弘益热能	2016 - 08 - 10	2018 - 10 - 16	电力、热力生产和供应业	生产经营调整
55	838371. OC	红石阳光	2016 - 08 - 09	2018 - 12 - 04	软件和信息技术服务业	其他不符合挂牌的情形
56	838024. OC	博润国旅	2016 - 08 - 06	2018 - 11 - 20	商务服务业	生产经营调整
57	838155. OC	合众慧能	2016 - 08 - 04	2018 - 08 - 02	软件和信息技术服务业	其他不符合挂牌的情形
58	838652. OC	博科股份	2016 - 08 - 04	2018 - 05 - 15	专用设备制造业	其他不符合挂牌的情形
59	838416. OC	罗科仕	2016 - 08 - 04	2018 - 08 - 13	互联网和相关服务	其他不符合挂牌的情形
60	838285. OC	瑞诚股份	2016 - 08 - 02	2018 - 10 - 09	商务服务业	其他不符合挂牌的情形
61	838205. OC	西科码	2016 - 07 - 29	2018 - 10 - 09	批发业	生产经营调整
62	838015. OC	朗知传媒	2016 - 07 - 26	2018 - 03 - 08	商务服务业	其他不符合挂牌的情形
63	837791. OC	捷通华声	2016 - 06 - 30	2018 - 06 - 14	软件和信息技术服务业	生产经营调整
64	837825. OC	联华盛世	2016 - 06 - 29	2018 - 03 - 22	商务服务业	其他不符合挂牌的情形
65	837824. OC	仁歌股份	2016 - 06 - 25	2018 - 12 - 28	软件和信息技术服务业	生产经营调整
66	837759. OC	英泰伟业	2016 - 06 - 22	2018 - 07 - 25	软件和信息技术服务业	生产经营调整
67	837735. OC	中色环境	2016 - 06 - 18	2018 - 03 - 30	生态保护和环境治理业	其他不符合挂牌的情形
68	837642. OC	和信创天	2016 - 06 - 15	2018 - 09 - 20	软件和信息技术服务业	生产经营调整
69	837514. OC	童创童欣	2016 - 05 - 31	2018 - 07 - 09	零售业	暂停上市后未披露定期报告
70	837505. OC	华奥传媒	2016 - 05 - 28	2018 - 08 - 10	文化艺术业	其他不符合挂牌的情形
71	837484. OC	中育传媒	2016 - 05 - 28	2018 - 12 - 19	新闻和出版业	其他不符合挂牌的情形
72	837382. OC	英泰智	2016 - 05 - 26	2018 - 03 - 29	计算机、通信和其他电子设备制造业	其他不符合挂牌的情形
73	837335. OC	臻迪科技	2016 - 05 - 24	2018 - 12 - 06	科技推广和应用服务业	转板上市

续表

序号	代码	名称	挂牌日期	摘牌日期	所属行业	终止上市原因
74	837482. OC	龙源数媒	2016 - 05 - 21	2018 - 10 - 24	新闻和出版业	生产经营调整
75	837448. OC	慧博人力	2016 - 05 - 20	2018 - 12 - 10	商务服务业	其他不符合挂牌的情形
76	837265. OC	众荟信息	2016 - 05 - 18	2018 - 04 - 16	软件和信息技术服务业	生产经营调整
77	837360. OC	洞察力	2016 - 05 - 17	2018 - 08 - 28	科技推广和应用服务业	其他不符合挂牌的情形
78	836628. OC	云端传媒	2016 - 05 - 10	2018 - 10 - 16	广播、电视、电影和影视录音制作业	生产经营调整
79	837162. OC	峰盛科技	2016 - 05 - 10	2018 - 07 - 16	软件和信息技术服务业	其他不符合挂牌的情形
80	837149. OC	远洋亿家	2016 - 05 - 07	2018 - 03 - 02	房地产业	其他不符合挂牌的情形
81	836500. OC	星河亮点	2016 - 05 - 06	2018 - 07 - 09	仪器仪表制造业	暂停上市后未披露定期报告
82	836765. OC	欧鹏巴赫	2016 - 05 - 04	2018 - 04 - 24	电气机械及器材制造业	生产经营调整
83	836806. OC	亚洲生态	2016 - 04 - 30	2018 - 03 - 15	生态保护和环境治理业	其他不符合挂牌的情形
84	837159. OC	佳源木屋	2016 - 04 - 30	2018 - 08 - 24	房屋建筑业	其他不符合挂牌的情形
85	836788. OC	和能股份	2016 - 04 - 23	2018 - 06 - 15	批发业	生产经营调整
86	837030. OC	新空气	2016 - 04 - 22	2018 - 06 - 06	互联网和相关服务	生产经营调整
87	837043. OC	中联网盟	2016 - 04 - 22	2018 - 01 - 19	互联网和相关服务	其他不符合挂牌的情形
88	836747. OC	悦康科创	2016 - 04 - 20	2018 - 08 - 10	研究和试验发展	其他不符合挂牌的情形
89	836731. OC	盛邦安全	2016 - 04 - 14	2018 - 09 - 21	软件和信息技术服务业	生产经营调整
90	836488. OC	影谱科技	2016 - 04 - 14	2018 - 03 - 16	软件和信息技术服务业	其他不符合挂牌的情形
91	836561. OC	能新科	2016 - 04 - 08	2018 - 05 - 02	开采辅助活动	生产经营调整
92	836393. OC	北森云	2016 - 04 - 02	2018 - 04 - 27	软件和信息技术服务业	生产经营调整
93	836551. OC	博达股份	2016 - 04 - 02	2018 - 11 - 23	生态保护和环境治理业	暂停上市后未披露定期报告
94	836553. OC	中汇税务	2016 - 03 - 30	2018 - 06 - 28	商务服务业	其他不符合挂牌的情形
95	836567. OC	核心创艺	2016 - 03 - 30	2018 - 06 - 14	文化艺术业	生产经营调整

续表

序号	代码	名称	挂牌日期	摘牌日期	所属行业	终止上市原因
96	836025. OC	博易创为	2016 - 03 - 29	2018 - 06 - 20	软件和信息技术服务业	生产经营调整
97	836513. OC	佰信蓝图	2016 - 03 - 24	2018 - 11 - 22	软件和信息技术服务业	生产经营调整
98	836142. OC	时光一百	2016 - 03 - 24	2018 - 12 - 14	零售业	其他不符合挂牌的情形
99	836493. OC	和信瑞通	2016 - 03 - 23	2018 - 04 - 23	电气机械及器材制造业	生产经营调整
100	836174. OC	安信华	2016 - 03 - 23	2018 - 01 - 24	软件和信息技术服务业	其他不符合挂牌的情形
101	836119. OC	朝歌科技	2016 - 03 - 23	2018 - 05 - 21	计算机、通信和其他电子设备制造业	其他不符合挂牌的情形
102	836600. OC	艾迪普	2016 - 03 - 18	2018 - 05 - 09	软件和信息技术服务业	生产经营调整
103	836147. OC	智慧眼	2016 - 03 - 17	2018 - 08 - 22	软件和信息技术服务业	其他不符合挂牌的情形
104	836124. OC	华青融天	2016 - 03 - 17	2018 - 08 - 27	软件和信息技术服务业	其他不符合挂牌的情形
105	836176. OC	博思汇众	2016 - 03 - 16	2018 - 07 - 12	软件和信息技术服务业	其他不符合挂牌的情形
106	836558. OC	香草香草	2016 - 03 - 12	2018 - 04 - 27	餐饮业	生产经营调整
107	835932. OC	ST 壹灵	2016 - 03 - 10	2018 - 03 - 29	互联网和相关服务	其他不符合挂牌的情形
108	836013. OC	英孚泰克	2016 - 03 - 09	2018 - 01 - 19	软件和信息技术服务业	转板上市
109	836299. OC	京磁股份	2016 - 03 - 08	2018 - 01 - 26	计算机、通信和其他电子设备制造业	其他不符合挂牌的情形
110	835962. OC	视袭时代	2016 - 03 - 08	2018 - 04 - 16	广播、电视、电影和影视录音制作业	生产经营调整
111	836097. OC	国富纵横	2016 - 03 - 08	2018 - 08 - 22	商务服务业	其他不符合挂牌的情形
112	836204. OC	汉唐咨询	2016 - 03 - 05	2018 - 04 - 13	商务服务业	生产经营调整
113	836229. OC	众恒志信	2016 - 03 - 05	2018 - 03 - 07	软件和信息技术服务业	生产经营调整
114	835867. OC	博睿健康	2016 - 03 - 04	2018 - 06 - 22	教育	生产经营调整
115	836031. OC	小奥互动	2016 - 03 - 03	2018 - 01 - 26	互联网和相关服务	其他不符合挂牌的情形
116	835981. OC	环球优路	2016 - 03 - 02	2018 - 05 - 24	教育	生产经营调整
117	836037. OC	红枫智控	2016 - 03 - 02	2018 - 06 - 13	专用设备制造业	生产经营调整

续表

序号	代码	名称	挂牌日期	摘牌日期	所属行业	终止上市原因
118	835928. OC	天诚安信	2016-02-27	2018-08-28	软件和信息技术服务业	其他不符合挂牌的情形
119	835951. OC	科净源	2016-02-27	2018-12-19	专用设备制造业	其他不符合挂牌的情形
120	835917. OC	ST 欧迈特	2016-02-27	2018-11-23	计算机、通信和其他电子设备制造业	暂停上市后未披露定期报告
121	835796. OC	清大国华	2016-02-26	2018-04-27	生态保护和环境治理业	生产经营调整
122	836040. OC	博智教育	2016-02-20	2018-12-19	其他服务业	其他不符合挂牌的情形
123	835736. OC	掌慧纵盈	2016-02-16	2018-07-18	互联网和相关服务	生产经营调整
124	835988. OC	云端时代	2016-02-16	2018-08-22	软件和信息技术服务业	其他不符合挂牌的情形
125	835802. OC	凯福瑞	2016-02-16	2018-08-09	农业	其他不符合挂牌的情形
126	835507. OC	恒光信息	2016-01-30	2018-07-05	计算机、通信和其他电子设备制造业	其他不符合挂牌的情形
127	835547. OC	东田时尚	2016-01-29	2018-06-13	居民服务业	生产经营调整
128	835660. OC	美中嘉和	2016-01-23	2018-02-22	卫生	其他不符合挂牌的情形
129	835700. OC	ST 良物	2016-01-23	2018-06-27	零售业	生产经营调整
130	835643. OC	金印联	2016-01-20	2018-04-26	批发业	生产经营调整
131	835588. OC	东仑传媒	2016-01-20	2018-03-23	广播、电视、电影和影视录音制作业	其他不符合挂牌的情形
132	835671. OC	启冠智能	2016-01-20	2018-12-19	计算机、通信和其他电子设备制造业	其他不符合挂牌的情形
133	835653. OC	天润融通	2016-01-16	2018-11-29	软件和信息技术服务业	其他不符合挂牌的情形
134	835607. OC	思智泰克	2016-01-15	2018-11-02	软件和信息技术服务业	生产经营调整
135	835465. OC	百灵天地	2016-01-15	2018-03-01	生态保护和环境治理业	其他不符合挂牌的情形
136	835349. OC	正安维视	2016-01-13	2018-08-30	软件和信息技术服务业	其他不符合挂牌的情形
137	835238. OC	泰克贝思	2016-01-13	2018-07-27	软件和信息技术服务业	生产经营调整
138	835345. OC	泓升股份	2016-01-05	2018-04-17	房地产业	其他不符合挂牌的情形
139	834801. OC	淳中科技	2016-01-05	2018-01-19	计算机、通信和其他电子设备制造业	转板上市

续表

序号	代码	名称	挂牌日期	摘牌日期	所属行业	终止上市原因
140	835268. OC	客如云	2015-12-30	2018-04-09	软件和信息技术服务业	生产经营调整
141	835078. OC	华丽达	2015-12-24	2018-04-16	商务服务业	生产经营调整
142	835172. OC	鼎能开源	2015-12-23	2018-10-31	电气机械及器材制造业	其他不符合挂牌的情形
143	835100. OC	艾漫数据	2015-12-22	2018-12-19	互联网和相关服务	其他不符合挂牌的情形
144	835137. OC	金色传媒	2015-12-22	2018-07-16	广播、电视、电影和影视录音制作业	其他不符合挂牌的情形
145	834930. OC	奥视股份	2015-12-19	2018-03-26	计算机、通信和其他电子设备制造业	其他不符合挂牌的情形
146	835065. OC	竹远科创	2015-12-18	2018-05-09	软件和信息技术服务业	生产经营调整
147	834652. OC	洛奇检验	2015-12-15	2018-04-27	卫生	生产经营调整
148	834842. OC	光彩传媒	2015-12-11	2018-10-24	广播、电视、电影和影视录音制作业	生产经营调整
149	834586. OC	中鼎联合	2015-12-10	2018-04-19	畜牧业	生产经营调整
150	834820. OC	鼎瀚生物	2015-12-10	2018-07-12	医药制造业	生产经营调整
151	834460. OC	亿美汇金	2015-12-04	2018-04-27	软件和信息技术服务业	生产经营调整
152	834391. OC	龙软科技	2015-12-02	2018-10-10	软件和信息技术服务业	转板上市
153	834597. OC	颗豆互动	2015-11-28	2018-11-02	软件和信息技术服务业	生产经营调整
154	834525. OC	西普教育	2015-11-26	2018-01-23	教育	其他不符合挂牌的情形
155	834268. OC	金控数据	2015-11-18	2018-01-31	软件和信息技术服务业	其他不符合挂牌的情形
156	834374. OC	博瑞彤芸	2015-11-17	2018-11-07	电信、广播电视和卫星传输服务	其他不符合挂牌的情形
157	834091. OC	平安租赁	2015-11-14	2018-04-19	租赁业	生产经营调整
158	834333. OC	国是经纬	2015-11-14	2018-01-03	广播、电视、电影和影视录音制作业	生产经营调整
159	834358. OC	体育之窗	2015-11-14	2018-11-23	体育	生产经营调整
160	834297. OC	数智源	2015-11-13	2018-12-06	软件和信息技术服务业	其他不符合挂牌的情形
161	834116. OC	高信达	2015-11-10	2018-04-27	软件和信息技术服务业	转板上市

续表

序号	代码	名称	挂牌日期	摘牌日期	所属行业	终止上市原因
162	833910. OC	绿茵天地	2015－10－23	2018－11－30	建筑安装业	其他不符合挂牌的情形
163	833661. OC	华夏龙晖	2015－10－20	2018－04－04	汽车制造业	生产经营调整
164	833729. OC	乐普诊断	2015－10－20	2018－12－19	医药制造业	其他不符合挂牌的情形
165	833806. OC	光合文创	2015－10－17	2018－07－16	文化艺术业	生产经营调整
166	833416. OC	掌上纵横	2015－10－09	2018－08－13	互联网和相关服务	其他不符合挂牌的情形
167	833578. OC	奥美健康	2015－09－26	2018－03－02	体育	其他不符合挂牌的情形
168	833564. OC	乐华文化	2015－09－22	2018－03－22	娱乐业	其他不符合挂牌的情形
169	833597. OC	雷格讯	2015－09－17	2018－04－17	计算机、通信和其他电子设备制造业	生产经营调整
170	833551. OC	活跃科技	2015－09－16	2018－03－07	商务服务业	其他不符合挂牌的情形
171	833554. OC	新翔科技	2015－09－15	2018－04－27	软件和信息技术服务业	生产经营调整
172	833373. OC	锐融科技	2015－08－26	2018－09－04	软件和信息技术服务业	其他不符合挂牌的情形
173	833216. OC	海涛股份	2015－08－26	2018－09－10	商务服务业	其他不符合挂牌的情形
174	833193. OC	盈和科技	2015－08－12	2018－07－09	专用设备制造业	暂停上市后未披露定期报告
175	833140. OC	中博农	2015－08－04	2018－03－29	农、林、牧、渔服务业	其他不符合挂牌的情形
176	833007. OC	东华宏泰	2015－07－30	2018－10－10	软件和信息技术服务业	生产经营调整
177	833019. OC	天下书盟	2015－07－29	2018－08－28	新闻和出版业	其他不符合挂牌的情形
178	832921. OC	博电电气	2015－07－23	2018－01－02	电气机械及器材制造业	生产经营调整
179	832744. OC	瑞风协同	2015－07－15	2018－05－28	软件和信息技术服务业	其他不符合挂牌的情形
180	832706. OC	时代凌宇	2015－07－04	2018－07－30	软件和信息技术服务业	生产经营调整
181	832617. OC	数码大方	2015－06－25	2018－06－07	软件和信息技术服务业	其他不符合挂牌的情形
182	832612. OC	女娲珠宝	2015－06－10	2018－08－02	零售业	其他不符合挂牌的情形
183	832433. OC	亚克股份	2015－05－12	2018－04－23	医药制造业	生产经营调整

续表

序号	代码	名称	挂牌日期	摘牌日期	所属行业	终止上市原因
184	832371. OC	莱茵环保	2015-04-22	2018-08-23	生态保护和环境治理业	其他不符合挂牌的情形
185	832313. OC	汉能华	2015-04-16	2018-05-07	软件和信息技术服务业	生产经营调整
186	832279. OC	三川能源	2015-04-09	2018-09-05	开采辅助活动	其他不符合挂牌的情形
187	832015. OC	基调网络	2015-02-10	2018-08-13	互联网和相关服务	其他不符合挂牌的情形
188	831930. OC	和君商学	2015-02-04	2018-11-16	仪器仪表制造业	生产经营调整
189	831901. OC	隆科兴	2015-01-27	2018-04-24	土木工程建筑业	生产经营调整
190	831551. OC	世纪合辉	2014-12-18	2018-11-27	食品制造业	其他不符合挂牌的情形
191	831544. OC	北超伺服	2014-12-18	2018-02-23	电气机械及器材制造业	其他不符合挂牌的情形
192	831430. OC	天易股份	2014-12-05	2018-07-16	金属制品业	暂停上市后未披露定期报告
193	831426. OC	拂尘龙	2014-12-04	2018-09-17	其他服务业	其他不符合挂牌的情形
194	831381. OC	中持检测	2014-12-03	2018-06-08	专业技术服务业	生产经营调整
195	831257. OC	赛德盛	2014-11-01	2018-09-11	研究和试验发展	其他不符合挂牌的情形
196	831210. OC	圣海林	2014-10-16	2018-04-23	水利管理业	生产经营调整
197	831012. OC	岳能科技	2014-08-21	2018-04-18	软件和信息技术服务业	其他不符合挂牌的情形
198	831000. OC	吉芬设计	2014-08-12	2018-03-23	纺织服装、服饰业	其他不符合挂牌的情形
199	830858. OC	华图教育	2014-07-23	2018-02-13	教育	其他不符合挂牌的情形
200	430754. OC	三态股份	2014-05-29	2018-12-21	装卸搬运和其他运输代理	其他不符合挂牌的情形
201	430702. OC	ST 昊福	2014-05-05	2018-07-16	新闻和出版业	暂停上市后未披露定期报告
202	430643. OC	蓝科泰达	2014-02-19	2018-07-09	软件和信息技术服务业	暂停上市后未披露定期报告
203	430625. OC	联创种业	2014-01-22	2018-09-17	农业	其他不符合挂牌的情形
204	430614. OC	星通联华	2014-01-22	2018-01-22	软件和信息技术服务业	其他不符合挂牌的情形
205	430313. OC	国创富盛	2013-08-09	2018-07-16	互联网和相关服务	暂停上市后未披露定期报告

续表

序号	代码	名称	挂牌日期	摘牌日期	所属行业	终止上市原因
206	430298. OC	淘礼网	2013－08－05	2018－06－26	互联网和相关服务	其他不符合挂牌的情形
207	430280. OC	京西创业	2013－08－01	2018－11－05	批发业	暂停上市后未披露定期报告
208	430243. OC	铜牛信息	2013－07－02	2018－06－06	互联网和相关服务	生产经营调整
209	430227. OC	东软慧聚	2013－06－28	2018－05－30	软件和信息技术服务业	其他不符合挂牌的情形
210	430187. OC	东方略	2012－12－27	2018－05－21	专用设备制造业	其他不符合挂牌的情形
211	430194. OC	锐风行	2012－12－27	2018－09－13	广播、电视、电影和影视录音制作业	其他不符合挂牌的情形
212	430202. OC	星河科技	2012－12－27	2018－07－09	通用设备制造业	暂停上市后未披露定期报告
213	430181. OC	盖娅互娱	2012－12－24	2018－05－11	互联网和相关服务	生产经营调整
214	430192. OC	东展科博	2012－12－21	2018－07－09	软件和信息技术服务业	暂停上市后未披露定期报告
215	430150. OC	创和通信	2012－10－10	2018－02－06	软件和信息技术服务业	其他不符合挂牌的情形
216	430132. OC	国铁科林	2012－07－13	2018－11－05	电气机械及器材制造业	暂停上市后未披露定期报告
217	430128. OC	广厦网络	2012－06－29	2018－04－27	软件和信息技术服务业	生产经营调整
218	430110. OC	百拓科技	2012－04－05	2018－09－04	互联网和相关服务	其他不符合挂牌的情形
219	430101. OC	泰诚信	2011－11－29	2018－01－25	专用设备制造业	其他不符合挂牌的情形
220	430092. OC	金刚游戏	2011－06－17	2018－12－27	互联网和相关服务	生产经营调整
221	430087. OC	富电绿能	2011－05－26	2018－07－09	专用设备制造业	暂停上市后未披露定期报告
222	430063. OC	工控网	2010－02－03	2018－11－12	科技推广和应用服务业	生产经营调整
223	430059. OC	中海纪元	2009－08－14	2018－12－14	软件和信息技术服务业	其他不符合挂牌的情形
224	430039. OC	华高世纪	2008－12－05	2018－06－21	铁路、船舶、航空航天和其他运输设备制造业	生产经营调整
225	430024. OC	金和网络	2007－12－24	2018－05－31	软件和信息技术服务业	其他不符合挂牌的情形

资料来源：Wind，中关村上市公司协会整理。

B.12
附录二　2018年中关村新三板企业定向增发融资情况统计

序号	代码	名称	所属分层	增发公告日	发行价格	增发数量(万股)	实际募资总额(万元)	增发目的
1	839493. OC	并行科技	基础层	2018 - 12 - 26	25. 00	160. 00	4000. 00	补充流动资金
2	833925. OC	兴业源	基础层	2018 - 12 - 21	2. 80	1675. 00	4690. 00	项目融资
3	838418. OC	绿城股份	基础层	2018 - 12 - 19	1. 00	305. 17	305. 17	股权激励
4	871210. OC	科荣达	基础层	2018 - 12 - 11	8. 42	237. 53	2000. 00	补充流动资金
5	430239. OC	信诺达	基础层	2018 - 12 - 07	13. 00	38. 46	500. 00	项目融资
6	835061. OC	君为科技	基础层	2018 - 12 - 07	19. 38	15. 48	300. 00	补充流动资金
7	833755. OC	扬德环境	创新层	2018 - 12 - 06	2. 29	573. 43	1313. 16	股权激励
8	430020. OC	建工华创	基础层	2018 - 12 - 06	4. 50	1041. 14	4685. 14	项目融资
9	839044. OC	青藤文化	基础层	2018 - 12 - 01	7. 06	448. 40	3166. 60	补充流动资金
10	831030. OC	卓华信息	创新层	2018 - 11 - 24	4. 60	552. 00	2539. 20	补充流动资金
11	830769. OC	华财会计	基础层	2018 - 11 - 21	9. 22	151. 11	1393. 28	项目融资
12	833351. OC	中奥汇成	基础层	2018 - 11 - 20	16. 00	124. 50	1992. 00	项目融资
13	835990. OC	随锐科技	创新层	2018 - 11 - 17	27. 04	924. 60	25001. 18	补充流动资金
14	870209. OC	小鸟股份	基础层	2018 - 11 - 16	11. 00	38. 00	418. 00	补充流动资金
15	430208. OC	优炫软件	创新层	2018 - 11 - 10	8. 00	709. 50	5676. 00	股权激励
16	839433. OC	龙腾佳讯	基础层	2018 - 11 - 02	2. 00	325. 00	650. 00	股权激励
17	837069. OC	华如科技	基础层	2018 - 11 - 01	22. 62	598. 00	13526. 76	补充流动资金
18	832577. OC	优美特	基础层	2018 - 10 - 27	3. 60	555. 50	1999. 80	融资收购其他资产

续表

序号	代码	名称	所属分层	增发公告日	发行价格	增发数量(万股)	实际募资总额(万元)	增发目的
19	839622. OC	君信品牌	基础层	2018-10-18	32.00	125.00	4000.00	补充流动资金
20	870285. OC	启明股份	基础层	2018-10-16	6.50	420.17	2731.08	补充流动资金
21	835586. OC	景典传媒	基础层	2018-10-11	4.40	113.64	500.02	补充流动资金
22	872540. OC	华彬天星	基础层	2018-10-11	5.00	8800.00	44000.00	项目融资
23	430073. OC	兆信股份	基础层	2018-10-10	3.60	43.50	156.60	股权激励
24	837277. OC	冠群信息	基础层	2018-10-10	9.71	411.95	4000.00	项目融资
25	833024. OC	欣智恒	基础层	2018-09-28	5.00	368.75	1843.75	股权激励
26	832694. OC	维冠机电	基础层	2018-09-22	15.00	970.00	14550.00	补充流动资金
27	872701. OC	第一人居	基础层	2018-09-22	9.63	289.78	2790.54	项目融资
28	838665. OC	中联橡胶	基础层	2018-09-19	1.26	952.45	1200.09	补充流动资金
29	430034. OC	大地股份	基础层	2018-09-18	6.20	3600.00	22320.00	项目融资
30	837950. OC	爱信股份	基础层	2018-09-14	4.56	220.00	1003.20	补充流动资金
31	430075. OC	中讯四方	创新层	2018-09-13	3.00	1907.00	5721.00	融资收购其他资产
32	833319. OC	比酷股份	基础层	2018-09-13	9.03	110.74	1000.00	补充流动资金
33	836426. OC	安怀信	基础层	2018-09-07	18.06	110.73	2000.00	项目融资
34	836111. OC	三开科技	基础层	2018-09-05	8.00	50.00	400.00	补充流动资金
35	871760. OC	宝辰股份	基础层	2018-09-05	1.44	150.00	216.00	股权激励
36	870872. OC	华信泰	基础层	2018-08-29	6.00	200.00	1200.00	项目融资
37	837694. OC	太和华美	基础层	2018-08-21	1.48	1784.66	2645.48	融资收购其他资产
38	871980. OC	宝辰联合	基础层	2018-08-16	6.48	462.96	3000.00	项目融资
39	837541. OC	利昌科技	基础层	2018-08-14	15.00	200.00	3000.00	项目融资
40	837473. OC	创动空间	基础层	2018-08-11	15.00	200.00	2999.99	补充流动资金

续表

序号	代码	名称	所属分层	增发公告日	发行价格	增发数量(万股)	实际募资总额(万元)	增发目的
41	839246. OC	大千阳光	基础层	2018-08-07	6. 18	647. 19	3999. 62	补充流动资金
42	837528. OC	数据家	基础层	2018-07-28	7. 16	214. 92	1538. 81	项目融资
43	838068. OC	永捷股份	基础层	2018-07-25	7. 70	65. 00	500. 50	引入战略投资者
44	839664. OC	航天恒丰	基础层	2018-07-18	14. 00	233. 93	3275. 02	项目融资
45	837695. OC	航天汇智	基础层	2018-07-14	9. 16	60. 00	549. 60	项目融资
46	834139. OC	时代亿信	基础层	2018-06-27	10. 00	240. 00	2400. 00	补充流动资金
47	430193. OC	微传播	基础层	2018-06-23	21. 07	343. 60	7239. 65	项目融资
48	832649. OC	医模科技	基础层	2018-06-23	2. 60	82. 00	213. 20	补充流动资金
49	837237. OC	锐思股份	基础层	2018-06-22	6. 50	150. 31	977. 02	项目融资
50	836036. OC	昆仑股份	基础层	2018-06-14	20. 00	300. 00	6000. 00	补充流动资金
51	870992. OC	中百信	基础层	2018-06-13	4. 80	300. 00	1440. 00	补充流动资金
52	430046. OC	圣博润	创新层	2018-06-12	4. 30	1396. 23	6003. 80	项目融资
53	835961. OC	名品世家	创新层	2018-06-08	18. 00	222. 50	4005. 00	项目融资
54	839493. OC	并行科技	基础层	2018-06-05	20. 00	50. 00	1000. 00	补充流动资金
55	832635. OC	中捷四方	基础层	2018-06-01	5. 50	364. 91	2007. 01	项目融资
56	838596. OC	博能股份	基础层	2018-05-30	7. 00	50. 00	350. 00	项目融资
57	430664. OC	联合永道	基础层	2018-05-30	1. 43	65. 00	92. 95	股权激励
58	832919. OC	世纪龙文	基础层	2018-05-30	14. 29	69. 98	1000. 00	项目融资
59	430066. OC	南北天地	基础层	2018-05-29	5. 50	264. 00	1452. 00	项目融资
60	836848. OC	北迈科技	基础层	2018-05-26	6. 64	180. 61	1199. 26	补充流动资金
61	430757. OC	天翔昌运	基础层	2018-05-25	1. 80	2222. 00	3999. 60	补充流动资金
62	834218. OC	和创科技	基础层	2018-05-24	30. 00	279. 43	8382. 83	项目融资

续表

序号	代码	名称	所属分层	增发公告日	发行价格	增发数量(万股)	实际募资总额(万元)	增发目的
63	835911. OC	中农华威	创新层	2018-05-24	2.50	400.00	1000.00	补充流动资金
64	837065. OC	华建云鼎	基础层	2018-05-22	7.50	300.00	2250.00	补充流动资金
65	839264. OC	世纪明德	创新层	2018-05-19	16.72	222.70	3723.53	股权激励
66	839592. OC	中航科电	基础层	2018-05-16	6.00	625.00	3750.00	补充流动资金
67	870430. OC	海存志合	基础层	2018-05-15	3.41	100.59	343.01	融资收购其他资产
68	836870. OC	山维科技	创新层	2018-05-10	5.00	213.33	1066.67	补充流动资金
69	837247. OC	洪海龙腾	基础层	2018-05-10	20.29	49.29	1000.00	项目融资
70	838944. OC	中元成	创新层	2018-05-08	5.00	200.00	1000.00	补充流动资金
71	834718. OC	绿创声学	基础层	2018-05-08	10.00	150.00	1500.00	项目融资
72	870817. OC	华泰信息	基础层	2018-05-08	2.00	300.00	600.00	补充流动资金
73	835574. OC	鸿鑫互联	基础层	2018-05-05	4.00	834.00	3336.00	补充流动资金
74	835097. OC	讯腾智科	基础层	2018-05-04	16.00	425.00	6800.00	补充流动资金
75	837254. OC	国电能源	基础层	2018-04-28	6.00	1141.67	6850.00	补充流动资金
76	430014. OC	恒业世纪	创新层	2018-04-27	4.50	480.05	2160.23	补充流动资金
77	430105. OC	合力思腾	基础层	2018-04-27	2.00	5750.00	11500.00	融资收购其他资产
78	832086. OC	现在股份	创新层	2018-04-21	14.00	368.90	5164.66	项目融资
79	835729. OC	佰能蓝天	基础层	2018-04-20	1.90	2500.00	4750.00	项目融资
80	837755. OC	泰美好	基础层	2018-04-20	8.82	113.38	1000.00	补充流动资金
81	833966. OC	国电康能	基础层	2018-04-19	7.50	548.70	4115.25	补充流动资金
82	839047. OC	小乙物联	基础层	2018-04-19	16.00	125.00	2000.00	项目融资
83	871848. OC	绿京华	基础层	2018-04-19	1.20	1000.00	1200.00	补充流动资金
84	833035. OC	大唐融合	基础层	2018-04-19	5.40	2100.00	11340.00	项目融资

续表

序号	代码	名称	所属分层	增发公告日	发行价格	增发数量(万股)	实际募资总额(万元)	增发目的
85	872061. OC	孔明科技	基础层	2018 -04 -18	334. 10	9. 52	3180. 00	补充流动资金
86	872082. OC	百年育才	基础层	2018 -04 -17	19. 00	105. 26	2000. 00	项目融资
87	835363. OC	腾信软创	基础层	2018 -04 -13	8. 00	125. 75	1006. 00	补充流动资金
88	833665. OC	清大天达	基础层	2018 -04 -12	7. 00	214. 29	1500. 00	项目融资
89	832779. OC	东方明康	基础层	2018 -04 -11	1. 50	86. 00	129. 00	项目融资
90	834544. OC	糖友股份	基础层	2018 -03 -31	1. 20	600. 00	720. 00	补充流动资金
91	870101. OC	玖零股份	基础层	2018 -03 -31	1. 26	2095. 00	2639. 70	补充流动资金
92	831588. OC	山川秀美	基础层	2018 -03 -30	5. 00	200. 00	1000. 00	项目融资
93	837498. OC	第一物业	创新层	2018 -03 -30	20. 00	130. 75	2615. 00	项目融资
94	839163. OC	中安华邦	基础层	2018 -03 -29	17. 93	112. 00	2008. 16	补充流动资金
95	834630. OC	新片场	基础层	2018 -03 -29	28. 65	115. 17	3300. 00	补充流动资金
96	837651. OC	龙鼎源	基础层	2018 -03 -28	4. 20	308. 35	1295. 07	补充流动资金
97	834524. OC	ST 海金格	基础层	2018 -03 -28	27. 32	146. 40	3999. 65	补充流动资金
98	870849. OC	亿安天下	基础层	2018 -03 -28	7. 28	284. 50	2071. 16	项目融资
99	833157. OC	京冶轴承	基础层	2018 -03 -23	6. 50	2300. 00	14950. 00	项目融资
100	836667. OC	乐创教育	基础层	2018 -03 -22	25. 86	19. 33	500. 00	项目融资
101	832929. OC	雷石集团	创新层	2018 -03 -20	17. 00	67. 00	1139. 00	股权激励
102	871416. OC	金百万	基础层	2018 -03 -17	23. 68	41. 40	980. 35	项目融资
103	430073. OC	兆信股份	基础层	2018 -03 -14	7. 34	64. 00	469. 76	补充流动资金
104	834211. OC	大卫之选	基础层	2018 -03 -14	10. 00	1000. 00	10000. 00	补充流动资金

续表

序号	代码	名称	所属分层	增发公告日	发行价格	增发数量(万股)	实际募资总额(万元)	增发目的
105	836311. OC	赛诺贝斯	基础层	2018 - 03 - 13	10. 78	140. 00	1509. 20	项目融资
106	871189. OC	友信科技	基础层	2018 - 03 - 13	11. 84	113. 99	1349. 62	补充流动资金
107	837600. OC	万高科技	基础层	2018 - 03 - 09	4. 83	310. 58	1500. 10	补充流动资金
108	833741. OC	山水股份	基础层	2018 - 03 - 09	8. 02	831. 26	6666. 67	融资收购其他资产
109	831727. OC	中钢网	基础层	2018 - 03 - 08	2. 00	1350. 00	2700. 00	补充流动资金
110	836208. OC	天职咨询	基础层	2018 - 03 - 08	14. 79	93. 04	1376. 00	融资收购其他资产
111	871594. OC	华体股份	基础层	2018 - 03 - 07	1. 65	1710. 00	2821. 50	融资收购其他资产
112	871594. OC	华体股份	基础层	2018 - 03 - 07	1. 65	850. 00	1402. 50	配套融资
113	837550. OC	通宇泰克	基础层	2018 - 03 - 07	8. 00	150. 00	1200. 00	补充流动资金
114	835961. OC	名品世家	创新层	2018 - 03 - 07	18. 00	168. 00	3024. 00	项目融资
115	834608. OC	星光影视	基础层	2018 - 03 - 06	11. 00	527. 27	5800. 00	项目融资
116	838726. OC	敦善文化	基础层	2018 - 03 - 06	9. 70	179. 33	1740. 00	补充流动资金
117	836416. OC	时空视点	基础层	2018 - 03 - 06	5. 00	350. 00	1750. 00	项目融资
118	430124. OC	汉唐自远	基础层	2018 - 03 - 06	4. 60	34. 00	156. 40	股权激励
119	836438. OC	海步医药	基础层	2018 - 03 - 03	6. 72	595. 24	4000. 00	项目融资
120	837368. OC	快乐营	基础层	2018 - 03 - 03	1. 00	1500. 00	1500. 00	项目融资
121	430306. OC	永铭医学	基础层	2018 - 03 - 03	10. 00	70. 00	700. 00	融资收购其他资产
122	430080. OC	尚水股份	基础层	2018 - 03 - 02	2. 55	2223. 64	5670. 28	补充流动资金
123	834780. OC	图安世纪	基础层	2018 - 03 - 01	1. 80	502. 00	903. 60	补充流动资金
124	837220. OC	弘方科技	基础层	2018 - 03 - 01	1. 45	480. 00	696. 00	补充流动资金

续表

序号	代码	名称	所属分层	增发公告日	发行价格	增发数量(万股)	实际募资总额(万元)	增发目的
125	430239. OC	信诺达	基础层	2018-02-28	18.00	27.78	500.00	项目融资
126	871210. OC	科荣达	基础层	2018-02-28	8.38	208.83	1750.01	补充流动资金
127	871760. OC	宝辰股份	基础层	2018-02-28	16.80	13.00	218.40	补充流动资金
128	871044. OC	中科希望	基础层	2018-02-27	1.06	1886.79	2000.00	项目融资
129	836642. OC	新鲜传媒	基础层	2018-02-24	1.00	340.00	340.00	项目融资
130	836385. OC	九九互娱	基础层	2018-02-08	3.94	417.00	1642.98	融资收购其他资产
131	871856. OC	琪玥环保	基础层	2018-02-07	12.71	188.89	2400.78	补充流动资金
132	833576. OC	金尚互联	基础层	2018-02-07	6.15	12.17	74.85	股权激励
133	430215. OC	必可测	基础层	2018-02-06	5.40	1093.34	5904.04	补充流动资金
134	832145. OC	恒合股份	基础层	2018-01-30	4.50	550.00	2475.00	项目融资
135	870104. OC	飞拓无限	基础层	2018-01-23	14.92	134.02	2000.00	项目融资
136	833319. OC	比酷股份	基础层	2018-01-23	3.19	40.00	127.60	股权激励
137	870381. OC	七九七	基础层	2018-01-20	10.60	173.00	1833.80	补充流动资金
138	871508. OC	华大天元	基础层	2018-01-20	2.00	623.00	1246.00	补充流动资金
139	430267. OC	盛世光明	创新层	2018-01-18	25.00	228.00	5700.00	补充流动资金
140	839246. OC	大千阳光	基础层	2018-01-17	4.00	88.75	355.00	股权激励
141	838574. OC	思普科	基础层	2018-01-16	5.00	200.00	1000.00	项目融资
142	836098. OC	华浩科技	基础层	2018-01-11	24.36	47.91	1166.99	项目融资
143	833966. OC	国电康能	基础层	2018-01-10	7.50	945.00	7087.50	项目融资
144	835073. OC	行知探索	基础层	2018-01-05	4.50	475.32	2138.92	项目融资

资料来源：Wind，中关村上市公司协会整理。

B.13
附录三　2017～2018年两年营收连续增长且复合增长率不低于50%的中关村新三板企业

序号	证券代码	证券简称	所属分层	所属行业	2018年营收/万元	2018年同比增幅（%）	2017年同比增幅（%）	复合增长率（%）
1	870517. OC	浩德钢圈	基础层	租赁和商务服务业	375729	1276	3371	2086
2	836442. OC	群智合	基础层	信息传输、软件和信息技术服务业	99753	1882	143	594
3	833074. OC	优樟生物	基础层	批发和零售业	949	12	3477	534
4	834442. OC	锦龙装备	基础层	租赁和商务服务业	39362	719	196	392
5	430756. OC	柒号传媒	基础层	文化、体育和娱乐业	5793	1389	39	355
6	835913. OC	虎符科技	基础层	信息传输、软件和信息技术服务业	467	155	641	335
7	834325. OC	天行股份	基础层	批发和零售业	3877	63	620	242
8	838418. OC	绿城股份	基础层	科学研究和技术服务业	11634	48	658	235
9	430105. OC	合力思腾	基础层	信息传输、软件和信息技术服务业	41786	926	6	230
10	870285. OC	启明股份	基础层	信息传输、软件和信息技术服务业	17090	6	885	223
11	430277. OC	圣商教育	基础层	制造业	52021	495	75	223
12	870626. OC	上古彩	基础层	信息传输、软件和信息技术服务业	13836	284	163	218
13	873063. OC	鑫凯瑞	基础层	信息传输、软件和信息技术服务业	3004	283	162	217
14	872808. OC	曙光节能	基础层	制造业	15920	40	534	198

续表

序号	证券代码	证券简称	所属分层	所属行业	2018 年营收/万元	2018 年同比增幅（%）	2017 年同比增幅（%）	复合增长率（%）
15	872992. OC	智尚捷付	基础层	信息传输、软件和信息技术服务业	6758	9	655	187
16	836636. OC	金谷高科	基础层	信息传输、软件和信息技术服务业	7849	19	594	187
17	834524. OC	ST 海金格	基础层	科学研究和技术服务业	13921	324	94	187
18	834214. OC	百合网	基础层	信息传输、软件和信息技术服务业	132879	98	258	166
19	837125. OC	圣荷桔色	基础层	批发和零售业	12597	43	363	157
20	839044. OC	青藤文化	基础层	文化、体育和娱乐业	8485	29	397	153
21	870343. OC	ST 一起网	基础层	信息传输、软件和信息技术服务业	33817	97	218	150
22	832339. OC	远大宏略	基础层	信息传输、软件和信息技术服务业	25072	56	293	148
23	834149. OC	动信通	基础层	信息传输、软件和信息技术服务业	38210	82	226	143
24	870013. OC	天科合达	基础层	制造业	7813	225	82	143
25	832494. OC	首航直升	基础层	租赁和商务服务业	147500	349	31	142
26	839432. OC	天德泰	基础层	科学研究和技术服务业	7530	236	56	129
27	835599. OC	鼎川物联	基础层	信息传输、软件和信息技术服务业	16347	48	254	129
28	832779. OC	东方明康	基础层	制造业	958	258	43	127
29	837782. OC	派特森	基础层	信息传输、软件和信息技术服务业	1008	258	40	124
30	430145. OC	智立医学	基础层	信息传输、软件和信息技术服务业	3720	139	110	124
31	832646. OC	讯众股份	创新层	信息传输、软件和信息技术服务业	85452	58	205	120
32	834346. OC	亿海蓝	基础层	信息传输、软件和信息技术服务业	103476	178	73	119
33	872289. OC	鸿途信达	基础层	信息传输、软件和信息技术服务业	16727	110	121	116
34	430706. OC	海芯华夏	基础层	信息传输、软件和信息技术服务业	12844	105	126	116

续表

序号	证券代码	证券简称	所属分层	所属行业	2018年营收/万元	2018年同比增幅（%）	2017年同比增幅（%）	复合增长率（%）
35	872610. OC	妙音动漫	基础层	文化、体育和娱乐业	4971	156	80	115
36	834630. OC	新片场	基础层	文化、体育和娱乐业	33003	124	102	113
37	872410. OC	华夏文广	基础层	租赁和商务服务业	28924	61	178	112
38	838224. OC	集酷股份	基础层	租赁和商务服务业	3666	331	3	110
39	833338. OC	康爱生物	基础层	科学研究和技术服务业	680	45	201	109
40	871678. OC	掌中飞天	基础层	信息传输、软件和信息技术服务业	17045	114	96	105
41	871044. OC	中科希望	基础层	信息传输、软件和信息技术服务业	14917	160	60	104
42	838740. OC	邦源环保	基础层	水利、环境和公共设施管理业	7680	56	161	102
43	838283. OC	润蓝环保	基础层	电力、热力、燃气及水生产和供应业	1010	3	294	101
44	832340. OC	国联股份	创新层	信息传输、软件和信息技术服务业	367360	84	120	101
45	831111. OC	智明恒	基础层	信息传输、软件和信息技术服务业	6613	107	94	101
46	838372. OC	醉纯科技	基础层	批发和零售业	13660	270	8	100
47	872943. OC	观其股份	基础层	信息传输、软件和信息技术服务业	6883	86	110	98
48	872027. OC	昊腾创视	基础层	文化、体育和娱乐业	10169	30	198	97
49	430193. OC	微传播	基础层	信息传输、软件和信息技术服务业	41032	18	228	97
50	870190. OC	恒荣汇彬	创新层	金融业	24248	16	228	95
51	872128. OC	第一文体	基础层	教育	8427	112	78	95
52	831988. OC	乐普四方	创新层	科学研究和技术服务业	54587	260	4	94
53	837940. OC	品牌联盟	基础层	租赁和商务服务业	11410	62	128	92
54	837060. OC	博校科技	基础层	信息传输、软件和信息技术服务业	2705	43	155	91

续表

序号	证券代码	证券简称	所属分层	所属行业	2018 年营收/万元	2018 年同比增幅（%）	2017 年同比增幅（%）	复合增长率（%）
55	833966. OC	国电康能	基础层	科学研究和技术服务业	32516	49	143	90
56	832267. OC	诺君安	基础层	信息传输、软件和信息技术服务业	8017	82	97	90
57	837989. OC	乐汇电商	基础层	批发和零售业	25349	95	83	89
58	836801. OC	睦合达	创新层	信息传输、软件和信息技术服务业	17418	78	99	88
59	870296. OC	中惠元景	基础层	科学研究和技术服务业	2601	20	192	88
60	872701. OC	第一人居	基础层	科学研究和技术服务业	5260	79	94	87
61	872946. OC	瑞索股份	基础层	租赁和商务服务业	2080	89	84	86
62	837287. OC	微诺时代	基础层	信息传输、软件和信息技术服务业	20495	104	70	86
63	873062. OC	汉王鹏泰	基础层	制造业	21227	75	97	86
64	835099. OC	开心麻花（退市）	基础层	文化、体育和娱乐业	100958	17	195	86
65	871346. OC	宏伟超达	基础层	制造业	13459	110	63	85
66	833660. OC	腾瑞明	基础层	批发和零售业	38873	82	85	83
67	838137. OC	太平盛世	基础层	文化、体育和娱乐业	1796	199	12	83
68	872082. OC	百年育才	基础层	教育	14965	32	154	83
69	836473. OC	中财股份	创新层	批发和零售业	67656	40	137	82
70	870403. OC	兴德通	基础层	科学研究和技术服务业	5015	103	63	82
71	839493. OC	并行科技	基础层	信息传输、软件和信息技术服务业	11541	87	76	81
72	838944. OC	中元成	创新层	制造业	177775	88	74	81
73	870208. OC	手游天下	基础层	信息传输、软件和信息技术服务业	5505	28	155	81
74	872378. OC	韦伯股份	基础层	租赁和商务服务业	3347	90	72	81

续表

序号	证券代码	证券简称	所属分层	所属行业	2018 年营收/万元	2018 年同比增幅（%）	2017 年同比增幅（%）	复合增长率（%）
75	837070. OC	凯凯金服	基础层	批发和零售业	43002	74	87	81
76	836318. OC	沃土生物	基础层	水利、环境和公共设施管理业	10097	112	49	77
77	838780. OC	ST 一骑	基础层	信息传输、软件和信息技术服务业	654	70	84	77
78	871856. OC	琪玥环保	基础层	水利、环境和公共设施管理业	14727	112	44	75
79	872569. OC	信游星空	基础层	信息传输、软件和信息技术服务业	9205	115	41	74
80	430249. OC	慧峰仁和	基础层	制造业	9394	54	97	74
81	870383. OC	中科巨龙	基础层	信息传输、软件和信息技术服务业	536	131	30	73
82	839585. OC	杰迈科技	基础层	信息传输、软件和信息技术服务业	9213	12	167	73
83	430581. OC	八亿时空	基础层	制造业	39403	71	74	72
84	430290. OC	和隆优化	基础层	信息传输、软件和信息技术服务业	6100	45	103	72
85	839622. OC	君信品牌	基础层	租赁和商务服务业	26796	63	80	71
86	834802. OC	宝贝格子	创新层	信息传输、软件和信息技术服务业	41044	95	51	71
87	832145. OC	恒合股份	基础层	水利、环境和公共设施管理业	10203	68	72	70
88	430144. OC	煦联得	基础层	制造业	4308	125	26	69
89	835911. OC	中农华威	创新层	制造业	15566	26	122	67
90	430667. OC	三多堂	基础层	文化、体育和娱乐业	8222	38	102	67
91	872142. OC	秀域科技	基础层	文化、体育和娱乐业	5384	102	37	67
92	871916. OC	恒益股份	基础层	信息传输、软件和信息技术服务业	44862	72	61	66
93	838937. OC	瑞德克	基础层	制造业	5617	101	35	65
94	430020. OC	建工华创	基础层	制造业	1489	13	138	64

续表

序号	证券代码	证券简称	所属分层	所属行业	2018 年营收/万元	2018 年同比增幅（%）	2017 年同比增幅（%）	复合增长率（%）
95	834613. OC	亿华通	基础层	科学研究和技术服务业	36847	83	46	64
96	837906. OC	森纵教育	基础层	教育	2329	55	73	64
97	837526. OC	明博教育	基础层	信息传输、软件和信息技术服务业	14327	129	16	63
98	870679. OC	森源达	基础层	建筑业	8700	148	7	63
99	834857. OC	清水爱派	创新层	科学研究和技术服务业	16141	55	71	63
100	839463. OC	时代光影	基础层	文化、体育和娱乐业	36761	52	74	63
101	837525. OC	纳兰德	基础层	制造业	5650	50	73	61
102	838504. OC	光环国际	创新层	教育	13926	53	70	61
103	430574. OC	星奥股份	基础层	信息传输、软件和信息技术服务业	5179	14	127	61
104	838917. OC	联泰信科	基础层	制造业	3270	107	25	61
105	870213. OC	微网通联	基础层	信息传输、软件和信息技术服务业	46950	61	59	60
106	834327. OC	车讯互联	基础层	信息传输、软件和信息技术服务业	23289	58	60	59
107	872526. OC	博志成	基础层	租赁和商务服务业	6423	56	62	59
108	870368. OC	爱尚游	基础层	信息传输、软件和信息技术服务业	1924	98	28	59
109	836385. OC	九九互娱	基础层	租赁和商务服务业	21344	47	68	57
110	836653. OC	实力文化	基础层	文化、体育和娱乐业	12196	7	130	57
111	430116. OC	中矿华沃	基础层	信息传输、软件和信息技术服务业	2194	68	47	57
112	872112. OC	祝融科技	基础层	信息传输、软件和信息技术服务业	4470	103	21	57
113	835431. OC	非凡传媒	基础层	文化、体育和娱乐业	11150	21	104	57
114	871848. OC	绿京华	基础层	建筑业	43070	34	83	57
115	834772. OC	中悦科技	创新层	文化、体育和娱乐业	8740	18	108	56

续表

序号	证券代码	证券简称	所属分层	所属行业	2018年营收/万元	2018年同比增幅（%）	2017年同比增幅（%）	复合增长率（%）
116	831016.OC	帝测科技	基础层	科学研究和技术服务业	27501	42	73	56
117	430073.OC	兆信股份	基础层	信息传输、软件和信息技术服务业	15871	47	66	56
118	872685.OC	康乾大成	基础层	批发和零售业	13785	62	51	56
119	832694.OC	维冠机电	基础层	制造业	65322	35	79	56
120	838075.OC	安锐信息	基础层	信息传输、软件和信息技术服务业	5322	71	41	55
121	872987.OC	山香教育	基础层	教育	18183	26	91	55
122	836346.OC	亿玛在线	创新层	信息传输、软件和信息技术服务业	184422	54	55	54
123	873042.OC	润达股份	基础层	采矿业	7936	128	4	54
124	872582.OC	潮白环保	基础层	电力、热力、燃气及水生产和供应业	6544	51	56	53
125	430687.OC	华瑞核安	基础层	制造业	3731	69	39	53
126	832496.OC	首创大气	基础层	水利、环境和公共设施管理业	35976	107	13	53
127	871764.OC	环宇兄弟	基础层	文化、体育和娱乐业	4303	104	15	53
128	833151.OC	同方健康	基础层	信息传输、软件和信息技术服务业	19765	43	61	52
129	837249.OC	乐生活	创新层	房地产业	41700	70	35	52
130	430208.OC	优炫软件	创新层	信息传输、软件和信息技术服务业	48652	47	55	51
131	870642.OC	集光通达	基础层	制造业	4752	50	52	51
132	871980.OC	宝辰联合	基础层	制造业	15792	30	76	51
133	430164.OC	大医股份	基础层	信息传输、软件和信息技术服务业	5069	2	123	51
134	839733.OC	探感科技	基础层	信息传输、软件和信息技术服务业	2193	68	34	50
135	872612.OC	华媒康讯	基础层	信息传输、软件和信息技术服务业	9578	45	55	50

资料来源：Wind，中关村上市公司协会整理。

B.14
附录四　2017～2018年连续两年赢利且平均净利润不低于2000万元的中关村新三板企业

单位：万元

序号	证券代码	证券简称	所属分层	所属行业	2017 年净利润	2018 年净利润	平均净利润
1	834777. OC	中投保	基础层	租赁和商务服务业	68458. 79	186064. 09	127261. 44
2	430719. OC	九鼎集团	基础层	金融业	125684. 62	73954. 78	99819. 70
3	872801. OC	智明星通	基础层	信息传输、软件和信息技术服务业	72435. 30	75597. 14	74016. 22
4	832924. OC	明石创新	基础层	制造业	69072. 24	67183. 89	68128. 06
5	833858. OC	信中利	基础层	金融业	20068. 55	69080. 73	44574. 64
6	833499. OC	中国康富	基础层	租赁和商务服务业	41947. 99	40407. 34	41177. 66
7	833819. OC	颖泰生物	创新层	制造业	29682. 66	46087. 51	37885. 09
8	430002. OC	中科软	创新层	信息传输、软件和信息技术服务业	23491. 47	32053. 63	27772. 55
9	835099. OC	开心麻花	基础层	文化、体育和娱乐业	39093. 20	11232. 28	25162. 74
10	430005. OC	原子高科	创新层	制造业	21618. 38	25364. 93	23491. 66
11	834291. OC	中信出版	基础层	文化、体育和娱乐业	21064. 26	19620. 79	20342. 52
12	834344. OC	中邮基金	基础层	金融业	24210. 06	16456. 82	20333. 44
13	835281. OC	翰林汇	基础层	批发和零售业	20276. 62	19593. 90	19935. 26
14	834082. OC	中建信息	创新层	批发和零售业	17308. 05	21584. 02	19446. 03
15	430011. OC	指南针	基础层	信息传输、软件和信息技术服务业	15339. 28	12695. 94	14017. 61

续表

序号	证券代码	证券简称	所属分层	所属行业	2017年净利润	2018年净利润	平均净利润
16	871284. OC	资和信	基础层	金融业	12268. 55	11038. 90	11653. 73
17	837747. OC	长江文化	创新层	文化、体育和娱乐业	10676. 81	12103. 67	11390. 24
18	836333. OC	像素软件	基础层	信息传输、软件和信息技术服务业	8851. 17	11601. 16	10226. 16
19	871196. OC	交大思诺	基础层	信息传输、软件和信息技术服务业	8557. 28	10648. 34	9602. 81
20	430193. OC	微传播	基础层	信息传输、软件和信息技术服务业	8327. 32	10761. 98	9544. 65
21	838966. OC	柠檬微趣	基础层	信息传输、软件和信息技术服务业	8997. 32	9820. 19	9408. 75
22	833966. OC	国电康能	基础层	科学研究和技术服务业	8493. 77	10146. 57	9320. 17
23	836208. OC	天职咨询	基础层	科学研究和技术服务业	9309. 20	8825. 53	9067. 36
24	832494. OC	首航直升	基础层	租赁和商务服务业	5916. 62	11711. 24	8813. 93
25	834195. OC	华清飞扬	创新层	信息传输、软件和信息技术服务业	11027. 95	6312. 23	8670. 09
26	832340. OC	国联股份	创新层	信息传输、软件和信息技术服务业	6217. 92	10798. 27	8508. 10
27	836801. OC	睦合达	创新层	信息传输、软件和信息技术服务业	6699. 34	10115. 21	8407. 28
28	430581. OC	八亿时空	基础层	制造业	5334. 39	11448. 91	8391. 65
29	831344. OC	中际联合	创新层	制造业	7169. 22	9332. 70	8250. 96
30	832694. OC	维冠机电	基础层	制造业	7029. 06	8404. 38	7716. 72
31	837736. OC	永乐文化	基础层	文化、体育和娱乐业	7040. 26	8081. 16	7560. 71
32	833585. OC	千叶珠宝	基础层	批发和零售业	9427. 96	5506. 70	7467. 33
33	837784. OC	中青博联	基础层	租赁和商务服务业	6371. 46	8405. 30	7388. 38
34	836019. OC	阿尔特	基础层	科学研究和技术服务业	3793. 82	10493. 10	7143. 46
35	834256. OC	天地华泰	基础层	科学研究和技术服务业	8041. 90	6123. 95	7082. 93
36	833157. OC	京冶轴承	基础层	制造业	4862. 38	9018. 84	6940. 61
37	833429. OC	康比特	基础层	制造业	3953. 45	9417. 61	6685. 53

续表

序号	证券代码	证券简称	所属分层	所属行业	2017 年净利润	2018 年净利润	平均净利润
38	832028. OC	汇元科技	创新层	信息传输、软件和信息技术服务业	5123. 48	8132. 67	6628. 07
39	430034. OC	大地股份	基础层	制造业	6929. 00	5838. 80	6383. 90
40	831900. OC	海航冷链	创新层	交通运输、仓储和邮政业	11482. 84	1047. 09	6264. 97
41	839242. OC	大业创智	创新层	文化、体育和娱乐业	8936. 00	3411. 64	6173. 82
42	834003. OC	挖金客	基础层	信息传输、软件和信息技术服务业	5902. 87	6153. 96	6028. 41
43	830815. OC	蓝山科技	创新层	制造业	7026. 56	4502. 51	5764. 54
44	837498. OC	第一物业	创新层	房地产业	5438. 88	5956. 66	5697. 77
45	834608. OC	星光影视	基础层	制造业	6940. 40	4453. 40	5696. 90
46	430074. OC	德鑫物联	创新层	制造业	5073. 63	6035. 29	5554. 46
47	834021. OC	流金岁月	创新层	信息传输、软件和信息技术服务业	5271. 05	5427. 47	5349. 26
48	833755. OC	扬德环境	创新层	制造业	5187. 27	5494. 99	5341. 13
49	430208. OC	优炫软件	创新层	信息传输、软件和信息技术服务业	5255. 73	5330. 85	5293. 29
50	837069. OC	华如科技	基础层	信息传输、软件和信息技术服务业	4781. 49	5646. 33	5213. 91
51	831142. OC	易讯通	创新层	信息传输、软件和信息技术服务业	6290. 26	3948. 29	5119. 27
52	430277. OC	圣商教育	基础层	制造业	477. 16	9725. 14	5101. 15
53	837344. OC	三元基因	基础层	制造业	4354. 66	5809. 64	5082. 15
54	430017. OC	星昊医药	基础层	制造业	4833. 00	5098. 87	4965. 94
55	870190. OC	恒荣汇彬	创新层	金融业	4720. 59	5186. 42	4953. 51
56	430071. OC	首都在线	基础层	信息传输、软件和信息技术服务业	4050. 14	5772. 99	4911. 57
57	870790. OC	蓝色星际	基础层	制造业	4080. 91	5440. 00	4760. 45
58	832646. OC	讯众股份	创新层	信息传输、软件和信息技术服务业	4133. 00	5265. 28	4699. 14
59	837899. OC	同华科技	基础层	电力、热力、燃气及水生产和供应业	3990. 79	5099. 75	4545. 27

续表

序号	证券代码	证券简称	所属分层	所属行业	2017 年净利润	2018 年净利润	平均净利润
60	430267. OC	盛世光明	创新层	信息传输、软件和信息技术服务业	4914. 57	4132. 82	4523. 70
61	837503. OC	新特电气	基础层	制造业	3221. 41	5495. 78	4358. 60
62	835123. OC	星空股份	基础层	信息传输、软件和信息技术服务业	4469. 43	4121. 73	4295. 58
63	839463. OC	时代光影	基础层	文化、体育和娱乐业	4590. 35	3878. 37	4234. 36
64	835184. OC	国源科技	创新层	信息传输、软件和信息技术服务业	4231. 40	4103. 75	4167. 58
65	832853. OC	电旗股份	基础层	信息传输、软件和信息技术服务业	4047. 37	4269. 54	4158. 46
66	835961. OC	名品世家	创新层	批发和零售业	3860. 39	4015. 06	3937. 72
67	835431. OC	非凡传媒	基础层	文化、体育和娱乐业	4100. 52	3765. 23	3932. 87
68	873121. OC	九州风神	基础层	制造业	3858. 51	3979. 85	3919. 18
69	430642. OC	映翰通	基础层	制造业	3219. 40	4602. 65	3911. 03
70	834442. OC	锦龙装备	基础层	租赁和商务服务业	91. 84	7679. 72	3885. 78
71	871126. OC	北京大源	基础层	制造业	1357. 87	6346. 84	3852. 35
72	835948. OC	杰外动漫	基础层	租赁和商务服务业	4099. 45	3543. 15	3821. 30
73	832086. OC	现在股份	创新层	信息传输、软件和信息技术服务业	4929. 52	2678. 80	3804. 16
74	839358. OC	智者品牌	基础层	租赁和商务服务业	3496. 16	4111. 24	3803. 70
75	839264. OC	世纪明德	创新层	教育	6053. 26	1438. 01	3745. 64
76	839530. OC	昆仑联通	基础层	信息传输、软件和信息技术服务业	2435. 85	5011. 95	3723. 90
77	835879. OC	派尔特	基础层	制造业	3362. 93	4083. 70	3723. 32
78	872086. OC	维拓设计	基础层	科学研究和技术服务业	3675. 20	3736. 81	3706. 01
79	870381. OC	七九七	基础层	制造业	3330. 62	4073. 92	3702. 27
80	836346. OC	亿玛在线	创新层	信息传输、软件和信息技术服务业	3642. 42	3730. 92	3686. 67
81	835003. OC	龙腾影视	创新层	文化、体育和娱乐业	3854. 71	3450. 55	3652. 63

续表

序号	证券代码	证券简称	所属分层	所属行业	2017 年净利润	2018 年净利润	平均净利润
82	870890. OC	长峰医院	基础层	卫生和社会工作	1800. 76	5501. 81	3651. 28
83	839158. OC	酷炫网络	基础层	信息传输、软件和信息技术服务业	3231. 52	4054. 75	3643. 14
84	837706. OC	龙铁纵横	基础层	制造业	3197. 89	4000. 45	3599. 17
85	835097. OC	讯腾智科	基础层	信息传输、软件和信息技术服务业	3369. 09	3694. 50	3531. 79
86	870840. OC	鼎欣科技	基础层	信息传输、软件和信息技术服务业	3743. 30	3316. 63	3529. 97
87	839483. OC	用友金融	创新层	信息传输、软件和信息技术服务业	2083. 87	4846. 52	3465. 20
88	832367. OC	慧图科技	基础层	信息传输、软件和信息技术服务业	3980. 26	2879. 24	3429. 75
89	833629. OC	合力亿捷	创新层	信息传输、软件和信息技术服务业	3688. 57	2974. 00	3331. 28
90	837500. OC	方金影视	创新层	文化、体育和娱乐业	3536. 18	3082. 24	3309. 21
91	831016. OC	帝测科技	基础层	科学研究和技术服务业	2884. 74	3617. 94	3251. 34
92	870261. OC	建投实业	基础层	房地产业	3029. 43	3411. 24	3220. 34
93	834037. OC	龙盛世纪	基础层	信息传输、软件和信息技术服务业	3333. 68	3003. 47	3168. 58
94	870453. OC	亿兆华盛	基础层	批发和零售业	3296. 34	3028. 29	3162. 32
95	871678. OC	掌中飞天	基础层	信息传输、软件和信息技术服务业	1899. 90	4354. 12	3127. 01
96	871553. OC	凯腾精工	基础层	制造业	2968. 36	3269. 27	3118. 82
97	838267. OC	新世纪	基础层	科学研究和技术服务业	2552. 94	3620. 32	3086. 63
98	870209. OC	小鸟股份	基础层	制造业	2628. 84	3468. 66	3048. 75
99	430046. OC	圣博润	创新层	信息传输、软件和信息技术服务业	2698. 43	3397. 14	3047. 78
100	836416. OC	时空视点	基础层	租赁和商务服务业	2495. 12	3549. 12	3022. 12
101	872036. OC	利泰科技	基础层	信息传输、软件和信息技术服务业	2115. 16	3910. 70	3012. 93
102	870019. OC	博源恒芯	基础层	信息传输、软件和信息技术服务业	2635. 34	3322. 24	2978. 79
103	834149. OC	动信通	基础层	信息传输、软件和信息技术服务业	2424. 41	3490. 04	2957. 23

续表

序号	证券代码	证券简称	所属分层	所属行业	2017 年净利润	2018 年净利润	平均净利润
104	833784. OC	美福润	基础层	批发和零售业	2397. 09	3464. 02	2930. 55
105	836263. OC	中航泰达	创新层	水利、环境和公共设施管理业	1007. 73	4817. 28	2912. 51
106	871346. OC	宏伟超达	基础层	制造业	2239. 27	3556. 37	2897. 82
107	835333. OC	帕克国际	基础层	科学研究和技术服务业	2651. 36	3117. 21	2884. 29
108	870126. OC	卓识网安	基础层	信息传输、软件和信息技术服务业	2521. 42	3212. 46	2866. 94
109	832789. OC	诚栋营地	基础层	制造业	1846. 97	3880. 83	2863. 90
110	430069. OC	天助畅运	基础层	制造业	2102. 18	3625. 01	2863. 59
111	832041. OC	中兴通科	创新层	信息传输、软件和信息技术服务业	2987. 33	2618. 45	2802. 89
112	835990. OC	随锐科技	创新层	信息传输、软件和信息技术服务业	2355. 12	3226. 53	2790. 82
113	837592. OC	华信永道	基础层	信息传输、软件和信息技术服务业	2333. 98	3225. 04	2779. 51
114	834327. OC	车讯互联	基础层	信息传输、软件和信息技术服务业	2207. 84	3343. 12	2775. 48
115	831576. OC	汉博商业	创新层	租赁和商务服务业	2631. 45	2872. 47	2751. 96
116	873122. OC	中纺标	基础层	科学研究和技术服务业	2474. 35	2937. 79	2706. 07
117	872987. OC	山香教育	基础层	教育	2048. 29	3349. 37	2698. 83
118	839194. OC	帮安迪	基础层	信息传输、软件和信息技术服务业	2002. 56	3362. 35	2682. 46
119	834718. OC	绿创声学	基础层	水利、环境和公共设施管理业	3024. 40	2329. 16	2676. 78
120	832710. OC	志能祥赢	基础层	科学研究和技术服务业	3318. 94	1939. 39	2629. 16
121	835190. OC	美中双和	基础层	制造业	2486. 84	2765. 70	2626. 27
122	872775. OC	中国珠宝	基础层	批发和零售业	2279. 23	2860. 80	2570. 01
123	834857. OC	清水爱派	创新层	科学研究和技术服务业	1804. 09	3285. 24	2544. 66
124	838244. OC	卓思数据	基础层	租赁和商务服务业	1723. 50	3361. 06	2542. 28
125	839622. OC	君信品牌	基础层	租赁和商务服务业	2161. 99	2911. 52	2536. 76

续表

序号	证券代码	证券简称	所属分层	所属行业	2017年净利润	2018年净利润	平均净利润
126	832317. OC	观典防务	创新层	科学研究和技术服务业	3001. 35	2057. 06	2529. 21
127	837629. OC	万国体育	基础层	文化、体育和娱乐业	1903. 38	3003. 75	2453. 57
128	430037. OC	联飞翔	创新层	制造业	2593. 24	2272. 47	2432. 86
129	837840. OC	中电科安	基础层	信息传输、软件和信息技术服务业	2848. 82	1951. 13	2399. 97
130	834476. OC	自在传媒	创新层	租赁和商务服务业	2264. 94	2517. 55	2391. 24
131	838334. OC	金证互通	基础层	租赁和商务服务业	2507. 24	2266. 44	2386. 84
132	839037. OC	科创融鑫	基础层	信息传输、软件和信息技术服务业	2162. 29	2609. 59	2385. 94
133	837254. OC	国电能源	基础层	建筑业	4230. 59	521. 32	2375. 96
134	872082. OC	百年育才	基础层	教育	1714. 78	3014. 23	2364. 50
135	837125. OC	圣荷桔色	基础层	批发和零售业	1841. 41	2884. 01	2362. 71
136	831588. OC	山川秀美	基础层	水利、环境和公共设施管理业	1934. 99	2790. 30	2362. 65
137	838168. OC	快鱼电子	基础层	制造业	2779. 94	1935. 31	2357. 63
138	834613. OC	亿华通	基础层	科学研究和技术服务业	2926. 01	1786. 53	2356. 27
139	834384. OC	秋实农业	基础层	制造业	3102. 63	1605. 58	2354. 11
140	430287. OC	环宇畜牧	基础层	制造业	2455. 36	2249. 19	2352. 27
141	837070. OC	凯凯金服	基础层	批发和零售业	1502. 46	3186. 24	2344. 35
142	870992. OC	中百信	基础层	信息传输、软件和信息技术服务业	1568. 76	3111. 03	2339. 90
143	839204. OC	航天数维	基础层	科学研究和技术服务业	2895. 14	1763. 80	2329. 47
144	430706. OC	海芯华夏	基础层	信息传输、软件和信息技术服务业	1573. 26	3057. 90	2315. 58
145	836825. OC	国信创新	基础层	信息传输、软件和信息技术服务业	2705. 24	1899. 61	2302. 43
146	430075. OC	中讯四方	创新层	制造业	3422. 80	1162. 17	2292. 48
147	833665. OC	清大天达	基础层	制造业	2249. 10	2332. 64	2290. 87

续表

序号	证券代码	证券简称	所属分层	所属行业	2017 年净利润	2018 年净利润	平均净利润
148	870645. OC	火柴互娱	基础层	信息传输、软件和信息技术服务业	2194. 32	2365. 51	2279. 92
149	836348. OC	汇恒环保	基础层	水利、环境和公共设施管理业	2187. 61	2349. 57	2268. 59
150	430165. OC	光宝联合	创新层	信息传输、软件和信息技术服务业	2636. 84	1862. 64	2249. 74
151	870207. OC	氢动益维	基础层	信息传输、软件和信息技术服务业	2025. 06	2464. 21	2244. 64
152	833741. OC	山水股份	基础层	租赁和商务服务业	3003. 32	1456. 93	2230. 13
153	838944. OC	中元成	创新层	制造业	2668. 74	1758. 68	2213. 71
154	871153. OC	联合荣大	基础层	制造业	1855. 24	2553. 20	2204. 22
155	871916. OC	恒益股份	基础层	信息传输、软件和信息技术服务业	947. 57	3381. 60	2164. 58
156	831527. OC	约顿气膜	基础层	建筑业	2019. 69	2305. 35	2162. 52
157	430014. OC	恒业世纪	创新层	制造业	2080. 39	2194. 23	2137. 31
158	835291. OC	力尊信通	基础层	信息传输、软件和信息技术服务业	2158. 94	2109. 58	2134. 26
159	430374. OC	英富森	创新层	信息传输、软件和信息技术服务业	2775. 90	1476. 62	2126. 26
160	835508. OC	殷图网联	创新层	信息传输、软件和信息技术服务业	1923. 13	2326. 80	2124. 96
161	835818. OC	联动通达	基础层	租赁和商务服务业	2637. 61	1587. 82	2112. 72
162	839816. OC	永成医美	创新层	卫生和社会工作	2147. 33	2052. 20	2099. 77
163	871144. OC	中工美	基础层	交通运输、仓储和邮政业	1969. 23	2225. 67	2097. 45
164	836653. OC	实力文化	基础层	文化、体育和娱乐业	2915. 00	1138. 77	2026. 89
165	831999. OC	仟亿达	创新层	科学研究和技术服务业	1821. 13	2199. 96	2010. 55
166	836036. OC	昆仑股份	基础层	信息传输、软件和信息技术服务业	2502. 29	1517. 15	2009. 72
167	839562. OC	金橙子	基础层	信息传输、软件和信息技术服务业	2244. 71	1757. 32	2001. 01

资料来源：Wind，中关村上市公司协会整理。

B.15
附录五　中关村上市公司协会新三板分会介绍

应广大中关村新三板企业的发展需求，在中关村管委会的大力支持下，中关村上市公司协会于2015年年度理事会中通过成立中关村上市公司协会新三板分会（以下简称“新三板分会”）的决议。

新三板分会作为中关村上市公司协会的二级分支机构，秉承“遵守宪法、法律、法规、国家政策和社会道德风尚；恪守上下对接、竞聘合作、平台管理、职责分明、政策用足、服务企业”的宗旨，促进中关村新三板企业同政府部门、上市公司、金融机构之间的对接合作与交流，助力中关村新三板企业的快速成长。

下一步，新三板分会将继续从智库研究、金融服务、业务合作、区域对接四个方面着手，为新三板企业搭建起便捷高效的综合服务平台，加强中关村新三板企业同政府部门、上市公司、金融机构之间的信息沟通、政策传达、业务合作。

一　新三板分会定位

（一）权威智库研究基地

新三板分会作为新三板中最具代表性的智库之一，专注服务于以中关村新三板企业为主体的中小微创新型企业，协助企业下情上达，配合政府上情下达。为中关村新三板企业提供平台式精准服务对接，助力企业创新成长。

（二）金融服务平台

创新驱动发展是中关村新三板企业高速成长的灵魂所在，新三板分会以积极落实多层次资本市场建设政策，响应中关村新三板企业融资诉求为目的，推出中关村中小企业融资服务平台和中关村新三板企业投融资路演等高效、便捷、个性化的金融服务解决方案。旨在促进中关村优质科技企业项目与金融机构即时沟通交流，丰富中关村企业的融资途径，帮助金融机构与企业项目零距离接触，助力更多中关村新三板企业解决“融资难”问题，突破制约企业持续创新成长的瓶颈。

（三）培训交流与咨询平台

针对三板企业及企业内外部在运营、管理、市场、产品、资源对接等方面的问题进行专场或专题的交流、讨论、专家分析、问题释疑、资源对接等活动。主要包括企业私董会、专题论坛、专题沙龙、培训辅导、资源沟通对接等方面，推动中关村创新型企业的发展，支持企业科技创新。

（四）区域对接与合作平台

针对新三板分会会员企业，组织参访、调研以实现资源精准对接，借助媒体资源扩大影响力，并对合作信息进行及时反馈。持续举办国际性会议和活动，组织企业进行海外路演和参访，促进会员企业乃至中关村新三板企业的国际化水平。

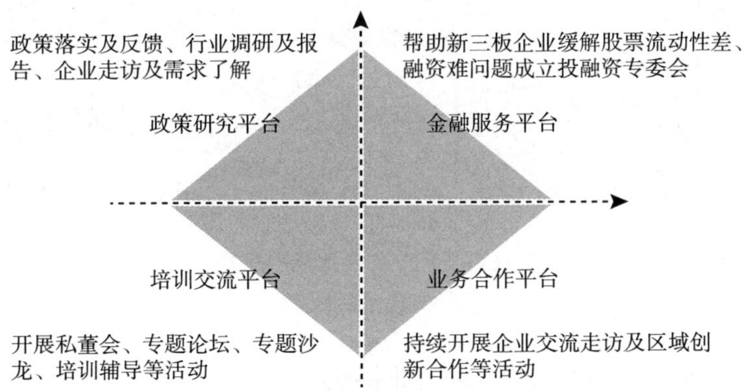

图1　新三板分会四大平台

二　品牌活动展示

（一）走访优质企业，寻找隐形冠军

从2017年11月开始，由中关村管委会、北京证监局、金融局和全国股转公司共同支持启动了“走进百家企业，寻找隐形冠军”活动。新三板分会秉承中关村上市公司协会走访企业的传统，深入企业了解企业当前经营状况及需求，并有针对性地对接相应资源，助力企业发展。2018年和2019年“走访优质企业，寻找隐形冠军”的活动一直在延续，并成为新三板分会的品牌活动之一。

图2　新三板分会“走进优质企业，寻找隐形冠军”走访活动照片集锦

（二）举办中关村新三板企业投融资路演

本路演是基于中关村上市公司协会同深交所旗下深圳证券信息有限公司

的战略合作关系，结合双方科技金融服务与企业基础数据，新三板分会在政府部门、高新园区、资本市场、创投机构等团体之间实现了信息共享、流程互通、功能互补。路演旨在促进中关村优质企业项目与投资机构即时沟通交流，丰富企业融资途径。

图 3　中关村多场新三板企业投融资路演活动现场

（三）搭建中关村中小企业融资服务平台

“扶持创新企业，推动企业融资上市”是中关村上市公司协会的一贯使命。为了积极落实多层次资本市场建设政策，响应广大中小企业融资诉求，帮助企业走出融资困境并实现持续创新进一步成长壮大，新三板分会特推出平台解决方案——中关村中小企业融资服务平台（以下简称“平台”）。平台汇集银行、保理、融资租赁、知识产权质押融资等金融机构，引进完整的金融服务产业链，服务涉及资金融通、资产管理、融资中介、上市辅导、政策性资金申报等方面，持续发布金融机构产品、提供对接讯息等，旨在为中关村中小企业提供丰富便捷、个性化的金融服务。

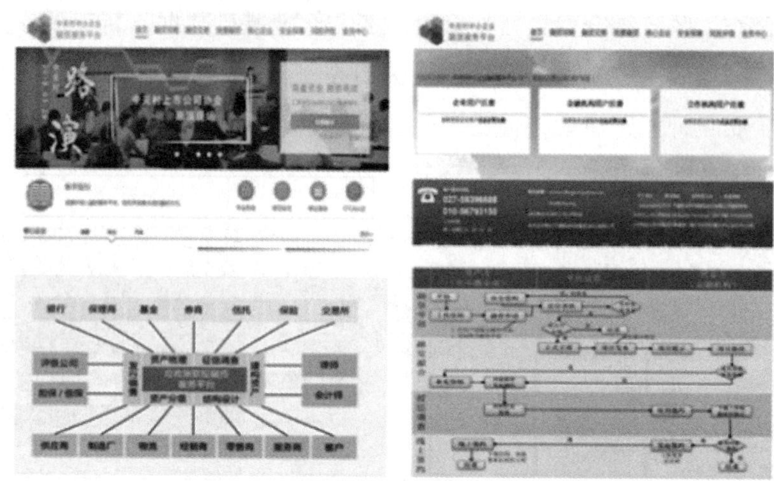

图4　中关村中小企业融资服务平台

（四）组织各类政策对接及专业培训活动

新三板分会根据企业需求展开调研活动，根据调研情况，分主题举办政策对接、企业家交流、专家培训等相关活动。在中关村管委会的指导下，已经成功举办“资本助力中关村新三板科技创新发展峰会”、“港股新规新时代变革，携手促进新经济发展”、“新经济企业赴港上市论坛”、“中关村改制挂牌上市并购政策专场宣讲会”、“董事长闭门会”、“中关村企业成长力提升培训”等活动，每期邀请国内外知名机构专家、相关部门政府领导、上市公司和新三板企业领导进行讲解、交流与分享，上述活动得到业内的一致好评，并将一直延续下去。

（五）开展与中关村各园区、外省市及海外资源的对接

新三板分会在中关村上市公司协会的领导下，不仅开展了与中关村各园区的对接交流，还积极对接外省市及海外的资源，致力于帮助企业寻求更好的物理和政策发展空间，不断寻找适宜不同行业企业拓展业务的经济区域。中关村上市公司协会和新三板分会共同组织企业同中关村各园区开展对接活动，加强不同园区企业间、企业同园区间的政策沟通与交流。

图5　各类培训座谈会现场

上级单位：

中关村上市公司协会

新三板分会执行会长：

陈　沛　北京中搜网络技术股份有限公司　董事长

新三板分会　执委会成员（排名不分先后）：

付开虎　玖零互生文化发展（北京）股份有限公司　联合创始人

刘晓春　北京海鑫科金高科技股份有限公司　董事长

徐海啸　北京信中利投资股份有限公司　联合执行总裁

方　伟　北京日升天信科技股份有限公司　董事长

曾向群　北京汉唐自远技术股份有限公司　董事长

张　春　北京联合永道软件股份有限公司　董事长

潘广魁　北京煦联得节能科技股份有限公司　董事长

张泽晖　北京光环致成国际管理咨询股份有限公司　董事长

新三板分会监事：

时　庆　北京速原中天科技股份公司　董事长

新三板分会秘书长：

刘洁萍　中关村上市公司协会副秘书长

执行副秘书长：

赵翔玲　北京兴竹同智信息技术股份有限公司　董事长

崔彦军　北京南北天地科技股份有限公司　董事会秘书

加入中关村上市公司协会新三板分会

新三板分会普通会员

所有注册在中关村国家自主创新示范区范围内的新三板企业和拟挂牌企业均可登记申请成为新三板分会会员，企业申请经新三板分会理事会批准并履行相关手续后，成为中关村上市公司协会新三板分会会员，并由中关村上市公司协会颁发新三板分会会员证书。

新三板分会理事

全体中关村上市公司协会新三板分会会员均可申请，申请后经新三板分会理事会批准后即可成为新三板分会理事。理事会批准流程需在会员大会期间，新三板分会秘书处提交执委申请提名文件，全体理事表决，表决同意后将表决结果上报中关村上市公司协会审核批准。由中关村上市公司协会颁发新三板分会理事证书。

新三板分会（副）会长单位

新三板分会会长由理事会选举产生，报请上市公司协会秘书长和会长批准。副会长单位由会长提名，从理事会员中产生，报请上市公司协会秘书长和会长批准。由中关村上市公司协会颁发新三板分会（副）会长单位证书。

Abstract

As an important part of China's multi-level capital market, the NEEQ market is oriented to service innovation, entrepreneurship and growth of small and medium-sized enterprises, and aimed at alleviating the difficulties and expensive in financing for small and medium-sized enterprises. Since January 2006, the State Council has approved the pilot project of Zhongguancun to take the lead in launching the quotation transfer of the agency. After more than ten years of exploration and development, the NEEQ market has carried out many beneficial attempts in listing review, trading mechanism, financing mechanism, tiered system, standardized supervision and other aspects, which is of great significance to explore the capital market to serve technologically innovative small and medium-sized enterprises and further exert the role of capital market in promoting technological innovation.

By the end of 2018, the number of Zhongguancun NEEQ enterprises reached 1440, accounting for 13% of the total number of NEEQ enterprises in the country, ranking second in the number of NEEQ enterprises in the country, second only to Guangdong Province. The number of innovative-level enterprises in Zhongguancun is 242, accounting for about 10% of the whole country, which exceeds the number of innovative enterprises in Guangdong Province and ranks first. Judging from the total market value, by the end of 2018, Zhongguancun NEEQ Enterprises ranked first, reaching 479.053 billion yuan, of which UCAR, MUHEDA, JIUDING GROUP, GUODU SECURITIES, Hanlin Hui and SUIRUI had a market value of more than 10 billion yuan. From the total revenue, Zhongguancun NEEQ Enterprises had a total revenue of 239.316 billion yuan at the end of 2018, slightly lower than Shanghai and Guangdong. Third, the average revenue of Zhongguancun enterprises reached 196 million yuan; from the net profit point of view, the net profit of Zhongguancun NEEQ enterprises at the end of 2018 was 9.228 billion yuan, second only to Jiangsu, and the average net profit of enterprises reached 7.54 million yuan; from the stock issuance situation, in 2018, enterprises in Zhongguancun issued 186 shares, with the financing amount of 8.301 billion yuan, accounting for the financing fund of NEEQ enterprises in China. In terms of R&D investment, the R&D expenditure of Zhongguancun NEEQ Enterprises reached 10.03 billion yuan in 2018, and the average R&D expenditure of enterprises reached 10.192 million yuan for the first time since 2014, with an average R&D intensity of 5.55%, which was basically the same as that of other regions in 2017, much higher than the average R&D intensity of the whole country and the whole society in 2018.

Overall, affected by the macroeconomic situation in 2018, the overall operating performance of Zhongguancun and even the national NEEQ enterprises has been affected to a certain extent, but there are many high-growth enterprises with stable operating conditions, continuous improvement in performance, and increased R&D investment. At the same time, the relevant departments from the State, the Securities Regulatory Commission and the national stock transfer system attached great importance to and promoted the reform of the NEEQ market, studied the introduction of a more competitive issuance system and a more efficient trading system to solve the relationship between investment and financing, buying and selling in the NEEQ market, and deepen the reform of the NEEQ market. In this situation, it is suggested that Zhongguancun NEEQ Enterprise should strengthen its confidence, take root in its industry, build its core products and technologies with ingenuity, and plan its own development path. At the same time, it should actively seize market opportunities, develop and expand the scale of enterprises, so as to attract more investors' attention and promote the healthy development of enterprises in a virtuous circle.

In addition, the financial institutions generally hold a conservative and steady attitude towards the support of private enterprises, especially for the NEEQ enterprises which are still in the stage of small and medium-sized development. This situation is not conducive to the sustainable development of small and medium-sized private enterprises. Compared with ordinary small and micro enterprises, Zhongguancun NEEQ Enterprises are of better quality, more standardized and trustworthy, and their default costs are relatively high. Therefore, it is suggested that banks and other financial institutions should pay more attention to Zhongguancun NEEQ Enterprises, make breakthroughs in credit policy, and provide a more innovative and flexible comprehensive financing plan for high-quality NEEQ Enterprises. Explore and solve the problems of fixed asset mortgages and real estate mortgages faced by enterprises in the process of corporate loans, and provide better services for the NEEQ enterprises.

(3) Finally, in view of the problems that still exist in the NEEQ market, such as the high threshold of qualified investors, the imperfect trading system of market makers, the low market liquidity, and the inability to effectively meet the financing development needs of small and micro enterprises in scientific and technological innovation, it is suggested that the relevant government departments make the following reforms in the NEEQ market: (1) Clarify the positioning of the NEEQ and highlight the characteristics of technological innovation. It is recommended to focus on serving technological innovation enterprises in their initial and growing period, further optimize market stratification, establish appropriate supporting systems for stock issuance, trading and investor appropriateness, improve differentiated institutional arrangements, and encourage a number of new NEEQ enterprises with strong innovative ability and good market prospects to grow bigger and stronger through the capital market. At the same time, for enterprises that do not meet the requirements of listing maintenance, they are guided to delist the cards according to the procedures on the premise of protecting the rights and interests of investors, and promote the orderly and healthy development of the capital market. (2) Broaden the source of market funds and improve the system of qualified investors. It is recommended to comprehensively measure the investor's risk tolerance and investment experience, and formulate differentiated qualified investor standards for different levels. For example, for high-quality NEEQ enterprises with strong innovation ability and good reputation, it is suggested to appropriately reduce the entry threshold for individual qualified investors, expand the scope of qualified investor groups, and broaden the sources of market funding. (3) Improve the market trading mechanism and continuously improve market liquidity. It is suggested that we should further optimize the system

of collective bidding and increase the matching frequency of call auction transactions, so as to carry out the normal pilot of continuous bidding transactions at the innovative level . At the same time, it is suggested to further improve the market maker system, expand the market maker body, optimize the open trading system combining the market maker system with the system of call auction. Through diversified trading mode, it will be further improve trading efficiency, improve the price formation mechanism, enhance market liquidity and stability, and lay a good foundation for the continuous improvement of the liquidity of the NEEQ.

Keywords: Zhongguancun; NEEQ; Enterprise Growth; Fluidity

Contents

Ⅰ General Report

B. 1 Development Characteristics and Suggestions of the NEEQ Market in Zhongguancun in 2018

Estela Kuo, Dianna Liu / 001

Abstract: The NEEQ market is an important link in the construction of multi-level capital market, which plays an important role in building financing channels for small and medium-sized enterprises and improving the macroeconomic system. This report takes Zhongguancun NEEQ Enterprises as the main body of research. It systematically analyses the number of listed companies, market performance, business ability, innovation strength, social contribution and regional comparison, and presents the growth characteristics and existing problems of Zhongguancun NEEQ Enterprises. The data show that, affected by the macroeconomic situation, the overall development of Zhongguancun NEEQ Enterprises in 2018 is not optimistic, but the performance of the sustained operation enterprises is relatively stable, the R&D investment of enterprises continues to grow, and the tax burden of enterprises is significantly reduced. In addition, the overall quality and strength of Zhongguancun NEEQ Enterprises are still superior to other regions.

Keywords: Zhongguancun NEEQ; Market Liquidity; R&D Input; Regional Comparison

Ⅱ Growth Reports

B. 2 Research Report on the Growth Ability of Zhongguncun NEEQ Enterprises

ZLCA Research Department / 024

Abstract: Based on the actual development of Zhongguancun NEEQ enterprise, this paper continues the theory of modern enterprise growth. From three aspects of innovation ability, management ability and financial ability, it constructs six first-level indicators, namely, innovation driving, innovation performance, debt paying ability, operation ability, profitability and governance ability, and fourteen second-level indicators, such as the number of patents, research and development costs. Based on factor analysis, this report makes an objective and systematic study on the growth of Zhongguancun NEEQ enterprises. The results show that the innovative enterprises rank first in the overall ranking, and there are also high-quality enterprises in the basic level. The performance of profitability and innovation strength of the enterprises ranked the top 30 in the growth index is far higher than the average level, which indicates that the NEEQ enterprises in Zhongguancun have mixed qualifications.

Keywords: Zhongguancun NEEQ Enterprises; The Theory of the Growth of the Firm Factor Analysis; Business Growth Theory

B. 3 Research Report on Profitability of Zhongguancun NEEQ Enterprises in 2018

ZLCA Research Department / 045

Abstract: This paper analyzes the profitability of Zhongguancun NEEQ enterprises, and describes and analyzes the overall operation status of Zhongguancun NEEQ enterprises from six aspects of operating income, gross profit, net profit, return on total assets, ROE, and period expenses to more fully reflect corporate profitability. According to the report conclusion, under the overall slowdown in macroeconomic growth and the overall sluggish situation of the NEEQ market in China, in 2018, the operating income, gross profit, net profit, return on total assets, and ROE of Zhongguancun NEEQ enterprises indicators have declined to varying degrees. The overall profitability needs to be improved, but there are also many Zhongguancun NEEQ quality enterprises that have continued to make profits for many years.

Keywords: Zhongguancun NEEQ enterprises; Operating income; Net profit; Profitability

B. 4 Research Report on Innovation Capability of Zhongguancun NEEQ Enterprises in 2018

Zhongguancun State Intellectual Property Model Park / 071

Abstract: This report takes R&D input and innovation output as the main evaluation dimensions to study and analyze the innovation capability of Zhongguancun NEEQ enterprises. The results show that the total R&D expenditure and the average R&D expenditure have rebounded in 2018, mainly due to the increase of R&D expenditure of the whole enterprises. There is a significant positive correlation between corporate profitability and R&D investment, and the transformation ability of enterprise innovation achievements has been effectively improved. The number of patent applications and patent authorizations in innovative achievements of enterprises has steadily improved. The number of PTC applications has increased sharply to 17, which is 7. 5 times higher than that in 2017. The innovative output results show that the internationalization strategic layout of Zhongguancun NEEQ has been carried out efficiently, and the innovative ability has been appreciated by the international market.

Keywords: Zhongguancun NEEQ; R&D Input; Innovation Output

B. 5 Research Report on Corporate Governance of Zhongguancun NEEQ Enterprises in 2018

ZLCA Research Department / 085

Abstract: This report analyses the corporate governance of Zhongguancun NEEQ from the shareholder and institutional ownership ratio, whether the owner and management are the same subject and independent director system. The data shows that there is heterogeneity in governance between innovation layer and basic layer. The distribution of shareholding ratio of shareholders has changed little, the importance of institutional investors has become prominent, innovative enterprises are more favored by institutional investors, and the proportion of institutional shareholding presents an inverted U distribution; the proportion of chairman and general manager is basically unchanged, and more than half of enterprises are held by the same person; most enterprises have not introduced the independent director system. Compared to the basic layer, innovative pay more attention to independent directors. The present situation of corporate governance of Zhongguancun NEEQ and the environment of China are related to the development status of enterprises.

Keywords: Zhongguancun NEEQ; Shareholding Ratio; Independent Directors; Agency Problem

B. 6 Analysis Report on Debt Paying Capacity and Operating Capacity of Zhongguancun NEEQ Enterprises in 2018

ZLCA Research Department / 095

Abstract: This chapter analyzes the solvency and operating capacity of Zhongguancun NEEQ Enterprises, and makes a comparative analysis with the national NEEQ Enterprises. Solvency analysis includes Long-term solvency analysis and Short-term solvency analysis, including asset-liability ratio, current ratio, quick ratio, cash ratio and other indicators. The analysis of operating capacity includes four aspects: current assets, fixed assets, intangible assets and total assets, with a total of 7 indicators. The report results show that the long-term solvency and short-term solvency of Zhongguancun NEEQ Enterprises are strong, but the application of leverage is insufficient, which affects the profitability of enterprises. In addition, Zhongguancun NEEQ Enterprises have weak operating capacity of current assets and low efficiency of current assets management, while fixed assets and intangible assets have stronger operating capacity and stronger liquidity.

Keywords: Zhongguancun NEEQ; Solvency; Assets Operating Capacity

Ⅲ Industry Reports

B. 7 Research Report on Industry Distribution of Zhongguancun NEEQ Enterprises in 2018

ZLCA Research Department / 119

Abstract: This report compares and analyzes the industry of Zhongguancun NEEQ enterprises, mainly from three aspects: industry distribution, market performance, and growth, and based upon thirteen indicators: total market value, total assets, net assets, employees, total operating income, gross profit, net profit, total operating income growth rate, net profit growth rate, net asset growth rate, asset-liability ratio, quick ratio, and total asset turnover rate, so as to conclude the industry distribution, market performance, growth situation and operational risk control capability of Zhongguancun NEEQ enterprises. The results show that nearly 40% of the enterprises in Zhongguancun belong to the " information transmission, software and information technology service industry" . As a center of science and technology innovation, Zhongguancun has experienced considerable development in the manufacturing industry and other industries over the years. In summary, Zhongguancun NEEQ Company has stable operation and huge growth potential.

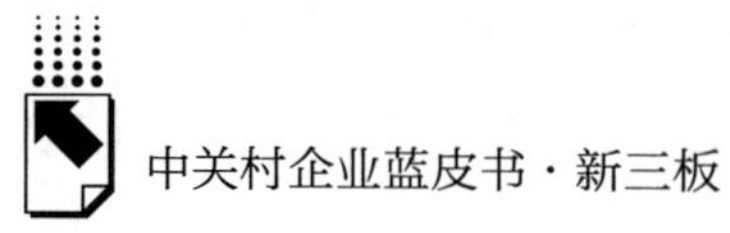

Keywords: Zhongguancun NEEQ; Industry Analysis; Market Performance; Growth Power

B. 8　Analysis on the Growth of Zhongguancun NEEQ Enterprises

ZLCA Research Department / 141

Abstract: This chapter analyzes the growth of key financial indicators and the distribution of growth rankings of Zhongguancun NEEQ enterprises in 2018, and focus on the information transmission, software and information technology services industry and the top 20 enterprises in the manufacturing industry, specifically engaged in industry classification and introduction of these enterprises. The research results show that Zhongguancun NEEQ enterprises' overall revenue and net profit in 2018 are affected by macroeconomics, and their performance is not good. In terms of industry distribution of growth indicators, information transmission, software and information technology service industries and manufacturing enterprises rank among the top.

Keywords: Zhongguancun NEEQ; Industry Growth; Growth Ranking

Ⅳ　Regional Report

B. 9　Comparative Analysis of the Overall Development of the NEEQ in Major Regions in 2018

ZLCA Research Department / 182

Abstract: Through content comparison, this report analyzes the five regions with most concentrated distribution of NEEQ, including Guangdong, Zhongguancun, Jiangsu, Zhejiang and Shanghai by core indicator such as the reference market value, assets, operating income, profit, financing, taxation and employee composition. This report also focus on analyzing the profitability and innovation ability of each region to highlight the actual development situation and growth ability. The data shows that due to the overall economic situation, the NEEQ market development of the five regions in 2018 is not very optimistic, but compared with other regions, the overall quality and strength of Zhongguancun are still better than other regions.

Keywords: NEEQ; Regional Analysis; Innovation Ability

Ⅴ Special Report

B. 10 Analysis on the Sci-Tech Innovation Potential of NEEQ Enterprises in Zhongguancun Park

ZLCA Research Department / 204

Abstract: Since Chinese President Xi Jinping announced the establishment of SSE STAR Market, the relevant systems and rules of the STAR Market have been rapidly landing. Zhongguancun , as the "position" of high-tech enterprises in the whole country, has a high proportion of science and technology innovative enterprises in the Zhongguancun NEEQ listed enterprises, with remarkable market competitiveness and development potential. This report elaborates the competitive advantages of the Zhongguancun NEEQ enterprises through the analysis of the attributes of the industry, the competitiveness of the industry and the introduction of key potential enterprises.

Keywords: Zhongguancun; SSE STAR Market; NEEQ

Ⅵ Appendixes

B. 11 Appendix 1: Statistics on Delisting of Zhongguancun NEEQ Market in 2018 / 303

B. 12 Appendix 2: Statistics of Private Placement of Zhongguancun NEEQ Enterprises in 2018 / 314

B. 13 Appendix 3: Zhongguancun NEEQ Enterprise with Continuous Increase in Revenue and Compound Increase Rate of Not Less Than 50% in 2017 -2018 / 321

B. 14 Appendix 4: Zhongguancun NEEQ Enterprise with Continuous Profit and Average Net Profit of No Less Than 20 Million in 2017 -2018 / 328

B. 15 Appendix 5: Introduction to the NEEQ Branch of Zhongguancun Listed Companies Association / 336

皮书起源

“皮书”起源于十七、十八世纪的英国，主要指官方或社会组织正式发表的重要文件或报告，多以“白皮书”命名。在中国，“皮书”这一概念被社会广泛接受，并被成功运作、发展成为一种全新的出版形态，则源于中国社会科学院社会科学文献出版社。

皮书定义

皮书是对中国与世界发展状况和热点问题进行年度监测，以专业的角度、专家的视野和实证研究方法，针对某一领域或区域现状与发展态势展开分析和预测，具备原创性、实证性、专业性、连续性、前沿性、时效性等特点的公开出版物，由一系列权威研究报告组成。

皮书作者

皮书系列的作者以中国社会科学院、著名高校、地方社会科学院的研究人员为主，多为国内一流研究机构的权威专家学者，他们的看法和观点代表了学界对中国与世界的现实和未来最高水平的解读与分析。

皮书荣誉

皮书系列已成为社会科学文献出版社的著名图书品牌和中国社会科学院的知名学术品牌。2016 年，皮书系列正式列入“十三五”国家重点出版规划项目；2013~2019 年，重点皮书列入中国社会科学院承担的国家哲学社会科学创新工程项目；2019 年，64 种院外皮书使用“中国社会科学院创新工程学术出版项目”标识。

中国皮书网

（网址：www.pishu.cn）

发布皮书研创资讯，传播皮书精彩内容
引领皮书出版潮流，打造皮书服务平台

栏目设置

关于皮书：何谓皮书、皮书分类、皮书大事记、皮书荣誉、
皮书出版第一人、皮书编辑部

最新资讯：通知公告、新闻动态、媒体聚焦、网站专题、视频直播、下载专区

皮书研创：皮书规范、皮书选题、皮书出版、皮书研究、研创团队

皮书评奖评价：指标体系、皮书评价、皮书评奖

互动专区：皮书说、社科数托邦、皮书微博、留言板

所获荣誉

2008 年、2011 年，中国皮书网均在全国新闻出版业网站荣誉评选中获得“最具商业价值网站”称号；

2012 年，获得“出版业网站百强”称号。

网库合一

2014 年，中国皮书网与皮书数据库端口合一，实现资源共享。

S 基本子库
UB DATABASE

中国社会发展数据库（下设 12 个子库）

全面整合国内外中国社会发展研究成果，汇聚独家统计数据、深度分析报告，涉及社会、人口、政治、教育、法律等 12 个领域，为了解中国社会发展动态、跟踪社会核心热点、分析社会发展趋势提供一站式资源搜索和数据分析与挖掘服务。

中国经济发展数据库（下设 12 个子库）

基于"皮书系列"中涉及中国经济发展的研究资料构建，内容涵盖宏观经济、农业经济、工业经济、产业经济等 12 个重点经济领域，为实时掌控经济运行态势、把握经济发展规律、洞察经济形势、进行经济决策提供参考和依据。

中国行业发展数据库（下设 17 个子库）

以中国国民经济行业分类为依据，覆盖金融业、旅游、医疗卫生、交通运输、能源矿产等 100 多个行业，跟踪分析国民经济相关行业市场运行状况和政策导向，汇集行业发展前沿资讯，为投资、从业及各种经济决策提供理论基础和实践指导。

中国区域发展数据库（下设 6 个子库）

对中国特定区域内的经济、社会、文化等领域现状与发展情况进行深度分析和预测，研究层级至县及县以下行政区，涉及地区、区域经济体、城市、农村等不同维度。为地方经济社会宏观态势研究、发展经验研究、案例分析提供数据服务。

中国文化传媒数据库（下设 18 个子库）

汇聚文化传媒领域专家观点、热点资讯，梳理国内外中国文化发展相关学术研究成果、一手统计数据，涵盖文化产业、新闻传播、电影娱乐、文学艺术、群众文化等 18 个重点研究领域。为文化传媒研究提供相关数据、研究报告和综合分析服务。

世界经济与国际关系数据库（下设 6 个子库）

立足"皮书系列"世界经济、国际关系相关学术资源，整合世界经济、国际政治、世界文化与科技、全球性问题、国际组织与国际法、区域研究 6 大领域研究成果，为世界经济与国际关系研究提供全方位数据分析，为决策和形势研判提供参考。

法律声明